Christine Demmer

Mitarbeitergespräche erfolgreich führen

Christine Demmer

Mitarbeitergespräche erfolgreich führen

verlag moderne industrie

Die Deutsche Bibliothek – CIP-Einheitsaufnahme

Demmer, Christine:
Mitarbeitergespräche erfolgreich führen / Christine Demmer. –
Landsberg/Lech : mi, Verl. Moderne Industrie, 1998
ISBN 3-478-36070-6

© 1998 verlag moderne industrie, 86895 Landsberg/Lech
Internet: http://www.mi-verlag.de

Umschlaggestaltung: Daniela Lang, Stoffen
Satz: Fotosatz Amann, Aichstetten
Druck: Himmer, Augsburg
Bindearbeiten: Thomas, Augsburg
Printed in Germany 360 070/049801
ISBN 3-478-36070-6

Inhalt

Vorwort

Mitarbeitergespräche erfolgreich führen – was bedeutet das? Viele Führungskräfte, die ich in mehr als 20jähriger Tätigkeit als Projektleiter und Linien-Führungskraft kennengelernt habe, definieren das etwa so: „Erfolgreich ist ein Gespräch, wenn der Mitarbeiter danach das tut, was ich will, weil er es will." Das nennen sie dann „Motivation".

Ich meine, das ist nicht Motivation, sondern Manipulation oder bestenfalls „Motipulation".

Worauf also muß es uns beim Mitarbeitergespräch ankommen? Eine notwendige Grundeinstellung der Führungskraft sehe ich darin, den anderen, den Mitarbeiter, ernst zu nehmen. Das heißt, sich mit echtem Interesse mit ihm und seinen Anliegen und Problemen zu befassen und auseinanderzusetzen. Wenn es dazu noch gelingt, eine partnerschaftliche Basis zu schaffen, sind die wesentlichen Voraussetzungen für einen positiven und konstruktiven Gesprächsverlauf gegeben.

Zum echten Interesse einer Führungskraft an ihren Mitarbeitern gehört auch das aktive Abholen von Information bei den Mitarbeitern, auch wenn alles normal läuft und keine Probleme erkennbar sind. Aber wie häufig tun wir das? Bei wem erkundigen wir uns? Von wem lassen wir uns informieren? Meist doch nur von den uns direkt berichtspflichtigen Mitarbeitern oder von unserer Sekretärin. Oder holen wir uns unsere Informationen auch regelmäßig unmittelbar an der Basis, beispielsweise von den Mitarbeitern mit direktem Kundenkontakt?

Häufiger *miteinander reden, Feedback geben (und erhalten),* Anerkennung ausdrücken und nicht nur Kritik, hilft erheblich dabei, Situationen, in denen schwierige Mitarbeitergespräche geführt werden müssen, gar nicht erst entstehen zu lassen. Damit verbunden ist die Frage: Welche Feedback-Kultur haben wir in unserem Unternehmen? Können/dürfen/sollen auch die Mitarbeiter den Führungskräften Feedback geben? Dürfen sie die Vorgesetzten kritisieren, dürfen sie offen sprechen – ohne Angst vor Sanktionen haben zu müssen? Die schwierigsten Mitarbeitergespräche sind sicher die, bei denen es um Feedback zu Leistung und Verhalten des Mitarbeiters geht, insbesondere wenn hier Verbesserungsbedarf besteht.

Dabei habe ich häufig Gespräche mit herabsetzenden, den Mitarbeiter abwertenden Äußerungen beobachtet, die dann auch einen entsprechend destruktiven Verlauf nahmen. Eine partnerschaftliche Basis für das Gespräch und das Ernstnehmen der Mitarbeiter waren dabei nicht mehr erkennbar. Genauso oft – wenn nicht sogar noch häufiger – habe ich aber auch ein falsches Verständnis von Partnerschaft erlebt. Hierbei fehlt es dann von seiten des Vorgesetzten an Konfrontationsbereitschaft. Es wird nicht deutlich genug gesagt, was aus Sicht der Führungskraft Sache ist und in welche Richtung der Mitarbeiter seine Leistung oder sein Verhalten verändern soll. Oftmals wird die Kritik dicht in Watte gepackt und so vernebelt, daß der Betroffene sie nicht erkennen kann. So passiert es dann, daß schlechte Leistungen, die in der ganzen Abteilung oder gar im ganzen Unternehmen bekannt sind, jahrelang nicht klar angesprochen werden oder auch Alkoholprobleme lange verschleppt werden. Die Mitarbeiter verändern nichts, wenn die beteiligten Führungskräfte nicht erkennen, daß sie den Betroffenen mit dem Verzicht auf offenes und ehrliches Feedback keine Chance zur Verbesserung geben.

Bei kritischen Gesprächen kommt es also darauf an, alle drei Faktoren, nämlich

- Konfrontationsbereitschaft,
- Partnerschaft und
- Einfühlungsvermögen in die Situation des Betroffenen

situativ in der Balance zu halten. Das heißt aber nichts anderes, als auch in diesen kritischen Gesprächssituationen die Beziehungsebene zum anderen angemessen zu gestalten. Oder um es plakativ zu formulieren: „Führungsarbeit ist Beziehungsarbeit".

Insofern ist für mich „Führung" etwas anderes als „Management". Management sehe ich eher als den instrumentellen Teil der Arbeit von Führungskräften. Vielleicht sollten wir uns als Führungskräfte öfter die Frage stellen: Welchen Anteil unserer Zeit verbringen wir mit „Führung" und welchen mit „Management"?

Hamburg, im Mai 1998
Reinhard Degen,
Organisationsberater und
Management-Trainer im *Hamburger Team*

Einführung

Führen heißt miteinander reden

Das Bundesarbeitsgericht (BAG) in Kassel hat 1997 insgesamt 2088 Urteile und Beschlüsse gefällt. Davon stammten 1153 Rechtssachen aus dem Jahr zuvor – komplizierte, schwierige Fälle, die nicht innerhalb von zwölf Monaten abgeschlossen werden konnten. Die durchschnittliche Verfahrensdauer betrug 1997 rund achtzehn Monate. Tausende von Rechtsanwälten, Justitiaren, Sachverständigen und Richtern verwenden ihre Zeit darauf, in Streitfällen zwischen Arbeitgeber und Arbeitnehmer eine Lösung zu finden. Und Tausende von Führungskräften in kleinen, mittleren und großen Unternehmen haben über Monate hinweg eine Prozeßakte auf ihrem Schreibtisch liegen. Das kostet viel Zeit – Zeit, die die Manager vermutlich lieber für betriebliche Herausforderungen verwenden würden. Läßt sich das ändern?

Vor jedem Arbeitsgerichtsprozeß ruft der Richter die Parteien zu einer Schlichtungsrunde zusammen, um die Möglichkeiten einer gütlichen Einigung zu prüfen. Wenn Arbeitgeber und Arbeitnehmer aber erst auf Anweisung des Gerichtes miteinander ins Gespräch kommen, ist schon viel Porzellan zerbrochen, sind viele Chancen vertan. Denn die meisten Konflikte mit Mitarbeitern ließen sich vermeiden oder zumindest begrenzen, wenn die Menschen nur richtig miteinander reden würden.

Viele Führungskräfte nehmen ihre interne Post, Akten und Notizen mit nach Hause, weil sie erst am Abend die Zeit finden, sie zu lesen und mit knappen Sätzen auf gelben Notizzetteln zu beantworten. Andere delegieren die interne Kommunikation an den Assistenten oder die Sekretärin. Die Begründung: Sie müßten täglich so viel mit Kunden, Lieferanten und Geschäftspartnern sprechen, daß sie dazu nun wirklich nicht mehr kämen. Und immer mehr Manager machen es sich zum Prinzip, jeden Abend ein, zwei Stunden am Computer zu sitzen und die eingegangene elektronische Post zu sichten. So erklärte Microsoft-Chef Bill Gates erst kürzlich, daß er seine Abende regelmäßig damit verbringe, interne E-Mails zu empfangen und zu beantworten, Entscheidungen elektronisch zu verbreiten, Stellungnahmen abzugeben und sich über die neuesten Entwicklungen in seinem Konzern auf dem laufenden zu halten.

Immer öfter ersetzt die Technik den direkten menschlichen Kontakt – und schafft dabei mehr neue und größere Probleme, als wir denken.

Selbstverständlich weiß heute jede Führungskraft, wie wichtig die menschliche Kommunikation ist. Und doch überlassen wir sie viel zu oft der Technik. Telefon, Fax, Mobiltelefone, Voice-mail-Systeme, elektronische Post, Computernetze gaukeln uns vor, Kommunikation sei allein eine Sache der Erreichbarkeit. Mit dem Abschicken einer Nachricht glauben wir unsere Schuldigkeit getan zu haben. Dabei übersehen wir leider häufig den Kommunikationsgrundsatz, daß der Absender nicht nur für den Inhalt der Nachricht verantwortlich ist, sondern auch dafür, *daß sie beim Empfänger ankommt und von ihm so verstanden wird, wie er sie verstanden wissen will.* Wenn nicht beide Bedingungen erfüllt sind, sprechen wir nicht von Kommunikation, sondern von Information. Und davon haben wir alle schon heute viel zu viel.

Da werden die Memosysteme optimiert, monatliche Mitarbeiterinfos von der Geschäftsführung verschickt, Wandzeitungen und „Schwarze Bretter" gestaltet, das Vorschlagswesen durch eine Palette farbenfroher Vordrucke verfeinert ... doch persönlich miteinander gesprochen wird kaum noch. Das führt zu fatalen Konsequenzen:

◼ Eine auf solche Art „entfremdete" Kommunikation gibt den Beteiligten nicht die Möglichkeit, spontan und nuanciert zu reagieren. Das auf diese Weise unterdrückte Feedback aber führt auf Dauer zu einem Frustrationsstau, der sich irgendwann einmal entlädt.

14

▫ Die unpersönliche Kommunikation läßt keinen Raum für nonverbale Ausdrucksformen. Das impulsive Lachen auf einen Scherz, die sich verfinsternde Miene beim Anhören schlechter Nachrichten, die trommelnden und von Nervosität zeugenden Zehenspitzen, die vereiste Körperhaltung – all das geht verloren, wenn Menschen sich nicht Aug' in Aug' gegenübersitzen.

▫ Bei schriftlichen Informationen geht es zumeist um einen eindeutigen Sachverhalt: Vorschlag – Entscheidung, Vorwurf – Rechtfertigung, Bitte – Zustimmung oder Ablehnung. Im Laufe eines Gespräches treten dagegen oft ganz andere, neue Gesichtspunkte in den Vordergrund – Aspekte, an die keiner der Gesprächsteilnehmer zuvor gedacht hatte und die erst im Gespräch auftauchen. Diese Chance wird mit dem Verzicht auf das Gespräch vergeben.

Was zählt in Zukunft?

▷ Die Bedeutung von Teamfähigkeit wird weiter zunehmen.
▷ Die sozialen Aspekte des betrieblichen Miteinanders werden an Bedeutung gewinnen.
▷ Über Erfolg und Mißerfolg werden vor allem Kommunikation und Kommunikationsfähigkeit entscheiden.

Ohne die gute alte Besprechung wird es auch in Zukunft nicht gehen. Ob sie nun immer häufiger in Form einer Telekonferenz organisiert wird, oder ob sich Menschen ganz altmodisch persönlich in einem Raum zusammenfinden ... zur gemeinsamen Arbeit gehört, daß man miteinander redet.

Dazu braucht es Know-how. Keine noch so maßgeschneiderte Software ersetzt die gekonnte Gesprächsführung. Auch die Berge von Managementliteratur, all die wissenschaftlichen Theorien und Hilfsangebote sind in der Praxis nur begrenzt brauchbar. Was nutzt es zum Beispiel dem Geschäftsführer eines mittelständischen Unternehmens, daß er im letzten Kommunikations-Workshop von der „Relevanz offener Kommunikationsstränge" erfahren hat, wenn er die unangenehme Aufgabe vor sich hat, einen langjährigen Mitarbeiter entlassen zu müssen? Was bringen philosophische Studien zur idealen Unternehmenskultur, wenn (durchaus notwendige) Kritik in der Realität häufig im Stil einer persönlichen Attacke vorgetragen wird: „Müller, Sie haben mal wieder Mist gebaut!"?

Autoritäre Brummbären auf dem Chefsessel sollen zwar ebenso aus der Mode gekommen sein wie bürokratische Erbsenzähler oder sture Befehlsempfänger in Vorzimmer und Vertrieb. Theoretisch sind sie das ja auch. In der Praxis fehlt es aber oft weder an der Einsicht noch am guten Willen, sondern am Handwerkszeug, um all die vielen, ganz alltäglichen Situationen, in denen ein Gespräch nötig ist, zu meistern. Die Fähigkeit, sich mit anderen konstruktiv auseinanderzusetzen, ist nicht unbedingt angeboren. Selbstverständlich gibt es Naturtalente, die mit Humor und Einfühlungsvermögen selbst Unangenehmes höflich zur Sprache bringen können. Aber der große Rest braucht zumindest ein paar Tips.

Ein Chef muß seinen Angestellten sagen können, ob sie ihre Aufgabe gut erfüllen oder nicht, und zwar in einer Form, die es den Mitarbeitern ermöglicht, ihr Gesicht zu wahren. Feedback zu geben gehört zu den unangenehmsten Aufgaben der meisten Führungskräfte. Die verträgliche Dosis ist schwer zu ermitteln, sie hängt natürlich auch von den individuellen Nehmerqualitäten ab. Kluge Vorgesetzte vermeiden nicht nur, den Gesprächspartner zu demoralisieren und ihm dadurch jede Motivation zu nehmen. Sie bauen in den Tadel auch eine positive Seite ein und bieten so die Möglichkeit einer Lösung an. Und das funktioniert nun einmal nicht per E-Mail. Hier ist das persönliche Gespräch unersetzlich. Die modernen Informationstechnologien mit ihren faszinierenden Möglichkeiten täuschen nur vor, daß das persönliche Gespräch in vielen Situationen verzichtbar sei. Denn Sprache ist ein wesentliches Führungsinstrument.

Nun wäre es naiv, einfach davon auszugehen, daß die gemeinsame Muttersprache auch automatisch zum gegenseitigen Verständnis führt. Das menschliche Gehirn funktioniert nicht wie ein Compu-

16

ter, der emotionslos die angebotenen Bytes abspeichert. Es assoziiert, bringt die eigene Erfahrungswelt ins Spiel, die eigenen Wertvorstellungen und Erwartungen.

Mitarbeiter Müller, dem mal wieder vorgehalten wird, daß er „Mist baut", verfügt vermutlich nicht über die Grandezza, den Vorwurf im Ordner „destruktive Kritik" abzuheften und sich unbeschwert von neuem an die Lösung seiner Aufgabe zu machen. Mitarbeiter Müller reagiert je nach Temperament: Er ist sauer, beleidigt, frißt den Ärger in sich hinein, oder er wird wütend und aggressiv und läßt seinen Unmut an anderen aus. In jedem Fall wird er reagieren, denn physiologisch betrachtet ist Müller gestreßt. Streß aber verhindert klares Denken. Streß blockiert. Einen derart irritierten Mitarbeiter kann sich ein Unternehmen in der heutigen, harten Wettbewerbsrealität eigentlich gar nicht leisten.

Warum setzt man sich nicht einfach zusammen und bespricht das Problem vernünftig? Dieser Rat mag in Zeiten elektronischer Vernetzung und der Allgegenwart von Anrufbeantwortern leicht antiquiert klingen. Die Kostenwirksamkeit blockierter Kommunikation ist jedoch ein höchst aktueller Posten, obgleich sie sich nicht leicht in Mark und Pfennig berechnen läßt. Schon der fehlende Austausch von Sachinformationen ist teuer genug. Notwendige, aber falsch oder gar nicht geführte Gespräche können schnell zu einem bedrohlichen Problem werden. Denn dann kommen zu den üblichen Pannen und Fehlern auch noch Mitarbeiterfluktuation, ein schlechtes Betriebsklima und häufige Klagen vor dem Arbeitsgericht hinzu. All das sind deutliche Anzeichen dafür, daß eine Firma in ernsten Schwierigkeiten steckt und früher oder später gravierende finanzielle Einbußen erleiden wird.

Die Bedeutung interpersoneller Fähigkeiten

Was macht ein Unternehmen erfolgreich? Das Geschäftsportfolio, das den größten Wettbewerbsvorteil verspricht? Klar. Kundenorientierung? Natürlich. Geschicktes Management? Selbstverständlich. Aber was ist das? Angeborenes Führungstalent?

Schnelle Auffassungsgabe, gepaart mit Charisma, Kenntnissen in diversen Fachgebieten, natürlicher Autorität, Risikobereitschaft und Entscheidungsfreude? Oder gibt es ein Einheitskonzept, das sich Mitarbeitern einfach überstülpen läßt? Wohl kaum.

Es sind eher die weichen Fähigkeiten, die „soft skills", die den erfolgreichen Manager auszeichnen: Die Fähigkeit, die eigenen Stimmungen zu kontrollieren, zuzuhören, sich selbst und andere zu motivieren, sich in andere hineinversetzen zu können. Daran mangelt es zuweilen. Obwohl es eigentlich kein Problem sein dürfte, besonders gute Leistungen hervorzuheben, wird Anerkennung in vielen Firmen nur sparsam verteilt. Viele Führungskräfte gehen schlicht davon aus, daß es die Leute schon wissen, wenn sie ihre Sache gut machen. Das mag auch in vielen Fällen zutreffen, läßt den Mitarbeiter aber gewissermaßen in der Schwebe.

Besondere Probleme tauchen im allgemeinen dann auf, wenn Meinungsverschiedenheiten lange Zeit unter den Tisch gekehrt und erst dann thematisiert werden, wenn die Situation bereits eskaliert ist. Wenn beispielsweise negative Kritik erst kurz vor der Abmahnung geäußert wird, fällt der Mitarbeiter natürlich aus allen Wolken und nimmt den Inhalt des Kritikgespräches gar nicht mehr richtig wahr. Zur Führungsfähigkeit gehört auch das Gespür für das richtige Timing. Ein guter Chef weiß, wann er das Gespräch suchen muß. Ein guter Mitarbeiter selbstverständlich auch.

Dieses Gespür läßt sich leider nicht abrufen oder durch einen Ratgeber vermitteln. Dieses Buch kann aber Anstöße geben, die Notwendigkeit von Gesprächen rechtzeitig zu erkennen. Die alphabetische Auflistung ist deshalb auch als Anregung gedacht, in den vielfältigen Alltagssituationen ein Gespräch zu suchen.

Erfolgreiche Gesprächsführung

Die Kriterien für ein erfolgreiches Gespräch sind kein Geheimwissen. Sie erfordern auch nicht die Beherrschung altrömischer

Rhetorik. Man sollte aber einige Grundvoraussetzungen und Regeln kennen. Richtige Gesprächsführung kann man lernen.

1. Sagen Sie klar und deutlich, was Sie möchten

Wählen Sie ein aussagekräftiges Beispiel, an dem die Problematik klar wird. Zäumen Sie das Pferd nicht von hinten auf. Auch allgemeine Beschwerden sind nicht sinnvoll. Wenn Sie nur ganz unverbindlich feststellen, daß im Lager geschlampt wird, dann fühlt sich niemand zuständig. Es ist auch nicht hilfreich, Mitarbeitern vorzuwerfen, sie machten „etwas" falsch. Sprechen Sie die Details an, sonst wird nicht verständlich, was Sie eigentlich wollen. Holen Sie nicht zu weit aus. Historische Rückblicke gehören in die Jubiläumsschrift.

Begrenzen Sie das Thema. Wenn Sie mit einem Mitarbeiter über Rauchen am Arbeitsplatz reden möchten, sollten Sie sich nicht über den hohen Krankenstand im Betrieb auslassen, über die Fehlzeiten einer bestimmten Abteilung oder das Lungenkarzinom der Buchhalterin im Jahre 1972. Ersparen Sie sich den allgemeinen Hinweis auf die Gesundheitsschädlichkeit des Rauchens. Jeder Raucher weiß, daß seine Angewohnheit lebensgefährlich ist. Er weiß auch, daß er sich Zigaretten anzündet, weil er nikotinsüchtig ist. Deshalb ist es pure Zeitverschwendung, den Mitarbeiter aufzufordern, endlich mit dem Qualmen aufzuhören. Ihnen zuliebe wird er garantiert nicht zum Nichtraucher.

In einem Gespräch zum Thema Rauchen am Arbeitsplatz kann es nur darum gehen, Gründe zu nennen, die im Rahmen der Arbeitssituation dagegen sprechen. Weisen Sie also auf die Brandgefahr hin, auf das Problem des passiven Mitrauchens anderer, gegebenenfalls auf den Verstoß gegen das allgemeine Rauchverbot im Hause.

2. Fordern Sie den Mitarbeiter zur Suche nach einer Lösung auf

Problemgespräche sollten als Ziel immer eine Lösung anstreben. Geschieht dies nicht, dann wird der Mitarbeiter davon ausgehen, daß er sowieso nichts an der Situation ändern kann. Er wird sich zurücklehnen, und es geschieht – nichts. Berufliche Gespräche führt man jedoch aus bestimmten Gründen, meistens um etwas zu klären, zu ändern oder zu entscheiden. Sie sollten daher immer auch selbst einen Vorschlag in der Hinterhand haben.

Wenn Sie eine Gehaltserhöhung verkünden, brauchen Sie nur dann eine Problemlösung, wenn sich der Beförderte nicht ausreichend befördert fühlt. Wenn Sie etwas kritisieren, sieht die Sache anders aus. Dann sollten Sie Details im Verantwortungsbereich des Gesprächspartners ansprechen und gezielt nach Lösungen suchen.

Sie könnten den Raucher darauf hinweisen, daß er im Raucherzimmer niemanden gefährdet. Oder gemeinsam überlegen, ob man Raucher in ein Großraumbüro zusammensetzt. Und (wieder einmal) über Brandschutz informieren.

Bei offensichtlicher schlechter Leistung könnten Sie eine zeitweilige Eingrenzung oder Verlagerung des Aufgabenbereiches erwägen.

Lösungen sind niemals nur sachlich, sie sprechen immer auch das Gefühl an. Ideologien allerdings gehören in die Privatsphäre. Wer versucht, einen Raucher zu missionieren, erntet bestenfalls Achselzucken.

Wer einem Mitarbeiter von vornherein unterstellt, sein ständiges Zuspätkommen sei wohl die Folge eines unsoliden Lebenswandels, erreicht damit nur eines: Er treibt den Angegriffenen in die Defensive. Belassen Sie es bei der Beschwerde und fragen Sie nach den Gründen. (Da gibt es oft Überraschungen. Vielleicht ist die Kinderfrau krank. Vielleicht hat er seinen Führerschein für eine gewisse Zeit abgeben müssen und benutzt nun den Zug. Vielleicht arbeitet seine Frau auch und er muß die Kinder vor der Arbeit zur Schule bringen.)

3. Entwickeln Sie Fingerspitzengefühl im Umgang mit Menschen
Nicht jedes Gespräch ist für alle Beteiligten angenehm. Ein Gesprächsführer muß davon ausgehen, daß er bei bestimmten Themen auf Widerstand oder zumindest Skepsis trifft. Denken Sie

sich deshalb vor Gesprächsbeginn in Ihr Gegenüber hinein. Wie würden Sie in einer solchen Situation reagieren?

Unangenehme Nachrichten muß jeder erst einmal verdauen. Man muß Zeit haben, darüber nachzudenken, ob der Vorwurf überhaupt berechtigt ist. Wer diese Gelegenheit nicht erhält, wird in eine Abwehrhaltung getrieben, die mögliche Lösungen verhindert.

Vermeiden Sie es, unmittelbar auf Konfrontationskurs zu gehen. Herabsetzende Bemerkungen sind kränkend, Spott und Ironie sind scharfe Waffen. Wer seine Mitarbeiter als dumm hinstellt (im schlimmsten Fall vor anderen), darf sich nicht wundern, wenn sie innerlich abschalten und jede Eigenverantwortung ablehnen.

Es ist auch äußerst ungeschickt, einem Mitarbeiter pauschal generelle Unfähigkeit vorzuhalten, wenn er einmal einen Fehler macht. Wer einen solchen Vorwurf öfter hört, verliert den Glauben an sich selbst – und das Interesse an der Arbeit. Wenn Sie den Mitarbeiter behalten (und bei Laune halten) wollen, müssen Sie ihm eine Chance geben, an der Lösung des Problems zu arbeiten.

4. Einige Regeln zur Gesprächsmethodik

Machen Sie sich vor dem Gespräch klar, worum es gehen soll. Entwickeln Sie gedanklich einen roten Faden, den Sie dann nicht aus den Augen verlieren. Manchmal ist es nützlich, sich ein paar schriftliche Notizen zu machen.

Bestimmen Sie klar und deutlich, um welches Thema es sich handelt. Vergewissern Sie sich, daß Ihr Gesprächspartner bereit ist, über genau dieses Thema zu reden.

Klären Sie als erstes die Situation. Lassen Sie die Problemlösung zunächst noch offen.

Beginnen Sie nie ein Gespräch mit einem Vorwurf oder einer persönlichen Beleidigung. Auch wenn Ihnen ein Anschnauzer auf der Zunge liegt ... bleiben Sie möglichst sachlich bei Ihrem Thema.

Als Gesprächsleiter beginnen Sie das Gespräch. Sie können auch Starthilfen einsetzen: „Herr Meier, ich möchte, daß Sie sich zu folgenden Bemerkungen Herrn Müllers äußern ... "

Signalisieren Sie Zuhörbereitschaft. Besser noch: Sagen Sie: „Ich bin bereit, Ihnen zuzuhören". (Daran müssen Sie sich dann natürlich auch halten.)

Vermeiden Sie vage, indirekte Aussagen. Reden Sie nicht um den heißen Brei herum. Spielen Sie nicht das „Sie wissen schon, worum es geht"-Spielchen. Wer nicht erfährt, wo das Problem liegt, kann auch keine Lösung dafür finden.

Wenn Sie in einem Konflikt zwischen zwei Personen schlichten wollen, dann bitten Sie die Kontrahenten gleichzeitig zum Gespräch und lassen Sie zunächst jeden seine eigene Sichtweise schildern. Unterbinden Sie aber alle störenden Zwischenrufe und Unterstellungen („Das ist eine Unverschämtheit!", „Herr Müller nimmt es mit der Wahrheit ja nie besonders genau!")

Geben Sie dem Mitarbeiter die Chance, selbst eine Problemlösung zu finden. Die Rückdelegation an den Vorgesetzten ist ein sehr beliebtes Mittel, um Verantwortung abzulehnen. Deshalb: Wenn ein Mitarbeiter mit einem Problem zu Ihnen kommt und Sie um eine Lösung bittet, fragen Sie ihn zunächst: „Welche Lösungsansätze haben Sie schon probiert oder würden Sie präferieren?" Ist die Antwort ratloses Schweigen, dann sagen Sie: „Bitte überlegen Sie sich einige Lösungsmöglichkeiten, und kommen Sie damit wieder zu mir." Folgt der Mitarbeiter Ihrer Auffassung und kommt wenig später mit konkreten Vorschlägen zu Ihnen, dann genügt es in aller Regel, wenn Sie sagen: „Welchen Ansatz würden Sie denn wählen?" Denn der Weg, den Ihr Mitarbeiter gehen will, ist dann oft auch der beste.

Sie haben auch die Möglichkeit, das Gespräch durch bewußte Unterbrechungen anzuhalten. Beispiel: „Ich fasse jetzt einmal zusammen: Sie nennen als Grund für das hier vorliegende Problem ...". Eine solche Zwangspause kann der Überprüfung dienen (reden wir überhaupt von derselben Sache?), sie kann auch dazu beitragen, aufkommende Emotionen zu dämpfen. (Man redet sich leicht in Wut.)

Betonen Sie einzelne, wichtige Aspekte: Um etwas besonders hervorzuheben, können Sie durchaus drastisch werden („Diese Sache ist total vermurkst!"), wenn Sie persönliche Schuldzuweisungen vermeiden.

Beißen Sie sich nicht an Nebensächlichkeiten fest. Behalten Sie immer das Kernproblem im Auge.

Dauerredner sind ermüdend. Natürlich sollen Sie Ihre Argumentation zu Ende bringen, aber bedenken Sie, daß in der Kürze wirklich die Würze liegt.

Akzeptieren Sie Widerspruch. Nicht den aus Prinzip, sondern die sachlich begründeten Gegenargumente. Andernfalls könnte man Sie für unbelehrbar und diskussionsunfähig halten. Seien Sie offen, denn nur so bleiben Sie glaubwürdig.

Stellen Sie nur ernstgemeinte Fragen. Das heißt solche, die die möglichen Antworten offen lassen und sie nicht gleich mitliefern. Also nicht: „Sehen Sie den Grund für das Problem nicht auch in folgenden zwei Faktoren …". Es könnte ja möglich sein, daß Sie Faktor drei übersehen haben oder in seiner Wirkung unterschätzen.

Heben Sie Ihre Kommentare solange auf, bis der Sachverhalt geklärt ist.

Unterbinden Sie Diskussionen während der Klärung. Sonst verstricken Sie sich in endlose Gesprächsschleifen.

Am Ende des Gesprächs fassen Sie knapp und präzise zusammen, worüber gesprochen wurde. Halten Sie fest, über welche Aktionen man sich gegebenenfalls verständigt hat. Dieses kleine Protokoll ist ganz wichtig (in Einzelfällen unbedingt schriftlich festhalten). Es vermeidet Mißverständnisse.

Die Gesprächssituation

Führen Sie wichtige Gespräche nicht zwischen Tür und Angel. Als Gesprächsleiter bestimmen Sie den Zeitpunkt der Unterredung. Entscheiden Sie sich ganz bewußt für einen Ihnen angenehmen Termin. (Morgenmuffel beispielsweise sind vor zehn selten eloquent.) Nutzen Sie Ihren Heimvorteil.

Achten Sie auf die Sitzordnung im Gespräch. Ein Schreibtisch zwischen Ihnen und dem Mitarbeiter schafft Distanz, weil das Möbel dem Mitarbeiter deutlich die Hierarchie signalisiert. Bitten Sie zum Gespräch am – vorzugsweise runden – Besprechungstisch. Oder haben Sie Angst vor dem Gespräch und müssen sich hinter Ihrem Schreibtisch „verschanzen"?

Wenn Sie voraussehen, daß das Gespräch äußerst unangenehm verlaufen wird, führen Sie es nicht ausgerechnet dann, wenn Sie sowieso schon „geladen" sind. Ein hoher Adrenalinspiegel ist oft eine Barriere gegen vernünftige Argumente.

Vermeiden Sie es, wichtige Entscheidungen impulsiv zu treffen. Das heißt nicht, daß Sie sie nicht aus dem Bauch heraus treffen dürfen. Aber „feuern" Sie niemanden spontan. Berherzigen Sie den alten Rat: Erst einmal drüber schlafen!

Kündigen Sie Gespräche, bei denen der Konflikt absehbar ist, vorher an. Dann haben beide Seiten Zeit, sich in Ruhe mit dem Problem zu befassen. (Von dieser Regel gibt es Ausnahmen: siehe das Stichwort „Kriminalitätsverdacht", S. 221 ff.!)

Unterschätzen Sie nicht die Bedeutung der Sitzordnung. Große Distanz oder eine blendende Lampe können Störfaktoren sein, die den Verlauf des Gespräches negativ beeinflussen. Man kann Gesprächspartner aber auch durch fehlende Distanz irritieren. Werden Sie nicht zu vertraulich.

Achten Sie auf die nonverbale Kommunikation. Die abrupte Änderung der Sitzhaltung, ein Seufzer, ein Lachen, ein Mit-den-Fingern-Spielen können Anspannung, Verunsicherung oder Verlegenheit ausdrücken. Wenn Sie lernen, diese Signale wahrzunehmen und richtig zu interpretieren, haben Sie Ihr Ziel schon halb erreicht.

Bei manchen Gesprächssituationen ist es ratsam, schon von Anfang an einen Moderator einzuschalten. Insbesondere arbeitsrechtliche Fragen müssen mit Sorgfalt geprüft werden, bevor man sich auf juristisches Glatteis begibt.

Was können Sie mit diesem Buch erreichen?

Sie haben kein brandneues Managementkonzept erworben, keine Kurzfassung irgendeiner Vision 2005, kein ultimatives Stufenmodell für den Wandel, noch nicht einmal in der handlichen Version für den Mittelstand.

Dieses Buch ist auch kein Handbuch mit den besten Tricks zur Manipulation der Mitarbeiter oder eine Anleitung zur Ausbeutung menschlicher Arbeitskraft. Es ist auch kein Trimm-dich-Konzept mit geringem Nutzwert. Es reitet auch nicht auf der neuesten Welle, die dem Manager bahnbrechende Erkenntnisse ankündigt und den Beginn paradiesischer Zeiten verspricht. *Sie haben einen praxisnahen Leitfaden für den Firmenalltag erworben.*

Führen bedeutet, Mitarbeiter zu fordern und zu fördern, ganz gleich, ob es um ein ganzes Team geht oder um die einzelne Person. Führung ist eine Dienstleistungsaufgabe, die zum Ziel hat, die besten Rahmenbedingungen für eine optimale Leistung des Mitarbeiters zu schaffen. Führung heißt daher: Ausräumung demotivierender Faktoren und Abbau von Barrieren, die die Leistungsbereitschaft eindämmen. Falsch geführte Gespräche können, obwohl völlig unbeabsichtigt, äußerst demotivierend wirken. Der auf diese Weise verursachte Schaden läßt sich nur schwer wieder beheben. Belegen läßt sich diese Ansicht am einfachsten durch den Umkehrschluß. Angst um den Arbeitsplatz motiviert nicht zur Übernahme von Verantwortung, sondern vor allem dazu, nicht unangenehm aufzufallen.

Dieses Buch liefert praktische Hinweise, Hilfen und Tips zur Gesprächsführung. Jeder einzelne der 85 Gesprächsanlässe stammt aus dem Arbeitsalltag. Die Beispiele sind sofort umsetzbar, trotzdem sind es keine Patentrezepte. Man sollte sie als Anleitungen verstehen, auf denen sich aufbauen läßt, die man durchaus auch selbst weiterentwickeln kann. Und dazu möchten wir Sie ausdrücklich ermutigen.

Wie Sie mit diesem Buch arbeiten können

Die alphabetische Ordnung der möglichen Gesprächsanlässe erlaubt es, das gesuchte Stichwort rasch aufzufinden. Diese lexikalische Gliederung ist deshalb besonders leserfreundlich, weil sie die Gesprächsanlässe isoliert aufführt. Manche Konfliktsituationen sind ja oft die Folge vorangegangener, ungelöster Konflikte – sie müssen es aber nicht sein.

Um Überschneidungen zu vermeiden, wurde darauf verzichtet, eine Abgrenzung von Zweier- und Gruppengesprächen vorzunehmen. In solchen Fällen, in denen eine Gruppenbesprechung vom Thema her naheliegt, wird auf die besondere Dynamik einer solchen Situation eingegangen.

Die einzelnen Kapitel sind im Prinzip nach der Fünf-Schritt-Methode gegliedert.

1. Die **Situation**: Worum geht es?

 2. Das **Ziel** des Gespräches: Was wollen Sie erreichen?

 3. Mögliche **arbeitsrechtliche Aspekte**: Woran müssen Sie denken?

4. Der **Gesprächsleitfaden**: Wie fangen Sie an?

 5. Die **Checkliste:** Was können/sollten Sie tun?

Die Situation wird an einem realistischen Beispiel aus dem Chef-alltag illustriert. Das Ziel des Gesprächs wird aus der Sicht des Gesprächsleiters – also aus Ihrer Sicht – beschrieben. Gegebenenfalls wird auf wichtige juristische Bestimmungen hingewiesen. Das deutsche Arbeitsrecht ist eine sehr komplexe Materie. Eine umfassende Darlegung aller arbeitsrechtlichen Details würde den Rahmen dieses Buches sprengen. Daher sind die Anmerkungen zum Arbeitsrecht nur als Hinweis darauf zu verstehen, daß Sie eventuell einen Juristen hinzuziehen müssen.

Ein besonderer Schwerpunkt liegt auf der – meist schwierigen – Gesprächseröffnung in Form eines fiktiven Dialoges. Nach Beginn kann das Gespräch diesen oder jenen Verlauf nehmen; deshalb geben wir hier nur Anhaltspunkte für das weitere Vorgehen. Menschen sind immer für Überraschungen gut. Ein vollständig ausformuliertes Gespräch schützt nicht vor allen möglichen Zwischenfällen.

Gesprächsanlässe
von
A bis Z

Abfindungen

Abfindungen als Entschädigung für den Verlust des Arbeitsplatzes werden gezahlt, wenn Betriebsvereinbarungen oder langjähriger betrieblicher Usus, der Tarifvertrag, ein Sozialplan, ein gerichtlicher oder außergerichtlicher Vergleich, ein Gerichtsurteil oder der Auflösungsvertrag es so vorsehen.

Die exemplarische Gesprächssituation geht von einer einvernehmlichen Beendigung des Arbeitsvertrages durch einen Aufhebungsvertrag aus. Fragen des Kündigungsschutzes stehen daher hier nicht zur Diskussion.

Der Gesprächsanlaß

Im Zuge von Rationalisierungsmaßnahmen soll ein Geschäftsbereich umstrukturiert werden. Für die meisten Beschäftigten wurden Weiterbeschäftigungsmöglichkeiten gefunden. Zwei Mitarbeiter scheiden auf eigenen Wunsch aus, da sie sich selbständig machen wollen. Einer Sachbearbeiterin muß ein Aufhebungsvertrag angeboten werden. Ihre Tätigkeit wird in Zukunft von einer Computerfachkraft übernommen.

Was wollen Sie erreichen?

Sie wollen der Mitarbeiterin eine Abfindung anbieten. Gleichzeitig wollen Sie um Verständnis für die Entscheidung der Geschäftsleitung werben. Eine gerichtliche Auseinandersetzung wollen Sie in jedem Fall vermeiden. Sie streben einen versöhnlichen Ausgang des Gesprächs an.

Arbeitsrechtliche Aspekte

Klären Sie in jedem Falle die Rechtslage mit einem Anwalt. Das Gebiet ist zu komplex, als daß es hier juristisch unangreifbar dargelegt werden könnte.

Der Gesprächsleitfaden

V: *Frau Engelmann, es tut mit leid, daß ich Ihnen keine bessere Lösung anbieten kann. Wir haben uns wirklich Mühe gegeben, für Sie eine andere Beschäftigungsmöglichkeit zu finden. Leider ohne Erfolg. Ich muß Sie also bitten, einem Aufhebungsvertrag zum Quartalsende zuzustimmen.*

M: *Das hatte ich schon befürchtet. Aber für mich ist die Situation sehr schwierig. Ich bin 52 Jahre alt. Ich finde es auch sehr ungerecht, daß ausgerechnet die beiden jüngsten Mitarbeiterinnen in meinem Bereich übernommen werden. Die könnten sich doch viel leichter eine neue Stelle suchen als ich. Da ackert man jahrelang für eine Firma, und dann wird man auf die Straße gesetzt.*

V: *Sie sind jetzt sehr lange bei uns und wir waren stets sehr zufrieden mit Ihnen. In letzter Zeit haben sich die Anforderungen jedoch geändert. Wenn wir am Markt bleiben wollen, müssen wir mithalten können. Eine andere Chance haben wir nicht. Sie wissen doch, daß wir in ziemlichen Schwierigkeiten stecken. Wir haben zwingende betriebliche Gründe für unseren Schritt. Und in Ihrem Fall gibt es für uns wirklich keine andere Möglichkeit, als Ihren Arbeitsvertrag aufzuheben. Damit wollen wir Ihre bisherige Leistung in keiner Weise abwerten. Die beiden jungen Mitarbeiterinnen, die wir übernommen haben, haben vergangenes Jahr an technischen Weiterbildungsmaßnahmen teilgenommen und sind daher für ihre neue Aufgabe qualifiziert.*

M: *Es geht doch nicht nur um Programmiersprachen. Wenn Sie mal hören würden, wie die zum Teil am Telefon mit Kunden reden, wären Sie nicht so begeistert.*

V: *Jetzt lassen Sie uns doch bitte beim Thema bleiben. Ihre bisherige Tätigkeit wird von einer Computerfachkraft übernommen. Sie sind mit Ihrem PC nie so richtig vertraut geworden. Das kann ich verstehen, vielen nicht mehr ganz so jungen Mitarbeitern geht es ähnlich. Aber Sie müssen auch unseren Standpunkt verstehen. Uns ist sehr daran gelegen, die Angelegenheit einvernehmlich zu regeln.*

M: *Das kann ich mir vorstellen. Und daher wollen Sie mich mit einer mickrigen Abfindung möglichst schnell loswerden!*

V: *Nun werden Sie mal nicht gleich so bitter. Von Abspeisen kann nicht die Rede sein. Lassen Sie uns doch einfach überlegen, ob unsere Vorstellungen so weit auseinander liegen. Was hatten Sie sich denn vorgestellt?*

M: *Am wichtigsten ist für mich natürlich die Altersversorgung.*

V: *Sehen Sie, da können wir Ihnen entgegenkommen. Wir schlagen Ihnen den Fortbestand der betrieblichen Altersversorgung für ein Jahr vor.*

M: *Das ist ja wenigsten ein Pluspunkt. Und welche Abfindungssumme bieten Sie mir an?*

V: *Zwölf Monatsgehälter.*

M: *Ich hatte eigentlich mehr erwartet. Denn schließlich muß ich damit rechnen, daß ich überhaupt keine neue Stelle mehr finden werde.*

V: *Das ist das Äußerste. Leider. Wir machen diese Rationalisierung ja nicht zuletzt aus Kostengründen. Die Auftragslage ist alles andere als rosig.*

M: *Ja, das ist mir bekannt. Aber trotzdem ...*

V: *Ich kann Ihre Sorge verstehen. Aber ganz aussichtslos ist die Situation nicht. Sie werden von uns ja ein hervorragendes Zeugnis bekommen. Schließlich waren wir immer außerordentlich zufrieden mit Ihnen. Und wenn Sie darüber hinaus noch persönliche Referenzen brauchen, gebe ich sie Ihnen gerne. Lassen Sie sich unseren Vorschlag durch den Kopf gehen. Es würde mich sehr freuen, wenn wir zu einer einvernehmlichen Entscheidung kämen.*

Siehe auch Aufhebungsvertrag, Betriebliche Sozialpolitik, Freie Mitarbeit, Reorganisation/Umstrukturierung, Vorruhestandsregelung.

Ablehnung (Beförderung)

Wenn der Vorgesetzte seinen aufstiegsorientierten Mitarbeiter nicht vor den Kopf stoßen will, muß er das Ablehnungsgespräch mit viel Verständnis, Sensibilität und Fingerspitzengefühl führen. Niemand hört gern ein „Nein!" von seinem Chef, wenn es um die Erfüllung eines Aufstiegswunsches geht. Nur zu leicht wird die Ablehnung des Beförderungsbegehrens nämlich als grundsätzliche Ablehung der Person mißverstanden. Der Mitarbeiter zieht sich dann in die innere Emigration zurück oder sieht sich nach einem anderen Arbeitgeber um. Gute Fachleute läßt man freilich nicht gerne ziehen. Vielleicht kann sich der Mitarbeiter auf die Übernahme einer Führungsposition durch gezielte Weiterbildung vorbereiten?

Der Gesprächsanlaß

Ihr Mitarbeiter Neumann hat hochgesteckte Karriereziele. Als die Position des Abteilungsleiters frei wird, bewirbt er sich bei Ihnen. Sie sind jedoch nicht der Meinung, daß Neumann dieser Aufgabe gewachsen ist. Seine Fachkenntnisse sind zwar überdurchschnittlich, aber Sie wissen, daß Neumann innerhalb der Abteilung auf Widerstand stößt. Er würde schon aufgrund seiner Persönlichkeit von den Kollegen seiner Abteilung keinesfalls als Vorgesetzter akzeptiert. Sie müssen daher ablehnen.

Diese Situation kommt häufiger vor, als allgemein bekannt ist. Gerade junge Mitarbeiter neigen dazu, sich selbst und ihre Leistung zu überschätzen und die besonderen Aufgaben einer Führungskraft zu unterschätzen. „Ich weiß hier am besten Bescheid, da kann ich doch die Leitung übernehmen," macht sich der Ehrgeiz Luft. „So gut wie der alte Chef bin ich schon lange!"

Was wollen Sie erreichen?

Sie wollen dem Mitarbeiter klarmachen, daß er für die gewünschte Position nicht oder noch nicht in Frage kommt. Sie lehnen seinen Wunsch nach einer Beförderung ab.

34

Arbeitsrechtliche Aspekte

Einen Rechtsanspruch auf Beförderung gibt es nicht. Selbst dann, wenn Sie dem Mitarbeiter mündlich einen Aufstieg im Unternehmen in Aussicht gestellt haben, kann er daraus keinen Anspruch ableiten.

Der Gesprächsleitfaden

V: Grundsätzlich freue ich mich über Ihren beruflichen Ehrgeiz, Herr Neumann. Sie sind ein ausgezeichneter Fachmann. Nun geht es Ihnen um die Übernahme der Abteilungsleitung. Nennen Sie mir doch bitte Ihre Gründe, warum ich Sie mit dieser Aufgabe betrauen soll.

M: Ich bin jetzt schon fast zwei Jahre dabei und kenne die Abläufe sehr gut. Außerdem erledige ich doch sowieso den größten Teil der Arbeit. Da kann ich doch gleich die gesamte Verantwortung tragen.

V: Gehen wir die Argumente doch mal im einzelnen durch. Zwei Jahre sind nun noch nicht so lange, denke ich. Soweit ich weiß, sind die meisten Ihrer Kollegen noch länger bei uns. Ginge es also allein um die Dauer der Abteilungszugehörigkeit, dann wären Sie noch gar nicht an der Reihe.
Aber natürlich befördern wir nicht nur nach Verweildauer; das wäre gewiß nicht gerecht. Der künftige Abteilungsleiter oder die künftige Abteilungsleiterin muß selbstverständlich viel von der Sache verstehen – diese Bedingung würden Sie durchaus erfüllen –, aber noch wichtiger ist die Führungsqualität. Was heißt Personalführung denn für Sie, Herr Neumann?

M: Ich teile den Leuten die Arbeit zu und kontrolliere den Fortschritt und die Ergebnisse. Wenn es Fragen gibt, stehe ich zur Verfügung. Und wenn es Ärger gibt, übernehme ich die Verantwortung dafür. Ich glaube schon, daß ich das kann.

V: Sie sagten eingangs, daß Sie einen Großteil der Aufgaben selbst erledigen würden. Warum das?

M: *Meine Kollegen arbeiten nicht so gründlich wie ich. Ehe ich nacharbeite, mache ich es lieber selbst. Das geht schneller.*

V: *Sehen Sie, Herr Neumann: Genau das dürfen Sie als Führungskraft nicht tun! Alle Mitarbeiter in dieser Abteilung sind fachlich qualifiziert und leistungsbereit. Wenn der eine oder andere schlampig arbeitet, dann hat der Abteilungsleiter nicht die Aufgabe, die Arbeit selbst zu erledigen. Als Vorgesetzter muß er vielmehr dafür sorgen, daß sich die Leistung seiner Mitarbeiter verbessert. Arbeit abnehmen hilft dabei nicht. Als Chef müssen Sie den Ursachen für das schlechte Ergebnis auf die Spur kommen und den Mitarbeiter zur Einsicht und Leistungsverbesserung bewegen.*

M: *So hab ich das noch nicht gesehen.*

V: *Personalführung setzt viel mehr voraus als Fachwissen und gründliches Arbeiten, glauben Sie mir. Wenn die Abteilung weiterhin gute Resultate zeigen soll, dann brauchen wir dafür einen erfahrenen Leiter. Jemanden, der sich auf diesem Gebiet schon bewährt hat. Damit ist nicht gesagt, daß Sie nicht auch eine Perspektive als Führungskraft in unserem Betrieb haben. Nur nicht zum gegenwärtigen Zeitpunkt. Aber wenn Sie ernsthaft wollen, können Sie darauf hin – nein, nicht hinarbeiten, Herr Neumann. Darauf hinlernen! Und eines ist mir auch noch wichtig: Wir sind auf Sie als Fachmann in dieser Abteilung angewiesen.*

An diesem Punkt des Gespräches wird sich zeigen, ob Ihr Mitarbeiter ins Nachdenken gerät und Ihrer Argumentation folgen kann oder ob es ihm vorrangig um den Statusgewinn der Führungsposition geht. Wenn er auf Ihre Anregung nicht eingeht, dann konfrontieren Sie ihn doch einmal mit verschiedenen realistischen Konfliktsituationen aus dem Führungsalltag und bitten Sie ihn um seine Lösung. Anschließend sagen Sie ihm, wie Sie, eine erfahrene Führungskraft, gehandelt hätten. Höchstwahrscheinlich weichen die beiden Ansätze voneinander ab, und an diesen Beispielen können Sie leicht deutlich machen, worauf es bei der Personalführung ankommt.

Hüten Sie sich aber unbedingt davor, Konflikte aus dem eigenen

Betrieb zu diskutieren. Sonst würde der Mitarbeiter den Eindruck gewinnen, Sie wüßten keine Lösung und wären auf seine Unterstützung angewiesen.

Wer fragt, der führt

Wenn im Gespräch zwischen Vorgesetztem und Mitarbeiter ein Konflikt erkennbar wird, der auf der sachlichen Ebene nicht lösbar ist – bei jedem Beförderungwunsch heißt die Antwort nur entweder ja oder nein – dann kann der Vorgesetzte versuchen, den Mitarbeiter durch Fragen zu eigenem Nachdenken zu bewegen.

Checkliste

 Beachten Sie den Unterschied zwischen geschlossenen und offenen Fragen.

▶ **Geschlossene Fragen** können mit einem einfachen „Ja", „Nein" oder einem einzigen Wort beantwortet werden:
 – Stimmen Sie dem zu?
 – Haben Sie eine andere Ansicht?
 – Für welche Lösung haben Sie sich entschieden?
 – Hat sich dieser Punkt erledigt?
▶ **Offene Fragen** zielen auf eine ausführliche Antwort:
 – Was haben Sie bisher schon unternommen, um Ihr Ziel zu erreichen?
 – Wie denken Sie über die Angelegenheit?
 – Welche Hindernisse liegen noch vor uns?
 – Warum scheint Ihnen dieser Weg vorteilhafter?
▶ **Grundsätzlich: Fragen sind dazu geeignet,**
 – den Gesprächspartner zum (Nach-)Denken zu bringen,
 – Probleme tiefer zu durchdringen,
 – kreativ über einen Sachverhalt zu diskutieren.

Siehe auch Coaching, Führungsstil, Karriere (Laufbahngespräch), Kritikgespräch, Leistungsschwäche, Motivationsgespräch, Training (off the job), Zielvereinbarung.

Ablehnung (Betriebsfeier/Betriebsausflug)

Betriebsfeiern oder Ausflüge der gesamten Belegschaft sind in vielen Firmen üblich. Bei einem informellen Zusammensein können Mitarbeiter die Möglichkeit nutzen, ihre Kontakte zu Kollegen aus anderen Abteilungen zu verbessern und neue Kollegen kennenzulernen. Das gesellige Beisammensein kann sich positiv auf das Betriebsklima und auf die Motivation der Mitarbeiter auswirken.

Insofern werden Betriebsfeiern und Betriebsausflüge in vielen Firmen auch als eine Art Leistungsanreiz verstanden. In Zeiten wirtschaftlicher Schwierigkeiten allerdings ist Kostenbewußtsein angesagt. Zusatzkosten im Personalbereich werden heute eher abgebaut denn aufgehäuft.

In großen Unternehmen stehen tariflich nicht geregelte Vergütungsformen auf dem Prüfstand; Prämien werden vielfach nur noch unter eng definierten Voraussetzungen gezahlt. In mittelständischen Betrieben kann der Rotstift gelegentlich auch dort angesetzt werden müssen, wo bisher qua Gewohnheitsrecht scheinbar ein Anspruch der Mitarbeiter bestand.

Der Gesprächsanlaß

Der Chef einer großen Schreinerei will aus Kostengründen erstmalig auf den seit Jahren veranstalteten Betriebsausflug verzichten. Er bittet einen der Meister zu einem Gespräch. Der Mitarbeiter ist Mitglied des Betriebsrates.

Was wollen Sie erreichen?

Sie wollen Verständnis für Ihre Maßnahme wecken. Sie wollen verhindern, daß sich das Betriebsklima aufgrund dieser notwendigen Sparmaßnahme verschlechtert.

Der Gesprächsleitfaden

V: *Ich möchte heute mit Ihnen über den Betriebsausflug reden.*

M: *Dazu wollte ich Ihnen schon einen Vorschlag machen. Ich habe da eine Empfehlung von jemanden aus meinem Kegelclub. Der hat mit seiner Firma eine sehr schöne Tour durch die Ardennen unternommen. Sie haben auch ein besonders gutes Restaurant entdeckt. Das wäre bestimmt etwas für uns!*

V: *Leider muß ich Sie enttäuschen. An einen Ausflug ist dieses Jahr gar nicht zu denken. Wir müssen in Maschinen investieren, um überhaupt wettbewerbsfähig zu bleiben. Da brauchen wir jede Mark. Unsere Fahrt letztes Jahr hat immerhin 6500 Mark gekostet. Für diese Summe bekommen wir die neue Hobelmaschine, die Sie sich auf der Messe angesehen haben.*

M: *Aber wir machen doch jedes Jahr einen Betriebsausflug. Wenn wir den dieses Jahr ausfallen lassen, werden die Leute murren. Dieser Ausflug gehört doch quasi zum Besitzstand.*

V: *Das ist nicht richtig. Er ist weder tariflich zugesagt noch betrieblich vereinbart. Der Ausflug ist eine freiwillige Leistung meiner Firma. Die habe ich auch gerne erbracht, als die Zeiten besser waren. Momentan aber sind sie ausgesprochen schlecht.*

M: *Sie sollten aber bedenken, daß auf so einem Ausflug auch Mitarbeiter ins Gespräch kommen, die sonst kaum etwas miteinander zu tun haben. Die Lehrlinge können mal ausführlich mit Ihnen reden. Der eine oder andere hat sicher ein Problem, über das er gerne sprechen möchte. Wir haben doch wirklich anstrengende Wochen hinter uns. Da sollte eine kleine Belohnung doch möglich sein. Ein gemeinsamer Ausflug ist sehr gut für das Betriebsklima und auch für die Arbeitsmoral.*

V: *Glauben Sie mir, das habe ich alles schon bedacht. Aber in unserer Branche muß heutzutage jeder damit zufrieden sein, überhaupt einen Arbeitsplatz zu haben. Belohnungen kann man leider nicht mehr verlangen. Ich fürchte, daß einige Leute im Betrieb den Ernst der Lage noch nicht ganz begriffen haben. Vielleicht ist die Absage des Ausflugs in dieser Hinsicht sogar ganz nützlich. Wir brauchen dringend einen großen An-*

schlußauftrag. Aber es wird einfach zu wenig gebaut. Und dann holen sich die Leute Fertigtüren aus dem Baumarkt und setzten sie irgendwie ein. Das ist ein Trend, der so schnell nicht abflauen wird. Es ist einfach kein Qualitätsbewußtsein mehr da. Und natürlich auch kein Geld. Es tut mit leid, aber Sonderleistungen sind im Moment nicht drin. Wir müssen unbedingt die Kosten senken. Und wir können froh sein, wenn wir niemanden entlassen müssen. Ich bitte Sie daher, die Leute entsprechend zu informieren. Machen Sie sie ruhig auf unsere kritische Lage aufmerksam. Ich will niemanden unter Druck setzen, aber es geht tatsächlich um die Arbeitsplätze. Das muß allen klar sein.

M: *Können wir denn wenigsten eine kleine Betriebsfeier machen?*

V: *Gegen einen kleinen Umtrunk habe ich nichts einzuwenden. Ich werde ein Fäßchen Kölsch stiften, wenn wir mit dem Auftrag Michelske fertig sind. Den Termin setzten wir dann kurzfristig fest. Und noch eines: Wenn es wieder aufwärts geht, wird der Betriebsausflug bei der ersten Gelegenheit nachgeholt. Das verspreche ich Ihnen.*

Checkliste

 Wenn Sie Wünsche oder Ansprüche der Mitarbeiter ablehnen müssen, sollten Sie folgendes beachten:

▶ Sagen Sie klar und deutlich, worum es geht.
▶ Identifizieren Sie das Unternehmensziel.
▶ Appellieren Sie an die Mitverantwortung der Mitarbeiter.
▶ Schaffen Sie durch Offenheit eine Vertrauensbasis.
▶ Formulieren Sie ein Nein freundlich, aber ohne Wenn und Aber.
▶ Gehen Sie davon aus, daß Mitarbeiter vernünftige Gegenargumente akzeptieren.
▶ Bemühen Sie keine Vernebelungstaktik.
▶ Weisen Sie darauf hin, daß diese Ablehnung nicht für alle Zukunft gelten muß.

Siehe auch Betriebliche Sozialpolitik, Betriebsklima.

Ablehnung (Fort- und Weiterbildung)

Unter dem Motto „lebenslanges Lernen" erwarten die Unternehmen von ihren Beschäftigten das stetige Bemühen um Weiterqualifizierung. In der Regel, und wenn keine betrieblichen Gründe dagegenstehen, wird der Vorgesetzte deshalb dem Wunsch eines Mitarbeiters nach Freistellung für eine Weiterbildungsmaßnahme entsprechen. Zuweilen streben allerdings gerade junge Mitarbeiter nach Fortbildungen in Bereichen, für die sie nach Meinung des Vorgesetzten noch nicht hinreichend erfahren und/oder qualifiziert sind. Solche Ablehnungsgespräche müssen besonders taktvoll geführt werden, wenn sie den ehrgeizigen Nachwuchs nicht verprellen sollen.

Der Gesprächsanlaß

 Ihr jüngster Mitarbeiter im Einkauf möchte ein zweiwöchiges Führungsseminar besuchen, obwohl er noch keine Personalverantwortung trägt und auch nicht in der nächsten Zeit dafür vorgesehen ist. Er begründet seinen schriftlichen Antrag mit seinem Ehrgeiz und Aufstiegswillen und bittet Sie um Genehmigung.

Was wollen Sie erreichen?

Der junge Mann soll natürlich wissen, daß Sie ihn beruflich fördern wollen. Sie halten seine Teilnahme an dem gewünschten Seminar zum jetzigen Zeitpunkt aber nicht für sinnvoll und müssen daher seine Bitte ablehnen.

Arbeitsrechtliche Aspekte

Der Anspruch der Arbeitnehmer auf betriebliche Fort- und Weiterbildung ist in zahlreichen Landesgesetzen und in manchen Arbeitsverträgen festgeschrieben. Daran muß sich der Betrieb prinzipiell halten. In gewissen Fällen kann der Arbeitgeber allerdings ein Veto einlegen – dann nämlich, wenn die beanspruchte Weiterbildungsmaßnahme für die ausgeübte Position nicht sinnvoll ist (Das muß belegt werden!) oder wenn sie in einem Zeitraum durchgeführt werden soll, in dem der Mitarbeiter aus betrieblichen Belangen am Arbeitsplatz unverzichtbar ist. Reine „Strafaktionen" sind dagegen nicht erlaubt!

Der Gesprächsleitfaden

V: Sie haben darum gebeten, an dem Führungskräftetraining im übernächsten Monat teilnehmen zu können. Warum möchten Sie diese Veranstaltung gern besuchen?

M: Ich finde, daß ich frühzeitig damit anfangen sollte, Personalführung zu lernen. Das ist doch wichtig, wenn man beruflich aufsteigen will, nicht wahr?

V: Sicher, da haben Sie recht, aber glauben Sie nicht, daß Sie in Ihrer jetzigen Position erst einmal Ihre Grundlagenkenntnisse vertiefen sollten? Ohne eingehende Fachkenntnisse wird nämlich niemand so schnell eine Führungskraft. Das ist sogar eine Grundvoraussetzung dafür.

M: Aber in diesem Halbjahr gibt es nichts Passendes für mich. Und das Wissen aus diesem Führungsseminar behalte ich doch, das veraltet doch nicht.

V: Seien Sie da mal nicht so sicher. Neue Erkenntnisse gibt es immer wieder, besonders wenn es um Menschen geht. Grundsätzlich freue ich mich über Ihre Bereitschaft, sich fortzubilden, und wenn es die betrieblichen Belange nicht stört, können Sie natürlich gern noch mehr lernen. Für das Führungsseminar scheinen Sie mir allerdings wirklich noch etwas zu jung zu sein. Wie wäre es, wenn Sie sich zunächst mit einigen Fachkursen auf Ihrem Gebiet optimal qualifizieren und das Führungsseminar dann besuchen, wenn Sie Führungsverantwortung erhalten?

Wenn Sie so weitermachen wie bisher, können wir in, sagen wir, knapp zwei Jahren darüber sprechen.

M: *Das klingt nicht schlecht.*

V: *Dann habe ich noch einen Vorschlag. Reden Sie doch mal mit dem Leiter unseres Konzerntrainings und überlegen Sie mit ihm zusammen einen Weiterbildungsplan für die kommenden 24 Monate. Er kann Sie darin gewiß gut beraten.*

M: *Das mach' ich. Und die Beförderung in zwei Jahren ist mir sicher?*

V: *Wenn Sie bis dahin Ihre Fachkenntnisse vertiefen und sich weiter so engagiert zeigen, dürfte das klappen. Nageln Sie mich aber bloß nicht fest!*

Wenn Sie ein Weiterbildungsgesuch grundsätzlich befürworten, aber zeitlich in die Zukunft schieben möchten, stehen Sie im Wort. Machen Sie Ihrem Mitarbeiter deshalb unbedingt klar, ob Sie diese Fortbildung generell oder nur im Augenblick ablehnen. Wenn Sie gemeinsam mit dem Mitarbeiter nach Alternativen suchen, fühlt sich Ihr Mitarbeiter ernstgenommen.

Checkliste

 Diese Informationen benötigen Sie für Ihre Zustimmung oder Ablehnung:

▶ Welche Kenntnisse, Stärken und Schwächen hat der Mitarbeiter?

▶ Welche Argumente sprechen für, welche gegen das weiterbildende Training, bezogen auf die derzeitige Position des Mitarbeiters?

▶ Ist das Training geeignet, den Mitarbeiter auf eine zukünftige Position/andere Funktion/anderes Einsatzfeld vorzubereiten?

▶ Weshalb will der Mitarbeiter unbedingt an diesem Training teilnehmen?

▶ Welche Alternativen gibt es zu diesem Training?

▶ Können Sie dem Mitarbeiter eine Weiterbildungsoption in naher Zukunft anbieten?

Weiterbildungsmaßnahmen

Kleine und mittlere Unternehmen führen oft keine eigenen Weiterbildungsmaßnahmen durch, sondern entsenden ihre Mitarbeiter auf die Veranstaltungen externer Trainingsinstitute. Zuweilen überlassen sie auch die Wahl der Weiterbildung dem Mitarbeiter und schießen nur einen Unkostenbeitrag zu. In jedem Fall ist es besser, wenn der Vorgesetzte gemeinsam mit dem Mitarbeiter das Seminar oder den Kurs auswählt.

Neben speziellen Fachkursen zur Verbesserung des professionellen Know-hows sind folgende Fortbildungen empfehlenswert:

▷ Sprachkurse
▷ Technische Weiterbildung (Programmiersprachen, SAP, Internet u. a.)
▷ Bürotechniken (Textverarbeitung, Graphikprogramme)
▷ Rhetorik, Präsentationen
▷ Selbstsicherheit, Verbesserung der Kommunikationsfähigkeit
▷ Mitarbeiterführung, Teamführung

Siehe auch Coaching, Innere Kündigung, Jahresgespräch (Jährliches Personalgespräch), Karriere (Laufbahngespräch), Kritikgespräch, Motivationsgespräch, Training (off the job), Zielvereinbarung.

Abmahnung

Eine Abmahnung läßt sich mit der „gelben Karte" im Fußball vergleichen: Der Spieler, der einen Fehler begangen hat, wird offiziell verwarnt. Foult der Spieler anschließend noch einmal, wird er vom Platz gestellt (Das heißt, er muß sozusagen die Kündigung befürchten). Spielt er jedoch anschließend fair weiter, darf er bleiben.

Vor die Kündigung hat das Bundesarbeitsgericht die Abmahnung gestellt: Der Mitarbeiter wird aufgrund eines konkreten Fehlverhaltens unmißverständlich verwarnt, bekommt aber zunächst die Chance, dieses Verhalten zu ändern beziehungsweise zu unterlassen. Andernfalls könnte dieses Fehlverhalten im Wiederholungsfall zu einer Kündigung führen. Die Kündigung eines Arbeitsverhältnisses sollte immer das äußerste Mittel des Arbeitgebers sein.

Der Gesprächsanlaß

Ein Mitarbeiter hat aus seinem Urlaubsort eine Sekretärin der Firma angerufen und mitteilen lassen, er werde seinen Urlaub um vier Tage verlängern. Diese Verlängerung war mit dem Vorgesetzten nicht abgesprochen und berührt ganz empfindlich betriebliche Belange. Unmittelbar nach seiner Rückkehr bitten Sie deshalb den Mitarbeiter in Ihr Büro, um ihn zur Rede zu stellen und nach den Gründen für die verspätete Rückkehr zu fragen.

Was wollen Sie erreichen?

Sie wollen Ihrem Mitarbeiter unmißverständlich klarmachen, daß Sie dieses eigenmächtige Verhalten nicht tolerieren. Für den Wiederholungsfall wollen Sie ihm arbeitsrechtliche Konsequenzen androhen.

Arbeitsrechtliche Aspekte

Nur schuldhafte Verletzungen der Arbeitspflicht müssen vor einer möglichen Kündigung des Arbeitsverhältnisses abgemahnt werden. Aus personenbedingten und betriebsbedingten Gründen kann ohne Abmahnung gekündigt werden. In der Praxis passieren bei Abmahnungen oft Fehler bezüglich Inhalt und Form. Lassen Sie sich vorsorglich von einem Anwalt beraten. Sie können mündlich oder schriftlich abmahnen. Da das Unternehmen im Falle eines Prozesses beweispflichtig ist, sollte man freilich immer schriftlich abmahnen.

Der Gesprächsleitfaden

V: Herr Vollmer, Sie haben Ihre Urlaubszeit eigenmächtig um vier Tage überzogen, obwohl Sie wissen mußten, daß die rechtzeitige Vorlage des Monatsabschlusses dadurch gefährdet wurde. Das ist eine krasse Verletzung Ihrer Arbeitspflicht. Was haben Sie sich dabei eigentlich gedacht? Gibt es triftige Gründe für Ihr Verhalten?

M: Ja sicher. Ich hatte eine günstige Mitfahrgelegenheit in den Urlaub. Allerdings wollte meine Bekannte ein paar Tage länger bleiben als ich. Aber auf diese Weise konnte ich mir die Bahnfahrt sparen. Die Fahrkarten der Bundesbahn sind ganz schön teuer.

V: Unter einem triftigen Grund verstehe ich etwas anderes, eine Krankheit zum Beispiel. Wenn Sie aus gesundheitlichen Gründen nicht rechtzeitig hätten wieder arbeiten können, würden diese Tage auch gar nicht auf Ihren Urlaub angerechnet. Aber finanzielle Überlegungen gelten nicht als triftiger Grund.

M: Aber ich habe doch angerufen. Und ich habe noch eine Woche Resturlaub vom letzten Jahr.

V: Den hätten Sie auch nehmen können, wenn das vorher mit mir abgesprochen gewesen wäre. Aber Sie haben Frau Schneider nur einfach mitgeteilt, daß Sie später kommen. Mit mir haben

Sie nicht gesprochen. Ich hatte gar keine Möglichkeit, meine Einwilligung zu geben oder zu verweigern. Das ist ein ganz klares Fehlverhalten Ihrerseits. Ich bin als Ihr Vorgesetzter kündigungsberechtigt und mahne Sie hiermit ab. Ich bin mit Ihrem Verhalten nicht einverstanden und weise Sie darauf hin, daß Sie – wenn Sie noch einmal eigenmächtig Ihren Urlaub verlängern – mit einer Kündigung rechnen müssen. Diese Abmahnung werden Sie nachher auch noch schriftlich bekommen.

Um zu vermeiden, daß sich der Mitarbeiter nun in seiner ganzen Person getroffen fühlt, sollten Sie einen erklärenden Satz anfügen:

V: *Ich hoffe, Ihnen ist klar, daß sich diese Abmahnung keineswegs auf Ihre grundsätzliche Arbeitsleistung oder Ihren Arbeitseinsatz bezieht. Darüber kann ich nicht klagen. Im Gegenteil, ich könnte mir sogar vorstellen, daß unser demnächst anstehendes Personalgespräch recht positiv für Sie verläuft. Ich würde Sie gern für eine Beförderung vorschlagen – aber Sie wissen, da hat die Personalabteilung auch noch ein Wörtchen mitzureden. Und die schauen genau in die Personalakte. Also zwingen Sie mich in Ihrem eigenen Interesse bitte nicht zu weiteren Abmahnungen.*

Checkliste

 Abmahnungsgründe
► Unentschuldigtes Fehlen
► Häufige Unpünktlichkeit und häufiges Zuspätkommen
► Unerlaubte private Telefongespräche
► Verstoß gegen das Rauchverbot
► Verletzung der Treuepflicht
► Verstöße gegen den Datenschutz
► Störung des Betriebsfriedens durch Streitigkeiten oder Mobbing
► Beleidigung des Vorgesetzten

- ► Eigenmächtiger Urlaubsantritt
- ► Eigenmächtige Urlaubsverlängerung
- ► Verweigerung von Arbeits- oder Gesundheitszeugnissen
- ► Verletzung der Nachweispflicht bei Krankheit
- ► Nichtbeachtung von Arbeitsschutzvorschriften
- ► Nichtbeachtung von Sicherheitsvorschriften
- ► Unerlaubte Nebentätigkeit
- ► Alkoholbedingtes Fehlverhalten
- ► Arbeitsverweigerung
- ► Häufige Bummelei

Siehe auch Ermahnung, Kritikgespräch, Leistungsschwäche.

Alkohol am Arbeitsplatz

Das Glas Sekt zum Geburtstag des Kollegen, die Flasche Wein, die sich ein Projektteam nach der erfolgreichen Markteinführung teilt und der Cognac, mit dem der Geschäftsführer und sein Kunde die Vertragsunterzeichnung feiern, gehören zum Geschäftsalltag zahlreicher Unternehmen. Solange sich der Alkoholkonsum in Grenzen hält, ist dagegen nichts einzuwenden.

Alkohol und Zigaretten gehören zu den wenigen gesellschaftlich anerkannten Drogen – trotzdem sind es Drogen. Und wie jede andere Droge – Rauschgifte, Medikamente – belasten sie den menschlichen Organismus. Menschen, die unter einer Alkoholkrankheit leiden, sind nur in den seltensten Fällen in der Lage, ihre beruflichen Aufgaben gründlich und fehlerfrei zu erledigen. Besonders problematisch wird es, wenn ein Mitarbeiter regelmäßig und womöglich in größeren Mengen Alkohol am Arbeitsplatz zu sich nimmt. In diesem Fall ist ein Mitarbeitergespräch unbedingt erforderlich.

Bei diesem Thema ist die Sensibilität des Vorgesetzten in besonderem Maße gefordert. Das Gespräch sollte zu einer Tageszeit geführt werden, zu der keine Störungen von Dritten zu befürchten sind.

Der Gesprächsanlaß

Herr Kleine – ein zuverlässiger, 52 Jahre alter Mitarbeiter – ist schon gelegentlich aufgefallen, wenn er bei Betriebsfeiern dem Alkohol so kräftig zusprach, daß er schließlich nur mit dem Taxi nach Hause befördert werden konnte. Er scheint gern mehr zu trinken, als er verträgt. Seit einigen Monaten dehnt er seine Mittagspause regelmäßig aus und verläßt das Betriebsgebäude. Kollegen haben ihn öfter in einem nahe gelegenen Ausschank gesehen. Nachmittags ist er häufig unkonzentriert und so müde, daß er beinahe am Schreibtisch einschläft. Und als sein

Vorgesetzter vor wenigen Tagen nach Feierabend einen Ordner aus Kleines Büro holen wollte und an einem halbgefüllten Glas auf dessen Schreibtisch roch, stellte er entsetzt fest, daß es sich zweifellos um Hochprozentiges handelte. Anlaß genug für den Vorgesetzten, das Gespräch mit Kleine zu suchen.

Was wollen Sie erreichen?

→ Der Mitarbeiter hat ganz offenbar ein Problem mit seinem Alkoholkonsum. Ein vorsichtiges Gespräch ist der erste Schritt, um auszuloten, welche Gründe dahinterstecken. Als zweites sollte Hilfe angeboten werden, um das ursächliche Problem zu lösen und das Suchtverhalten möglichst abzustellen. Erst wenn das nichts ändert, sollten schärfere Maßnahmen angedroht werden. Wichtig ist dabei vor allem, eng mit dem Betriebsrat zusammenzuarbeiten.

Der Gesprächsleitfaden

V: Herr Kleine, ich möchte heute mit Ihnen über ein heikles Thema sprechen. Ich habe den Eindruck, daß Sie seit einiger Zeit mehr Alkohol trinken, als Sie vertragen, und ich sorge mich wirklich um Sie. Meinen Sie nicht, daß Sie auf Dauer Ihre Gesundheit schädigen?

M: Ich trinke überhaupt nicht mehr als früher. Diesen Vorwurf weise ich zurück. Wie kommen Sie denn darauf?

Dieses Abstreiten ist normal. Fast jeder alkoholkranke Mensch leugnet seinen übermäßigen Alkoholkonsum. Deshalb sollte der Vorgesetzte erst dann mit ihm sprechen, wenn er Beweise oder zumindest sichere Anhaltspunkte für das Fehlverhalten hat.

V: Ich war gestern abend in Ihrem Büro und habe den Ordner mit den Monatsergebnissen geholt. Auf Ihrem Schreibtisch stand ein halbvolles Glas mit Wodka, Klarem oder so etwas. Auf jeden Fall war das kein Mineralwasser. Herr Kleine, Sie wissen, daß Alkoholgenuß am Arbeitsplatz nicht gestattet ist. Warum tun Sie es dennoch?

M: *Ich vermute, mittlerweile wissen schon alle, wie es um mich steht. Aber seit dem Tod meiner Schwester weiß ich nicht mehr, wie es mit mir weitergehen soll. Sie ist vor einem halben Jahr gestorben, und wir haben eine sehr enge Geschwisterbeziehung gehabt. Sie hat mir auch den Haushalt geführt.*

V: *Davon wußte ich gar nichts.*

M: *Ich habe es auch nur wenigen gesagt. Meine Schwester starb an Krebs.*

V: *Das tut mir sehr leid für Sie.*

M: *Seitdem komme ich mit meinem Leben nicht mehr zurecht. Es ist mir irgendwie alles zuviel geworden. Und eigentlich weiß ich selbst ganz genau, daß Alkohol nicht dabei hilft.*

V: *Als Chef könnte ich es mir jetzt leicht machen und sagen: Hören Sie auf zu trinken! Aber, Herr Kleine, ich glaube, daß Sie daran, daß ich das nicht sage, mein ernsthaftes Interesse an Ihrer Person erkennen können, und daß ich Ihnen insgesamt gesehen helfen möchte – wenn ich kann. Glauben Sie, eine Entziehungskur unter ärztlicher Aufsicht könnte Ihnen weiterhelfen?*

M: *Ich weiß es nicht.*

V: *Haben Sie Verwandte oder gute Freunde, die Sie bei einer Kur unterstützen würden?*

M: *Leider nicht. Ich sage mir mindestens einmal in der Woche, daß ich jetzt endlich damit aufhören muß. Aber wenn ich abends nach Hause komme, in die leere Wohnung, dann trinke ich, um zu vergessen, daß ich allein bin.*

V: *Leider trinken Sie ja auch im Büro, und das ist für mich ein lautes Alarmsignal. Ich mache Ihnen einen Vorschlag: Sie reden mal ganz offen mit dem Betriebsarzt oder, wenn Ihnen das lieber ist, mit Ihrem Hausarzt oder einem Psychologen über die Möglichkeiten einer mehrwöchigen Entziehungskur. Sie haben* *noch Ihren ganzen Urlaub aus dem Vorjahr, und wenn das nicht reicht, gewähren wir Ihnen auch Sonderurlaub.*

M: *Gleich eine Entziehungskur? Davor scheue ich zurück. Ich habe mir aber schon überlegt, zu den Anonymen Alkoholikern zu gehen. Die gibt es auch in unserer Stadt.*

V: *Prima, Herr Kleine. Daran sehe ich, daß Sie auch daran interessiert sind, dieses Problem nicht wachsen zu lassen. Bitte suchen Sie diese Organisation möglichst bald auf. Und wenn es irgendwelche zeitlichen Probleme mit den Gruppentreffen gibt, dann kommen Sie bitte zu mir. Ich bin wirklich jederzeit für Sie da. Aber lassen Sie uns dafür eine Vereinbarung treffen: Sie trinken keinen Alkohol mehr an Ihrem Arbeitsplatz. Verzichten Sie darauf, auch in Anbetracht der beiden jungen Auszubildenden, die demnächst in Ihre Abteilung kommen werden.*

Checkliste

☑ Alkoholprobleme eines Mitarbeiters lassen sich unter anderem an den folgenden Symptomen erkennen. (Vorsicht: Die gleichen Symptome können aber auch andere Ursachen haben!)

Woran erkenne ich Alkoholprobleme?
▶ Starker Alkoholkonsum während der Arbeitszeit oder nach Feierabend
▶ Fahrigkeit, Jähzorn, unerledigte Aufgaben
▶ Aggression den Kollegen, Vorgesetzten und Mitarbeitern gegenüber
▶ Rückzug in die innere Welt, Interesselosigkeit an betrieblichen Belangen
▶ Verlängerte Pausen
▶ Finanzielle Probleme

Wie gehe ich vor?
▶ Bitten Sie eventuell den Betriebsrat, am Gespräch teilzunehmen.
▶ Informieren Sie sich über das Privatleben des Mitarbeiters.

- ▶ Sprechen Sie offen und ehrlich mit ihm.
- ▶ Fragen Sie ihn nach möglichen Gründen für die Abhängigkeit.
- ▶ Zeigen Sie ihm mögliche Konsequenzen auf, aber vermeiden Sie Schuldzuweisungen.
- ▶ Besprechen Sie gemeinsam mögliche Wege aus der Abhängigkeit.
- ▶ Bieten Sie ihm Ihre Hilfe (Kontakte, Adressen) an.
- ▶ Vereinbaren Sie mit ihm die nächsten Schritte.
- ▶ Vereinbaren Sie einen Termin für ein weiteres Gespräch.

Siehe auch Abmahnung, Drogen, Ermahnung, Kündigung, Vorruhestandsregelung.

Aufhebungsvertrag

Man kennt es aus den Nachrichten. Wenn ein Arbeitsverhältnis „im beiderseitigen Einvernehmen", also durch einen Aufhebungsvertrag, beendet wurde, beginnt das allgemeine Rätselraten. Ist der Top-Manager schlichtweg gefeuert worden, und soll einfach nur der Schein gewahrt werden? Oder hat sich da eine Führungskraft den Abschied vom Unternehmensthron vergolden lassen?

Jenseits der schlagzeilenträchtigen Fälle wie dem von Ex-Hoesch-Manager Kajo Neukirchen, Ex-Thyssen-Chef Dieter N. Vogel oder von Ignacio López, dem ehemaligen Chefeinkäufer von VW, geht es freilich nur selten um das Bleiberecht in einer Luxusvilla oder um Abfindungen in Millionenhöhe. Im Normalfall, der allerdings immer häufiger und keinesfalls nur in den Chefetagen der Global Players vorkommt, lautet die Aufgabenstellung: Abarbeiten juristischer Hausaufgaben.

Der Gesprächsanlaß

 Dem Architektenbüro Skyline gehen nach Jahren des Aufschwungs konjunkturbedingt die Aufträge aus. Belegschaftsgröße (30 Mitarbeiter) und Auftragsvolumen stehen in keinem Verhältnis mehr zueinander. Schon lange denkt die Geschäftsführung aus Kostengründen über eine Auslagerung des Statikbereichs nach, in dem zwei Mitarbeiter beschäftigt sind. Jetzt hat Geschäftsführer Roy Wittich erfahren, daß der Statiker Wolfgang Kötter von einem Headhunter angesprochen wurde. Das ist eine günstige Gelegenheit, um über die Möglichkeit eines Aufhebungsvertrags zu sprechen.

Arbeitsrechtliche Aspekte

Beide Parteien müssen sich darüber einig sein, daß das Arbeitsverhältnis auf schriftliche (!) Kündigung hin nach Ablauf einer bestimmten Frist in gegenseitigem Einverständnis endet. Solange der Aufhebungsvertrag keine Vorschriften eines Tarifvertrags, einer Tarifvereinbarung oder des Einzelvertrags berührt, kann er formlos sein, ist also nicht an die Schriftform gebunden und kann auch mündlich erfolgen. Da die Kündigungsschutzbestimmungen bei einem Aufhebungsvertrag nicht gelten, braucht auch der Betriebsrat nicht gehört zu werden, und es bedarf keiner behörderlichen Genehmigung etwa bei Schwangeren nach dem Mutterschutzgesetz oder bei Behinderten nach dem Schwerbehindertengesetz.

Kein Wunder, daß Aufhebungsverträge immer beliebter werden – auch in mittelständischen Betrieben. Viele Arbeitgeber sehen darin eine elegante Möglichkeit, eine fristlose oder komplizierte außerordentliche Kündigung zu umgehen, mancher Arbeitnehmer hofft, den Schein nach außen wahren und eventuell noch einen höheren Geldbetrag mitnehmen zu können. Immerhin droht bei einer vom Arbeitnehmer schuldhaft verursachten Kündigung und anschließender Arbeitslosigkeit eine in der Regel dreimonatige Sperrung des Arbeitslosengeldes (§ 119 Arbeitsförderungsgesetz, AFG).

Dem steht die Hoffnung auf eine Abfindung gegenüber. Diese muß zwar versteuert werden, aber erst ab einer Höhe von 24 000 DM. Teilweise wird sie auch auf das Arbeitslosengeld angerechnet (§ 115 AFG).

Trotzdem kann sich eine Trennung „in gegenseitigem Einvernehmen" für beide Seiten lohnen. Vor allem Unternehmen mit mehr als zehn Mitarbeitern, die den Regelungen des Kündigungsschutzgesetzes unterliegen, sehen im „sanften Rausschmiß" eine zusätzliche Möglichkeit zum sozialverträglichen Personalabbau. Und viele Arbeitnehmer schätzen am Aufhebungsvertrag vor allem, daß er sie nicht – wie eine Kündigung – in die Opferrolle zwingt.

Doch Vorsicht: Ohne gründliche Beratung durch einen Arbeitsrechtler hat schon so mancher Arbeitgeber ein Eigentor geschossen, so mancher Arbeitnehmer attraktive Chancen vertan. Der Gesetzgeber und die Gerichte haben dem Aufhebungsvertrag, der sich aus dem Grundsatz der Vertragsfreiheit nach §§ 241, 305 des Bürgerlichen Gesetzbuches (BGB) ergibt, nicht grundlos erhebliche Aufmerksamkeit gewidmet. Grundsätzlich gilt: Die Beendigung des Arbeitsverhältnisses durch einen Aufhebungsvertrag muß durch den Arbeitgeber veranlaßt werden. Eine Reihe von Rechten wie Verpflichtungen müssen so geregelt werden, daß der Vertrag nicht umgehend wieder angefochten werden kann. Das passiert relativ häufig dann, weiß Günter Schaub, Vorsitzender Richter des Bundesarbeitsgerichts in Kassel und als „Papst des Arbeitsrechts" bekannt, „wenn der Arbeitnehmer der Auflösung des Arbeitsvertrags unter dem Eindruck einer angedrohten außerordentlichen Kündigung zugestimmt hat". Arbeitgeberverbände, Gewerkschaften und Organisationen wie die Union Leitender Angestellter (ULA) in Köln stehen mit Rat und Tat beiseite.

Der Gesprächsleitfaden

V: Kommen Sie herein, Herr Kötter. Schön, daß Sie diesen Termin so schnell einrichten konnten. Bitte nehmen Sie Platz.

M: Sie wissen doch, daß wir im Moment nicht gerade unter Streß stehen. Gibt es einen Grund dafür, daß ich mich setzen muß?

V: Ach Herr Kötter, ich bitte Sie. Woran Sie gleich denken! Nein, nein, ganz so schlimm ist die Lage nicht. Noch denken wir nicht an Entlassungen. Aber natürlich muß die Geschäftsleitung angesichts der schlechten Auftragslage schon darüber nachdenken, wie es in Zukunft mit dem Betrieb weitergehen soll. Bei allem Respekt vor dem Engagement unserer Verkaufsabteilung: Wo nicht gebaut wird, da gibt es für uns auch nichts zu planen.

M: Dann lassen Sie uns doch am besten gleich auf den Punkt kommen, Herr Wittich. Sie wissen, daß ich ein rationaler und kognitiver Typ bin. Das bringt der Beruf des Statikers so mit sich.

V: Gut, Herr Kötter. Ich bin auch eher dafür, die Tatsachen auf den Tisch zu legen, und nicht um den heißen Brei herumzureden. Ich sage Ihnen jetzt einfach mal: Herr Kötter, ich bin darüber informiert, daß Sie sich mit Veränderungswünschen tragen.

M: Das ist interessant. Darf ich erfahren, von wem Sie diese Kenntnis über meine angeblichen Veränderungswünsche haben?

V: Ach, Sie wissen, daß sich in unserer Branche herumspricht, wer zu den sogenannten Goldfischen zählt. Sie gehören ohne Zweifel dazu. Und da ein namhaftes Hochbauunternehmen aus dem Rhein-Ruhr-Gebiet derzeit händeringend gute Statiker sucht, braucht man doch nur zwei und zwei zusammenzählen. Entweder hat Sie bereits ein Headhunter angesprochen – oder der Anruf steht kurz bevor.

M: Die Antwort können wir ja mal offenlassen. In jedem Fall freut es mich, von Ihnen zu hören, daß ich in dieser Firma als Goldfisch gehandelt werde. Danke für das Kompliment. Aber das war sicherlich nicht der Anlaß, mich zu diesem Gespräch zu bitten.

V: Sie haben recht. Ich will es auf den Punkt bringen. Unser Betrieb steht vor einem Dilemma. Einerseits haben wir nicht genügend Aufträge, um die Belegschaft auszulasten. Andererseits wollen wir unsere Mitarbeiter nicht verlieren, schon gar nicht unsere besten und schon überhaupt nicht an den Wettbewerb. Sie verstehen, was ich meine?

M: Nein, nicht wirklich.

V: Gut, dann will ich deutlicher werden. Wir können Sie, Herr Kötter, nicht behalten. Wir wollen Sie aber auch nicht einfach gehen lassen. Gleichzeitig wissen wir, daß Sie Ihren Marktwert kennen. Der Wettbewerb wird es sich etwas kosten lassen, Sie als Mitarbeiter zu gewinnen.

M: Ja dann freuen Sie sich doch mit mir. Aber wenn ich ehrlich bin: So uneigennützig kenne ich das Unternehmen Skyline eigentlich aus der Vergangenheit nicht.

V: Das tut mir leid. Ich könnte Ihnen jetzt einige Benefits unseres Hauses aufzählen, die durchaus nicht branchenüblich sind.

Aber lassen Sie uns lieber über die aktuelle Situaition reden.
Herr Kötter, wir möchten Ihnen einen Aufhebungsvertrag an-
bieten.

M: *Wie bitte? Habe ich das richtig verstanden? Ich dachte, so etwas*
ist den Herren ganz oben in der Chefetage der Großkonzerne
vorbehalten.

V: *Nein, das ist nicht richtig. Ein Aufhebungsvertrag ist ein ganz*
normaler juristischer Akt, von dem sich beide Vertragsparteien
gewisse Vorteile versprechen.

M: *Und worin könnte der Vorteil für mich liegen? Wollen Sie mir*
ein paar Millionen Mark Abfindung anbieten, wollen Sie mir
den Firmenwagen schenken oder darf ich auch nach Ausschei-
den aus dem Arbeitsverhältnis kostenfrei in der Dienstwoh-
nung bleiben?

V: *Naja, Herr Kötter, Sie sind ja für Ihren Humor bekannt. Ganz*
so haben wir uns das natürlich nicht vorgestellt. Wir denken an
eine angemessene Vergütung dafür, daß Sie sich mit dem Auf-
hebungsvertrag für gewisse Loyalitäten gegenüber unserem
Haus verpflichten. Vor allem für die Zukunft.

M: *Angemessene Vergütung, Loyalität über das beendete Arbeits-*
verhältnis mit Ihnen hinaus? Das hört sich interessant, aber
auch kompliziert an. Darüber muß ich nachdenken und mit
meiner Frau sprechen.

V: *Und mit einem Anwalt.*

M: *Wie bitte? Sie raten mir, einen Anwalt zu konsultieren? Erst*
machen Sie mir ein Angebot, und jetzt erwecken Sie den An-
schein, als lockten Sie mich in eine Falle.

V: *Nein, um Gottes Willen. Da habe ich mich mißverständlich aus-*
gedrückt. Wir sind daran interessiert, ein Problem zum beider-
seitigem Vorteil zu lösen. Konkret: Wir möchten nicht, daß Sie
die bei uns gewonnenen Erfahrungen und Kontakte als Mor-
gengabe einem anderen Arbeitgeber zur Verfügung stellen.
Wenn Sie sich verpflichten, dies nicht zu tun, werden wir uns
nicht kleinlich zeigen. Das verspreche ich Ihnen. Um den Ver-

trag aber wasserdicht zu machen, sollten wir einen Arbeits-
rechtler einschalten. Sie Ihren und wir unseren. Nichts anderes
habe ich gemeint als ich sagte, daß Sie die Sache mit einem An-
walt besprechen sollen.

M: *Gut, Herr Wittich. Ich habe verstanden. Am besten ich verein-*
bare einen Termin beim Anwalt und dann lasse ich Sie wissen,
ob und wie wir weiterreden. Sind Sie einverstanden?

V: *Selbstverständlich, Herr Kötter. Vielen Dank für das offene Ge-*
spräch. Ich bin zuversichtlich, daß Sie es vertraulich behandeln.
Kann ich mich darauf verlassen?

M: *Wenn Sie auf meine Loyalität dem Haus gegenüber auch in Zu-*
kunft setzen, dann sollten Sie sie mir doch jetzt erst recht unter-
stellen. Sonst hätten Sie mit dem Gespräch einen Fehler began-
gen. Nein, nein, Herr Wittich. Keine Angst. Ich war immer loyal
und ich bin loyal. Ob ich es bleiben werde, hängt von der At-
traktivität Ihres Angebots ab. Ich sage Ihnen nur jetzt schon,
daß ich einen sehr guten Anwalt kenne. Er wird dafür sorgen,
daß ich nichts verschenke, wenn ich mich auf diesen Aufhe-
bungsvertrag einlassen sollte.

V: *Das habe ich nicht anders erwartet. Ich freue mich darauf, von*
Ihnen zu hören, Herr Kötter. Nur eine Frage noch: Sind Sie
schon im Gespräch mit einem Headhunter?

M: *Lieber Herr Wittich, tut mir leid. So weit geht meine Loyalität*
dann nun doch nicht. Würden Sie es mir im umgekehrten Fall
verraten?

V: *Wohl kaum.*

Checkliste

 Worauf Sie beim Aufhebungsvertrag unbedingt achten
müssen
▶ Vergütungsfortzahlung
▶ Arbeitsfreistellung
▶ Wettbewerbsverbot während der Übergangszeit

- ▶ Anrechnung von Zwischenverdienst
- ▶ Gewinnbeteiligung
- ▶ Tantieme
- ▶ Gratifikation
- ▶ Auszahlung von Gratifikation
- ▶ Regelung von Übergangsprovision
- ▶ Dienstwagen
- ▶ Urlaub
- ▶ Werkwohnung
- ▶ Darlehen (Fälligkeitsklauseln)
- ▶ Diensterfindungen/Urheberrechte
- ▶ Nachträgliches Wettbewerbsverbot
- ▶ Karenzentschädigung
- ▶ Steuerliche Aspekte
- ▶ Anrechnung der Abfindung auf das Arbeitslosengeld (Weisen Sie Ihren Mitarbeiter darauf hin.)

Siehe auch Abfindungen, Kündigung, Reorganisation/Umstrukturierung.

Auftreten (Umgangsformen)

Wer erinnert sich nicht an Joschka Fischers legendäre Turn-schuhauftritte im Bundestag oder an den Fauxpas des Daimler-chefs Jürgen Schrempp, der nach reichlichem Rotweingenuß die Spanische Treppe in Rom herunterpolterte? Die Öffentlichkeit hat es den beiden Leistungsträgern zwar längst verziehen, verges-sen hat sie die Ausrutscher aber nicht. Kleider machen eben Leute, und „Der Ton macht die Musik".

Umgangsformen haben im Geschäftsleben oft eine noch viel größere Bedeutung als im privaten Bereich. Vor allem aber gilt „Quod licet iovi, non licet bovi"; was Jupiter – respektive die gott-gleichen Wesen im politischen und wirtschaftlichen Olymp der Jetztzeit – darf, steht dem Ochsen im Stall noch lange nicht zu. Wenn beispielsweise IBM-Chef Franz-Josef Lamberti von dem Stuttgarter IT-Anbieter als „sexy Unternehmen" spricht, wird seine Sprache als kreativ bezeichnet. Wer aber den beruflichen Aufstieg noch vor sich hat, sollte sich besser an die Spielregeln der gesellschaftlichen Mimikry halten.

Sich lächerlich zu machen, ist noch die harmloseste Konsequenz für jemanden, der sich nicht so wie von ihm erwartet zu beneh-men weiß. Wenn Kollegen die Nase rümpfen oder gar die Zusam-menarbeit verweigern, weil sich ein Mitarbeiter partout nicht an allgemeingültige Gepflogenheiten halten will, ist bereits Gefahr im Verzug. Alarmstufe eins ist eingetreten, wenn fehlender Stil oder unpassende Umgangsformen bereits die Corporate Identity des Unternehmens gefährden oder sich sogar schon Kunden und Lieferanten beschweren.

Damit es erst gar nicht so weit kommt, schicken immer mehr Un-ternehmen ihre Mitarbeiter auf Benimmkurse und nehmen Stil-beratungen und Rhetorikkurse in ihr Weiterbildungsangebot auf. Oft reicht aber auch schon ein vertrauliches Gespräch zwischen Vorgesetztem und Mitarbeiter. „De gustibus non est disputan-dum" sagten zwar schon die alten Römer. Doch auch wenn sich über Geschmack nicht streiten läßt, so muß doch wenigstens Einigkeit über gewisse „dos" und „don'ts" bestehen. Dieser Konsens bildet das Fundament des gemeinsamen unternehmerischen Handelns innerhalb und außerhalb des Betriebs.

Der Gesprächsanlaß

Frank Biermann, der neue Mitarbeiter eines Fensterbauunternehmens, schien alles zu bieten, was ein Verkaufsleiter Außendienst in diesem Gewerbe braucht: den Abschluß als Industriekaufmann, Berufserfahrung, Branchenkenntnis, Führungserfahrung, EDV-Wissen, physische und psychische Belastbarkeit. Sogar Fremdsprachenkenntnisse brachte er mit. Trotzdem gab es bereits in der Einarbeitungsphase zahlreiche Probleme. Der Grund dafür war nicht schwer zu finden. Der neue Außendienstleiter war aus einem größeren Unternehmen in einem westdeutschen Ballungszentrum abgeworben worden. An seinem neuen Arbeitsplatz, einem mittelständischen Betrieb in der ländlichen Oberpfalz, traf Biermann auf Kollegen und Kunden, die den Führungsstil und das soziale Auftreten eines Familienunternehmens gewohnt waren. Der Neue hatte mit seinem lockeren Umgangston und seiner modischen Kleidung Schwierigkeiten. Schnell hatte er den Stempel eines „arroganten Gernegroß" und „blasierten Lackaffen".

Die Aufgabe des Betriebsleiters Kurt Dachstein war nicht leicht. Erst nach einem kleinen Vorlauf hatten beide Gesprächspartner eine Ebene für einen konstruktiven Dialog auch über das diffizile Thema „richtiges Auftreten" gefunden.

Was wollen Sie erreichen?

Der neue Mitarbeiter soll mit der Erwartungshaltung der Kollegen konfrontiert werden und daraus selbst Rückschlüsse auf eventuelle Veränderungen seines Verhaltens und Auftretens ziehen.

V: *Na, Herr Biermann, wie haben Sie sich denn bei uns in der Provinz eingelebt? Ist ja doch eine ziemliche Umstellung für Sie. An unsere Mentalität muß man sich als junger Mann aus der Großstadt ja wohl erst einmal gewöhnen.*

M: *Ach, so schlimm finde ich das gar nicht. Die Aufgabe ist genau so, wie ich sie mir vorgestellt habe. Und an die Ablauforganisation gewöhne ich mich schnell. Mit Herrn Mayer vom Einkauf habe ich auch schon einen Termin vereinbart, damit wir uns über ein paar Änderungen im Warenwirtschaftssystem unterhalten. Das Lager scheint mir optimierbar.*

V: *Schön, Herr Biermann, daß Sie die Ärmel hochkrempeln. Aber vielleicht sollte ich Ihnen noch ein paar Hintergrundinformationen über die Mitarbeiterstruktur unseres Hauses geben. Und auch über das Verhältnis zu unseren Kunden.*

M: *Genau. Ich habe da schon ein Strategiepapier in Arbeit, Herr Dachstein. Vor allem für die Top-A-Kunden müssen wir uns etwas einfallen lassen. So, wie es jetzt läuft, verschenken wir bares Geld. Ich möchte mein Papier gerne in den kommenden Tagen vorstellen. Ich dachte als Termin an den kommenden Dienstag und werde außer Ihnen den Einkaufsleiter, den Marketingchef und den Verkaufsleiter Innendienst zu einem Meeting einladen.*

V: *Lieber Herr Biermann, Ihr Engagement kann ich nur begrüßen. Aber vielleicht sollten Sie Ihre Pläne noch etwas reifen lassen. In einem Traditionsunternehmen ist vieles über viele Jahre gewachsen und gereift. In einigen Wochen werden Sie erkannt haben, daß etliches auch durchaus Sinn macht.*

M: *Wie zum Beispiel, den ehemaligen Mitarbeitern die Fenster fast zu schenken? Oder nehmen wir das Agreement mit unserem Wettbewerber in der nächsten Kreisstadt. Den könnten wir doch in einem halben Jahr plattmachen. Ich verspreche Ihnen: Der ist im wahrsten Sinne des Wortes weg vom Fenster, wenn wir da mal gründlich aufräumen.*

V: *Bitte nicht Herr Biermann. Ich habe aus der Belegschaft schon gehört, daß Sie so etwas anstreben. Aber wir haben Sie nicht als Rambo eingestellt.*

M: *Rambo? Das verstehe ich nicht.*

V: *Schau'n Sie, Herr Biermann. Sie haben wahrscheinlich schon gemerkt, daß bei uns die Uhren etwas anders gehen als an Ihrem früheren Arbeitsort. Hier lädt der Chef zu einer Besprechung ein und nicht der Abteilungsleiter, hier werden in einem Meeting nicht Papiere diskutiert, sondern es wird miteinander geredet. Das geht bei uns, wenn es sein muß, auch während der Frühstückspause. Verstehen Sie, was ich meine?*

M: *Nicht wirklich. Sagen Sie mir frei heraus: Habe ich etwas falsch gemacht?*

V: *So will ich es nicht nennen. Aber wenn Sie von „plattmachen" und „gründlich aufräumen" sprechen, dann führt das in der Belegschaft und natürlich auch bei unseren Kunden schon zu Irritationen. Sie wissen es vielleicht nicht, aber hier ist jeder mit jedem verwandt und jeder redet mit jedem. Änderungen der Geschäftspolitik geben wir deshalb erst bekannt, wenn es wirklich soweit ist.*

M: *Ich verstehe. Aber daß jeder mit jedem redet, habe ich noch nicht bemerkt. Ich empfinde eine regelrechte Ablehnung mir gegenüber.*

V: *Wundern Sie sich darüber? Herr Biermann, Sie sind neu hier. Das Vertrauen der sozialen Gemeinschaft müssen Sie erst gewinnen. Das fällt übrigens um so leichter, je deutlicher Sie sich auch äußerlich integrieren.*

M: *Könnten Sie bitte präzisieren, was Sie damit meinen? Geht es um meine Kleidung?*

V: *Naja, Herr Biermann, ein bißchen auch darum. Die Leute hier sind konservativ. Arbeiter haben hier Arbeitskleidung an, Büroleute tragen Kombinationen. Sie aber kleiden sich so, daß man Sie nicht eindeutig zuordnen kann. Und Sie fahren das gleiche Automodell wie ich als Betriebsleiter.*

M: *Wo bitte ist das Problem? Mode und Autos sind nun mal meine Hobbies, beides lasse ich mich etwas kosten. Was ist da schon dabei?*

V: *Ihre Hobbies in allen Ehren. Aber Privates und Berufliches läßt sich hier nicht so leicht trennen wie in einer Millionenstadt. Hier werden Sie zunächst aufgrund Ihrer beruflichen Stellung beurteilt, als unser neuer Außendienstleiter. Niemand erwartet von Ihnen, daß Sie sich verbiegen. Aber schauen Sie doch einfach mal, wo sich Ihre Individualität mit Ihrem neuen Umfeld am ehesten reibt. Vielleicht fallen Ihnen ein paar Zugeständnisse an der einen oder anderen Stelle gar nicht so schwer. Mit Ihnen etwas frischen Wind ins Unternehmen zu bringen, das war durchaus beabsichtigt. Wir sollten nur vermeiden, übers Ziel hinauszuschießen, damit sich nicht am Ende ein Orkan daraus entwickelt. Das würde keinem der Beteiligten nutzen. Ich bin sicher, daß Sie verstanden haben, was ich damit meine.*

M: *Selbstverständlich, Herr Dachstein. Ich werde mein Augenmerk in den kommenden Wochen nicht allein auf die Verbesserung der Zahlen richten, sondern auch versuchen, mein Verhalten den Gepflogenheiten des Unternehmens anzugleichen. Ob mir das gelingen wird, kann ich heute noch nicht sagen. Ich denke aber, daß die alteingesessene Belegschaft durchaus auch etwas von mir lernen kann.*

V: *Wunderbar, Herr Biermann. Genau so hatte ich mir das vorgestellt. Wir haben uns ja nicht grundlos für Sie als neuen Außendienstchef entschieden und setzen große Hoffnungen in Sie. Ihre etwas unkonventionelle Art verstehen wir durchaus als Bereicherung für das Unternehmen. Am besten, wir unterhalten uns bald wieder. Sie sind mir jederzeit willkommen, wenn irgendwo der Schuh drückt.*

M: *Danke. Nur noch ein Vorschlag zum guten Schluß. Ich kann Ihnen da einen Wagen empfehlen, der bei den neuesten Tests glänzend abgeschnitten hat, es ist . . .*

V: *O.k., o.k., Herr Biermann. Ich habe schon verstanden.*

Checkliste

 Diese Faktoren beeinflussen die Wahrnehmung einer Person durch Vorgesetzte, Kollegen und Mitarbeiter

▶ Kleidung (Abweichender Stil? Nachlässig? Übertriebene Eleganz?)

▶ Auto („Bessere" Marke als der Chef?)

▶ Auftreten (Arrogant? Servil? Unangepaßt? Überangepaßt?)

▶ Benehmen (Kinderstube? Manieren?)

Siehe auch Betriebsklima, Kritikgespräch, Störungen in der Gruppe.

Ausbildung (Beginn und Abschluß)

Jahr für Jahr bewerben sich in Deutschland mehr Schulabgänger um weniger Ausbildungsplätze. Die Konsequenz: Ausbildende Unternehmen können in der Regel unter zahlreichen Bewerbern auswählen. Für den Vorgesetzten bedeutet das mehr Arbeit, um die schriftlichen Bewerbungen zu prüfen, höheren Zeitaufwand für Vorstellungsgespräche und eine intensive Auseinandersetzung mit den in die engere Wahl gezogenen jungen Menschen.

Wenn eine kleine Gruppe von Bewerbern dann zum persönlichen Vorstellungsgespräch eingeladen wird, sind die jugendlichen Kandidaten oft nervös und unsicher. Der Personalchef, Meister oder Fachvorgesetzte sollte sich deshalb zu Beginn des Gespräches um eine Entkrampfung der Situation bemühen und dem Bewerber die Angst vor dem Gespräch nehmen. Gut eignet sich dafür die Begründung, warum die Firma den Bewerber ausgewählt hat: Es hebt das Selbstbewußtsein. Als weiterer positiver Gesprächseinstieg ist die Frage nach den Lieblingsschulfächern oder den Hobbies des Bewerbers zu empfehlen; auch hier fühlen sich die Jugendlichen auf sicherem Terrain.

Der Gesprächsanlaß (Beginn der Ausbildung)

Im ersten Gespräch geht es um die Frage, ob der junge Mann für eine Ausbildung im Kfz-Bereich fähig und geeignet scheint.

Was wollen Sie erreichen?

Die Auswahl muß sorgfältig getroffen werden, um denjenigen zu finden, der an der Ausbildung wirklich interessiert ist, der sich engagiert und der zur vorhandenen Mannschaft paßt. Im ersten Gespräch geht es also vor allem um die Klärung von Interessen und Fähigkeiten des Bewerbers.

Arbeitsrechtliche Aspekte

Die Berufsausbildung ist in Deutschland gesetzlich geregelt. Für die kaufmännischen Berufe sind die lokalen Industrie- und Handelskammern (IHK) zuständig, für die gewerblichen Berufe die Handwerkskammern. Wer ausbilden will, muß eine Mindestbetriebsgröße sowie den Meistertitel nachweisen und eine Ausbildereignungsprüfung ablegen.

Der Gesprächsleitfaden

V: Wir haben Sie aus 137 Bewerbern für den Ausbildungsplatz als Kfz-Schlosser ausgewählt – ich will Ihnen auch sagen, warum. In Ihrer Bewerbung schreiben Sie, daß Sie bereits in der Schule Ihr handwerkliches Geschick im Werkunterricht unter Beweis gestellt haben. Außerdem haben Sie mir in unserem ersten Gespräch mitgeteilt, daß Sie sehr an Autos interessiert sind und sich auch gerne unter der Motorhaube umsehen. Ihre Schulnoten sind für uns ganz zufriedenstellend. Und dann haben Sie doch ein Berufspraktikum in einer Kfz-Werkstatt absolviert, ist das richtig?

M: Ja, ich war zwei Wochen bei einem Kfz-Betrieb, der sich auf die Autoelektrik spezialisiert hatte. Das fand ich sehr spannend. Das hat richtig Spaß gemacht.

V: Das freut mich zu hören. Dann wird Ihnen die Arbeit in unserem Betrieb sicher auch gefallen. Wir arbeiten hier aber auch an sehr kniffligen Dingen, die Konzentration und Aufmerksamkeit verlangen.

M: Solche Puzzlearbeiten mache ich gern. Wenn ich etwas zusammenbastele, bin ich immer gespannt, ob es nachher auch so funktioniert, wie ich es mir gedacht habe.

V: Nun, dann wollen wir mal sehen, ob wir Ihnen nicht eine solide Grundlage vermitteln können, damit Sie in Zukunft schon vorher absehen können, ob das, was Sie zusammenbauen möchten, funktionieren wird.

M: *Ich freue mich, daß ich bei Ihnen die Ausbildung machen kann. Ich weiß aber noch nicht genau, wie die Arbeit aussieht.*

V: *Das glaube ich Ihnen gerne. Als ich am Anfang meiner Lehre stand, wußte ich auch nicht, ob ich jemals das alles verstehen und beherrschen würde, was mein Meister konnte. Deshalb sehen wir uns nachher erst einmal im Betrieb um. Ich werde Ihnen die verschiedenen Arbeitsbereiche zeigen und Sie den anderen Mitarbeitern vorstellen. In den ersten fünf Tagen Ihrer Ausbildung werden Sie von Kollege zu Kollege weitergereicht. Jeder wird Ihnen erklären, was er speziell bearbeitet und wie unsere Werkstatt funktioniert. Anschließend werde ich Ihnen Arbeitsaufträge erteilen, und dann fängt Ihre Ausbildung richtig an.*

M: *Eine ganze Woche kann ich also den Betrieb erkunden?*

V: *Ja, ganz genau. Danach besprechen wir gemeinsam, was für Sie besonders interessant war und wie es dann in der Ausbildung weitergeht.*

M: *Was muß ich denn alles lernen?*

V: *Jeder einzelne Ausbildungsschritt ist genau geregelt. Sie finden das in Ihrem Ausbildungsvertrag, den Sie nachher in unserem Sekretariat ausgehändigt bekommen. Außer den einzelnen Lernschritten stehen auch die verschiedenen Prüfungsinhalte im Vertrag. Die Termine erfahren Sie in der Berufsschule oder von mir.*

Die Anfangsphase bietet die beste Möglichkeit, grundlegende Vereinbarungen mit dem Auszubildenden zu treffen und ihm seine Rechte und Pflichten zu erläutern. Dabei geht es nicht nur um allgemeingültige Regeln – Pflichten bei Krankheit, Urlaubsregelungen, Leistungen des Arbeitgebers –, vielmehr unterrichtet der Vorgesetzte den jungen Mitarbeiter auch über betriebliche Besonderheiten und Abläufe.

V: *Da wäre noch etwas: Wir stellen an unsere Auszubildenden hohe Anforderungen und erwarten, daß sie ihre Pflichten unserem Betrieb und der Berufsschule gegenüber erfüllen. Ich* *wünsche mir pünktliches Erscheinen zum Arbeitsbeginn, Ausreden akzeptiere ich nicht. Wenn es unbedingt nötig sein sollte, dann bitten Sie den Meister, Ihnen ein paar Stunden frei zu geben.*

Der Berufsschulunterricht findet einmal in der Woche statt. Bitte strengen Sie sich dort genauso an wie hier im Betrieb. Sie haben, das ist mein Eindruck, die richtige Einstellung. Sollten Sie irgendwo Schwierigkeiten haben, kommen Sie zu mir und fragen Sie mich.

Der Gesprächsanlaß (Abschluß der Ausbildung)

Am Ende der Ausbildung ist es sinnvoll, die gesamte Ausbildungszeit Revue passieren zu lassen. Dabei kann geklärt werden, welche Ziele und Wünsche erfüllt wurden, und welche nicht. Denn auch Probleme und Schwierigkeiten müssen angesprochen werden. Welche Pflichten wurden nicht ordnungsgemäß erledigt, wo hatte der junge Mensch größere Schwierigkeiten? Aber natürlich auch: Wo lagen die Stärken des/der Auszubildenden, welche Aufgaben schienen ihm/ihr besonders zu liegen? Auch der Inhalt des Ausbildungszeugnisses und seine/ihre weiteren Zukunftspläne sind natürlich Thema des Gespräches.

Drei Jahre lang war der Auszubildende Tag für Tag im Betrieb. Der Meister brachte ihm all das bei, was die Ausbildungsrichtlinien vorschreiben und was er selbst für richtig hielt. Die Anforderungen des „Lehrherren" wurden meist erfüllt, manchmal aber auch nicht. Der Vorgesetzte freute sich über die geleistete Arbeit und ärgerte sich, wenn der Lehrling auch nach fünffacher Wiederholung der Arbeitsanweisung immer noch nicht begriffen hatte, worum es ging.

Nun hat der Lehrling die Ausbildung abgeschlossen, und der Vorgesetzte führt das abschließende Gespräch. Dabei ist unerheblich, ob der Auszubildende vom Betrieb übernommen wird oder nicht.

Was wollen Sie erreichen?

→ Sie wollen dem früheren Auszubildenden ein Feedback geben über seine Leistungen sowie seine Stärken und Schwächen, die Sie während der zurückliegenden Jahre erkannt haben.

Der Gesprächsleitfaden

V: Sie haben Ihre Ausbildung bei uns erfolgreich abgeschlossen – ich gratuliere Ihnen dazu herzlich. Nun möchte ich mit Ihnen noch ein abschließendes Gespräch über den Ausbildungsverlauf führen, wie immer am Ende jedes Ausbildungsjahres.

Wir haben gemeinsam geprüft, wo Sie gegebenenfalls dem Ausbildungsplan hinterherhinken, in welchen Bereichen Sie sich schon auskannten, welche neuen Lernschritte bevorstanden und welche grundsätzlichen Fragen im letzten Jahr anstanden.

Mir ist während Ihrer Ausbildung aufgefallen, daß Sie eine sehr schnelle Auffassungsgabe besitzen, aber leider nur selten Eigeninitiative entwickeln. Wenn Sie eine Arbeit beendet hatten, haben Sie fast immer darauf gewartet, daß Ihnen ein Kollege oder ich etwas Neues auftragen. Woran liegt das Ihrer Meinung nach?

M: Ich war halt manchmal unsicher, ob ich immer alles richtig gemacht habe.

V: Mir scheint, daß Sie damit teilweise auch heute noch Schwierigkeiten haben. Sie sollten daran arbeiten und versuchen, selbstbewußter zu werden. Ihre fachlichen Leistungen haben mir immer gefallen! Es fehlt nur noch ein bißchen die Eigeninitiative. Denn mit Ihrem erfolgreichen Ausbildungsabschluß ist das Lernen für Sie ja nicht vorbei. Die Grundkenntnisse haben Sie erworben, jetzt geht es darum, darauf aufzubauen und noch besser zu werden. Dazu wünsche ich Ihnen viel Glück!

Checkliste

 Darauf muß der Vorgesetzte zu Ausbildungsbeginn achten

▶ Liegen alle Arbeitspapiere und das eventuell nötige Gesundheitszeugnis vor?

▶ Ist der Auszubildende bei der zuständigen Industrie- und Handelskammer oder Handwerkskammer durch Vorlage des Ausbildungsvertrages angemeldet worden?

▶ Ist dem Auszubildenden ein Ausbildungsplan ausgehändigt worden?

▶ Sind hierbei eventuelle Altersbestimmungen (z. B. Nachtarbeitsverbot für Jugendliche) berücksichtigt worden?

▶ Sind dem Auszubildenden die Ausbilder oder Meister persönlich vorgestellt worden?

▶ Ist die Frage der Berufsschulpflicht geklärt worden?

Darauf muß der Vorgesetzte am Ende der Ausbildung achten

▶ Hat der Auszubildende ein Ausbildungsabschlußzeugnis erhalten?

▶ Falls er vom Betrieb als Mitarbeiter übernommen wird: Ist ein neuer Arbeitsvertrag als Geselle/kaufmännischer Angestellter ausgefertigt und unterschrieben worden?

▶ Ist der Ausbildungsabschluß der Industrie- und Handelskammer bzw. der Handwerkskammer gemeldet worden?

Siehe auch Einstellungsgespräch, Führungsstil, Motivationsgespräch, Zielvereinbarung

Bei der Einstellung neuer Mitarbeiter hat der zukünftige Chef ein Interesse daran, alles zu erfragen, was zur Beurteilung der fachlichen und persönlichen Eignung des Bewerbers dient. Entsprechend sind Bewerber zur Auskunft verpflichtet. Fragen, die die Intimsphäre des Bewerbers verletzen, müssen allerdings nicht beantwortet werden. In manchen Fällen kommt es scheinbar zu einem Konflikt zwischen Fragerecht und Persönlichkeitsrecht.

Der Gesprächsanlaß

Der Tätigkeitsnachweis im Lebenslauf einer Bewerberin weist eine Lücke von drei Monaten auf. Ausgeschrieben ist die Position der Filialleiterin einer Bank. Die Bewerberin legt außerordentlich gute Zeugnisse vor und ist für die angebotene Position in der engeren Auswahl.

Was wollen Sie erreichen?

Sie möchten eine plausible Erklärung für die Lücke im Lebenslauf erhalten. Sie wollen die Frage nicht gleich zu Beginn des Gesprächs stellen, sondern erst einmal einen persönlichen Eindruck von der Bewerberin gewinnen.

Arbeitsrechtliche Aspekte

Auskunftspflichten eines Bewerbers hängen von der angestrebten Position ab. Einen Fahrer dürfen Sie normalerweise nicht nach seinen Vermögensverhältnissen befragen; ist vorgesehen, daß er gelegentlich auch kleinere Geldtransporte übernehmen soll, ist die Frage zulässig. Es ist empfehlenswert, mit anwaltlicher Hilfe einen Musterfragebogen zu entwickeln, der auf die individuellen Anforderungen Ihrer Firma zugeschnitten ist.

Der Gesprächsleitfaden

V: *Frau Sindermann, das meiste haben wir nun geklärt. Einen Punkt möchte ich allerdings noch ansprechen. In Ihrem Lebenslauf ist mir eine Lücke aufgefallen. Für Januar bis einschließlich März 1995 finde ich keinen Tätigkeitsnachweis. Was haben Sie gemacht in der Zeit? Aus dem entsprechenden Zeugnis geht nichts hervor. Da steht nur, daß Sie auf eigenen Wunsch ausgeschieden sind.*

M: *In dieser Zeit habe ich nicht gearbeitet.*

V: *Drei Monate lang? Das ist ziemlich ungewöhnlich.*

M: *Richtig. Es war eine Art ausgedehnter Bildungsurlaub. Weiter möchte ich mich dazu eigentlich nicht äußern.*

V: *Schauen Sie, Frau Sindermann, ich halte die Frage nicht für unzulässig. Ich hätte eben gerne eine plausible Erklärung im Rahmen Ihrer Auskunftspflicht. In unserer Branche müssen wir besonders sorgfältig in der Auswahl der Mitarbeiter sein. Mit Ihrer Weigerung, über diesen Zeitraum zu sprechen, setzten Sie sich in ein ungünstiges Licht. Da könnte man mißtrauisch werden. In der Position, um die Sie sich bewerben, stehen Sie in einem besonderen Vertrauensverhältnis. Daher ist es völlig legitim, daß wir uns zum Beispiel auch nach Ihren Vermögensverhältnissen erkundigen. Die entsprechende Information haben Sie uns ja auch gegeben.*
Ich kann Sie nicht zwingen, zu erklären, was Sie in den drei Monaten gemacht haben. Aber an Ihrer Stelle würde ich mir gut überlegen, ob Sie sich weigern wollen, mir Auskunft zu geben.

M: *Reicht es nicht, wenn ich persönliche Gründe angebe?*

V: *Ich befürchte, nein. Persönliche Gründe könnten ja auch eine Entziehungskur oder eine Haftstrafe sein. Der Begriff ist sehr dehnfähig.*

M: *Ich hätte die Angelegenheit wirklich gerne für mich behalten. Aber ich kann Ihre Skepsis verstehen. Ich versichere Ihnen, daß ich weder Alkohol- noch Drogenprobleme habe und auch da-*

mals keine hatte. Ich habe in dem Zeitraum auch keine gravie-
renden gesundheitlichen Probleme gehabt. Ich bin auch nicht
bei einer Sekte untergetaucht oder so etwas in der Richtung. Ich
habe einfach eine Zeitlang privatisiert.

V: *Okay. Wenn Sie es dabei belassen wollen, ist das Ihre Sache. Ich*
kann und will nicht weiter insistieren. Allerdings sollten Sie be-
denken, daß wir aus dieser Angabe Rückschlüsse über Ihre Ar-
beitseinstellung ziehen könnten. Es ist spricht nicht für eine
dauerhafte Motivation, wenn Sie monatelang privatisieren.

M: *Den Eindruck möchte ich natürlich in keinem Fall erwecken.*
Ich bin 1995, wie man so sagt, ausgestiegen aus dem Berufstrott.
Ich wollte mal etwas ganz anderes machen, für begrenzte Zeit,
vielleicht aber auch auf Dauer. Die Möglichkeit wollte ich mir
offenhalten. Zu der Zeit habe ich ernsthaft erwogen, aus einem
Hobby im kreativen Bereich einen neuen Beruf zu machen.
Das war natürlich noch nicht spruchreif, und deshalb habe ich
es dem damaligen Arbeitgeber gegenüber nicht erwähnt. Nach
drei Monaten kam dann die Ernüchterung. Jetzt bin ich von
dieser Idee kuriert. Und zwar für immer, darauf können Sie
sich verlassen. Mir war es unangenehm, die Sache im Lebens-
lauf zu erwähnen.

V: *Das wäre aber besser gewesen als gar keine Erklärung. Wegen*
dieser Lücke haben wir nämlich gezögert, Sie überhaupt in die
engere Auswahl zu nehmen.

M: *Vielen Dank, daß Sie es trotzdem getan haben. Ich habe mich in*
dem Punkt nicht für auskunftspflichtig gehalten. Ich dachte,
daß es ausschließlich um meine Privatsphäre geht. Aber ich
verstehe natürlich Ihre Perspektive Ich hätte das vorher beden-
ken sollen. Ich bin sehr motiviert für die Tätigkeit als Filialleite-
rin, nicht zuletzt auch aufgrund der Erfahrungen, die ich bei
meinem gescheiterten Versuch, als Selbständige zu arbeiten, ge-
macht habe.

Siehe auch Bewerbungsgespräch (zulässige und nicht zulässige)
Fragen).

Auslandseinsatz

Karriere im Management setzt heute nicht mehr allein einen akademischen Titel, Fachwissen und erwiesene Führungsqualität voraus, sondern erfordert die Bewältigung immer anspruchsvollerer Aufgaben. Ein wichtiges Stichwort lautet hier: Globalisierung.

Da grenzüberschreitende Geschäfte allgemein zunehmen, wird Auslandserfahrung in großen Unternehmen zur selbstverständlichen Voraussetzung.

Leider ist die Bereitschaft der deutschen Mitarbeiter, sich ins Ausland versetzen zu lassen, im allgemeinen nicht besonders groß; das ist insbesondere in vielen mittelständischen Betrieben der Fall. Da überwiegt oft die Skepsis vor dem Einsatz auf unbekanntem Terrain. Allerdings kann es sich auch der Mittelstand nicht leisten, wichtige Märkte zu mißachten, nur weil sich kein qualifizierter Mitarbeiter findet, der zu einem Auslandsaufenthalt bereit ist.

Der Gesprächsanlaß

Ein Mitarbeiter eines mittelständischen Unternehmens soll für einen viermonatigen Aufenthalt nach Ankara geschickt werden. Er soll dort die Markteinführung eines neuen Produktes vorbereiten.

Was wollen Sie erreichen?

Von diesem Projekt hängt sehr viel für die Firma ab. Es ist der erste Schritt in einen für Sie neuen Markt. Sie wollen deshalb einen besonders hoch qualifizierten Mitarbeiter für diesen Auslandseinsatz gewinnen.

Der Gesprächsleitfaden

V: Herr Vollmer, wir müssen neue Märkte schaffen für unsere Pro-
dukte. Das ist eindeutig. Auch ein noch so gutes Produktimage
ist heutzutage keine Absatzgarantie mehr. Neue Absatzmärkte
müssen erschlossen werden, und zwar von Personen. Da kön-
nen wir nicht einfach eine Hochglanzbroschüre hinschicken.
Aber das ist Ihnen ja alles bekannt. Um auf den Punkt zu kom-
men: Wir würden Sie gerne im September nach Ankara
schicken, um die Markteinführung unseres Produktes vor Ort
vorzubereiten und durchzuführen. Ich bin überzeugt davon,
daß Sie genau der richtige Mann sind für dieses Projekt.

M: Nach Ankara? Und für welchen Zeitraum?

V: Das kann ich im Moment noch nicht definitiv sagen. Es hängt
natürlich davon ab, auf welche Schwierigkeiten Sie dort stoßen.
Aber von etwa vier Monaten sollten Sie schon ausgehen.

M: Ich freue mich natürlich, daß Sie mir diese Aufgabe zutrauen.
Aber wenn es wenigstens Istanbul wäre! In Ankara habe ich
mich mal bei einer Zwischenlandung ein paar Stunden umge-
sehen. Das ist eine ziemlich graue Retortenstadt.

V: Leider sitzt unser Kooperationspartner aber nun einmal nicht
in Istanbul. Waren Sie schon öfter in der Türkei?

M: Wir machen dort seit ein paar Jahren Urlaub.

V: Das trifft sich doch glänzend. Dann kennen Sie sich ja mit den
Landessitten schon gut aus.

M: Ein wenig. Das ist richtig. Ich weiß auch, daß man mit Englisch
gut durchkommt. Das heißt aber noch lange nicht, daß ich dort
vier Monate leben möchte.

V: Wir können uns leider nicht mehr auf die bestehenden Auslands-
kontakte beschränken. Dann würden wir unseren Mitbewer-
bern kampflos das Feld überlassen. Der türkische Markt ist für
unser Produkt eine Riesenchance. Wir haben die Absatzmög-
lichkeiten testen lassen, und die Prognosen sind extrem gut –
wenn man es richtig anpackt.

M: Meine Frau wird davon nicht gerade begeistert sein. Sie kann nicht mitkommen, sie arbeitet in einer Apotheke.

V: Solche Trennungen sind immer ein Problem. Aber vielleicht kann Ihre Frau Sie für einige Zeit besuchen. Und finanziell können wir Ihnen sehr entgegen kommen. Wir bieten Ihnen eine deutliche Gehaltszulage an für die Dauer Ihres Einsatzes. Und wir übernehmen selbstverständlich alle Kosten der Unterbringung.

M: Wie sieht es mit Reisekosten aus? An jedem zweiten Wochenende sollte ich mich bei meiner Familie sehen lassen.

V: Darüber läßt sich reden. Ob Sie es zeitlich einrichten können alle zwei Wochen nach Deutschland zu fliegen, müssen Sie dann selbst entscheiden. Kann ich also davon ausgehen, daß Sie den Job übernehmen?

M: Begeistert bin ich nicht, das merken Sie ja. Aber natürlich reizt mich auch die Aufgabe als solche. An einem Auslandseinsatz kommt man wohl in Zukunft einfach nicht vorbei.

V: Prima! Ich wußte doch, daß ich mit Ihnen rechnen konnte. Ich werde Sie in den nächsten Tagen mit einem Techniker aus meinem Freundeskreis bekannt machen. Er hat zehn Jahre in der Türkei gelebt und kann Ihnen sicher nützliche Tips geben.

Checkliste

✓ Ein reines Sprachtraining allein garantiert noch nicht den Erfolg. Bei der Vorbereitung eines Auslandseinsatzes sollten dem Mitarbeiter möglichst gute Orientierungshilfen geboten werden.
Notwendig sind Informationen über
► Mentalität,
► gegenseitige Vorurteile,
► Zeit- und Terminempfinden,
► Autoritätsstrukturen,
► berufliches Selbstverständnis,

- ► Usancen in der Kompetenzvergabe,
- ► Kommunikationsverhalten,
- ► gesellschaftliche Werte und Normen,
- ► Sitten und Gebräuche.

Siehe auch Coaching, Motivationsgespräch, Karriere (Laufbahn-gespräch), Zielvereinbarung.

Beförderung

Wenn Mitarbeiter vereinbarungsgemäß befördert werden, gibt es normalerweise keine Probleme. Anders sieht es aus, wenn sich bei einer außerplanmäßigen Beförderung ein anderer Mitarbeiter übergangen fühlt. Die Gründe für diese Entscheidung leuchten dem Benachteiligten nicht unbedingt ein, er fühlt sich vielmehr persönlich zurückgesetzt. Ein Gespräch kann zur Klärung beitragen. Sinnvoll ist es aber in jedem Falle auch, den Beförderten auf mögliche Probleme hinzuweisen und für eventuell aufkommende Rivalitäten zu sensibilisieren.

Der Gesprächsanlaß

Ein junger Mitarbeiter arbeitet zielstrebig an seiner Karriere. Er fällt durch großen Arbeitseinsatz, besondere Teamfähigkeit sowie analytisches und strategisches Denken auf. Auch seine Führungsfähigkeit hat er schon unter Beweis gestellt. Der Vorgesetzte befürchtet, daß diese talentierte Nachwuchskraft schon bald ein Angebot von einem Mitbewerber erhalten und womöglich das Unternehmen verlassen könnte.

Um ihn und sein Potential an die Firma zu binden, bietet ihm der Vorgesetzte die Abteilungsleitung an. Allerdings wird dieses Arrangement bei zwei anderen Mitarbeitern mit Sicherheit auf Widerspruch stoßen. Diese Mitarbeiter, dem Beförderten leistungsmäßig deutlich unterlegen, werden sich übergangen fühlen.

Was wollen Sie erreichen?

Sie wollen den Mitarbeiter in keinem Falle verlieren – schon gar nicht an die Konkurrenz. Daher bieten Sie eine frühzeitige Beförderung an, die mit der Übernahme weitreichender Verantwortung verbunden ist. Sie wollen zugleich mit ihm klären und vereinbaren, wie mit den zu erwartenden empfindlichen Reaktionen der Kollegen umzugehen ist.

Der Gesprächsleitfaden

V: Ich freue mich sehr über Ihr Engagement für die Firma. Wenn man bedenkt, daß Sie erst ein Jahr bei uns sind, ist es schon erstaunlich, was Sie leisten. Sie arbeiten sehr selbständig, Sie verstehen es auch hervorragend, die Kollegen zu motivieren. Ihre Perspektiven bei uns halte ich, wenn Sie so weitermachen, für ausgezeichnet.

M: Vielen Dank. Ich muß sagen, daß mir besonders die letzte Aufgabe großen Spaß bereitet hat, bei der ich die Teamleitung übernommen hatte. Wir standen ja unter enormem Zeitdruck, und trotzdem konnten wir die Zielvorgabe voll erfüllen. Aufgaben dieser Art würde ich gerne öfter übernehmen.

V: Darüber wollte ich mit Ihnen sprechen. Es kursiert das Gerücht, daß Sie sich umorientieren wollen. Ist da etwas dran?

M: Nein, bestimmt nicht. Aber ich kann natürlich nicht ausschließen, daß ein anderes Unternehmen irgendwann mal mein Interesse weckt?

V: Schön, daß Sie so offen sind. Ich bin jetzt ebenfalls sehr direkt: Wir möchten Sie ungern verlieren. Sie passen sehr gut zu unserem Unternehmen, und wie ich Ihnen ja schon in unserem letzten Gespräch sagte, haben Sie aller Voraussicht nach bei uns sehr gute Karrierechancen. Um konkret zu werden: Herr Schneider wird uns in fünf Monaten verlassen. Er hat eine sehr ordentliche Position in den USA angeboten bekommen, und Sie wissen ja, daß er schon lange danach strebte, in den Staaten zu arbeiten. Wir möchten Ihnen vorschlagen, die Nachfolge von Schneider anzutreten und die Abteilungsleitung zu übernehmen. Sind Sie interessiert?

M: Klar.

V: Gut. Herr Schneider hält Sie ebenfalls für die „erste Wahl" und wird Sie gerne in den kommenden Monaten einarbeiten. Es gibt nur ein Problem: Nach unseren Personalentwicklungsrichtlinien sind Sie eigentlich noch nicht an der Reihe. Ihre Beförderung kommt außerordentlich schnell, aber wir haben ja auch allen Grund dafür. Ich stehe also dazu. Allerdings sind die Herren Stahl und Beyer schon einige Jahre länger im Hause und rechnen sich auch die Nachfolge Schneiders aus. Sie müssen also vielleicht mit Widerstand oder Frustration rechnen.

M: *Naja, ich kann mir das vorstellen. Aber damit kann ich umgehen. Und ich weiß auch, daß die Kollegen meine Leistung bisher stets akzeptiert haben. Persönlich kommen wir im übrigen gut zurecht.*

V: *Wie schnell Sie sich einarbeiten und in Ihre neue Funktion hineinwachsen, wird im wesentlichen von Ihrem Geschick im Umgang mit den beiden Mitarbeitern abhängen. Ich werde natürlich unsere Entscheidung im persönlichen Gespräch mit den Herren begründen, aber alles Weitere liegt dann bei Ihnen. Sie müssen sehr viel Fingerspitzengefühl aufbringen, um sich keine Feinde zu machen.*

M: *Es wird nicht leicht werden, da haben Sie recht. Aber ein paar Erfahrungen in dieser Hinsicht habe ich schon. Als ich hier im Haus anfing, habe ich auch sehr schnell Aufgaben übernommen, für die sich andere interessierten. Ich habe die Kollegen ganz offen auf den möglichen Konflikt angesprochen, und es ist mir gelungen, sie von meiner Kompetenz zu überzeugen.*

V: *Das hat sich herumgesprochen. Und das ist auch einer der Gründe für Ihre Beförderung. Also, meine volle Unterstützung haben Sie! Ich gebe morgen Ihre Beförderung bekannt.*

Siehe auch Auslandseinsatz, Führungsstil, Karriere (Laufbahngespräch), Motivationsgespräch, Versetzungsgespräch.

Beschwerden bei Vorgesetzten über konkrete Handlungen oder allgemeines Verhalten eines Kollegen werden häufig erst dann vorgebracht, wenn derjenige, der sich falsch behandelt fühlt, schon einige Zeit mit diesem Problem kämpft. In aller Regel versuchen Mitarbeiter zuerst, die Schwierigkeiten direkt mit dem Betroffenen zu klären. Erst wenn diese Versuche scheitern oder es sich bei dem Kritisierten um einen direkten Vorgesetzten handelt, bitten sie um ein Gespräch beim Chef.

Der Gesprächsanlaß

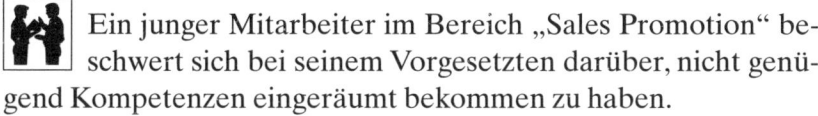 Ein junger Mitarbeiter im Bereich „Sales Promotion" beschwert sich bei seinem Vorgesetzten darüber, nicht genügend Kompetenzen eingeräumt bekommen zu haben.

Was wollen Sie erreichen?

Der junge Mann soll in seinem Engagement bestärkt werden. Um die Kompetenzforderung unterstützen oder ablehnen zu können, brauchen Sie noch weitere Informationen. Die Entscheidung wollen Sie vom Verlauf des Gesprächs abhängig machen.

Der Gesprächsleitfaden

V: Sie möchten mehr Verantwortung in der Verkaufsorganisation übernehmen. Wie hatten Sie sich das vorgestellt?

M: Unser Team hat sich für die Delta-Kette besondere Aktionen einfallen lassen, um direkt auf die Kunden zuzugehen. Ich hatte die Idee, einen Streetball-Wettbewerb auf den Kundenparkplätzen zu organisieren. Von der Idee waren alle im Team begeistert, und bei Delta kam die Aktion auch sehr gut an. Aber als ich dann vorschlug, daß ich die Aktionen für Ypsilon auch

koordinieren könne, habe ich bei Frau Thomas auf Granit ge-
bissen. Das finde ich sehr bedauerlich und ärgerlich. Ich fühle
mich ziemlich gegängelt. Ich habe nämlich den Eindruck, daß
sie mir größere Kompetenzen bewußt nicht einräumt.

V: *Ihre Idee für Delta war wirklich gut. Grundsätzlich bewerte ich*
Ihren Wunsch nach weitergehender Kompetenz positiv. Ich bin
überzeugt, daß Frau Thomas das ganz genauso sieht. Nun ist
aber selbst ein besonders cleverer Einfall noch keine Garantie
dafür, daß jemand auch in Zukunft eine kreative Idee nach der
anderen produziert. Das ist das eine. Zum anderen besteht Sales
Promotion nicht nur aus guten Ideen. Mit der Kompetenz, die
Sie anstreben, müßten Sie auch in der Lage sein, eine Aktion von
A bis Z strategisch zu planen. Größere Kompetenz heißt immer
auch größere Verantwortung. Und meinen Sie nicht auch, daß
Sie dafür erst noch weitere Erfahrungen sammeln sollten?
Schließlich sind Sie erst ein knappes halbes Jahr bei uns!

M: *Nun ja, vielleicht reichen mein Kenntnisse im Finanzbereich*
wirklich noch nicht ganz aus. Allerdings hätte Frau Thomas
genau darüber mit mir sprechen können, anstatt meinen Vor-
schlag von vornherein für absurd zu erklären.

V: *Wenn das so war, dann haben Sie recht. Wie wäre es, wenn Sie*
noch einmal mit Frau Thomas sprechen und ihr mitteilen, wie
Sie die Angelegenheit inzwischen sehen. Ich denke auch, daß
wir Sie für die Kurse im Herbst anmelden sollten. Sprechen Sie
doch bitte auch darüber mit Frau Thomas und sagen Sie ihr,
daß ich Ihre Teilnahme befürworte.

Ob es sich um Beschwerden von Kunden, Lieferanten oder Mitarbeitern handelt – die formulierte Kritik deckt grundsätzlich
Mängel im Verantwortungsbereich auf. Das an sich ist positiv. Der
praktische Umgang mit Beschwerden allerdings deutet darauf
hin, daß viele in den Unternehmen diese Chance noch nicht erkannt haben. Die Skala der unwirschen Antworten, insbesondere
in der Kommunikation mit Endverbrauchern, ist groß: Sie reicht
von „Ich arbeite hier nur!" bis „Sie sind der erste, der sich beschwert. Alle andern sind zufrieden!"

Checkliste

 Was Beschwerden so nützlich macht

▶ Beschwerden sind eine Resonanz. Eine schlechte Resonanz ist in der Regel immer noch besser als gar keine, da sie zumindest ein Interesse des Betroffenen zeigt. Wer es nicht der Mühe wert findet, sich zu beschweren, wandert kommentarlos ab (Kunde) oder geht irgendwann einmal in die innere Emigration (Mitarbeiter).

▶ Beschwerden sind im Prinzip konstruktiv. Wer etwas kritisiert, regt zu Verbesserungen an.

▶ Beschwerden von Mitarbeitern über andere Mitarbeiter sind wichtige Bausteine für die Verbesserung des Betriebsklimas. Ermuntern Sie Ihre Mitarbeiter zur Offenheit.

Richtiger Umgang mit Beschwerden
Nehmen Sie jede Beschwerde ernst; das heißt nicht, daß Sie die Meinung des sich Beschwerenden von vornherein teilen. Aber hören Sie zumindest geduldig zu.

▶ Lassen Sie es den Gesprächspartner auch spüren, daß Sie die Beschwerde ernst nehmen.

▶ Beschwerden (insbesondere über andere Mitarbeiter) werden oft sehr emotional vorgetragen; bleiben Sie in jedem Falle der faire Vermittler.

▶ Oberstes Ziel bei Beschwerden ist die Suche nach Lösungen, nicht die nach Schuldigen.

▶ Nutzen Sie eine Beschwerde dazu, Ihren Gesprächspartner (Mitarbeiter oder Kunden) noch enger an das Unternehmen zu binden.

Siehe auch Führungsstil, Interne Kommunikation, Organisatorische Abläufe, Gemeinsame Leitung.

Betriebliche Sozialpolitik

Was unter betrieblicher Sozialpolitik zu verstehen ist, darüber streiten sich Betroffene und Gelehrte seit Beginn der Industrialisierung. Als historische Beispiele gerne zitiert werden die preiswerten Wohnungen in der Arbeitersiedlung „Margarethenhöhe" der Firma Krupp in Essen, die Kohle-Deputate für die Grubenarbeiter bei den Saarbergwerken oder auch der unbegrenzte Bierausschank für die Männer an den Schmelzöfen der oberpfälzischen Glasindustrie. Firmen wie diese waren überdurchschnittlich begehrte Arbeitgeber. Über das vereinbarte Entgelt hinaus vermittelten sie den Mitarbeitern mit ihren betrieblichen Sozialleistungen ein „Wir"-Gefühl und das Bewußtsein, für ein besonderes Unternehmen zu arbeiten. Man war stolz, ein Kruppianer zu sein.

Freilich war allen Beteiligten klar, daß es sich bei diesen Sozialleistungen keinesfalls nur um altruistisches Mäzenatentum handelte. Die Mitarbeiter sollten gesund bleiben und sich in kalten Nächten zu Hause nicht den Tod holen. Die betrieblichen Sozialleistungen waren immer auch eine Investition in die Funktionsfähigkeit des Unternehmens. Ganz nebenbei dienten sie auch der Imagepflege des Unternehmens. Über diesen Zusammenhang öffentlich gesprochen aber haben jahrzehntelang nur die wenigsten Arbeitgeber.

Erst seit 25 Jahren gilt es nicht mehr als verpönt, Kosten und Nutzen betrieblicher Sozialpolitik rechnerisch gegenüberzustellen. Meist sind es zielgruppenorientierte Broschüren der Public-Relations-Abteilungen, vielfach auch Werbeanzeigen und zunehmend die Homepages der Firmen im Internet, die Mitarbeiter, Kunden und die interessierte Öffentlichkeit über das informieren, was Unternehmen neben einem sicheren Arbeitsplatz, einer interessanten Tätigkeit und einer attraktiven Bezahlung zu bieten haben. Das ist oft mehr, als auf den ersten Blick sichtbar ist. Die private Wirtschaft hat in den vergangen Jahren einen großen Teil der Aufgaben übernommen, die ehemals die öffentliche Hand oder kirchliche Träger leisteten: Kindergärten, Fort- und Weiterbildung, Gesundheitsbetreuung, Benefits wie unentgeltliche Monatskarten für den öffentlichen Nahverkehr, Kultursponsoring, betriebliche Altersvorsorge und vieles andere mehr.

Der Gesprächsanlaß

Ein traditionsreiches mittelständisches Speditionsunternehmen im Ostwestfälischen kämpft ums Überleben. Der Betrieb mit 35 Beschäftigten in Fuhrpark, Garage und Verwaltung bekommt nicht etwa genügend Aufträge, sondern findet einfach keine qualifizierten Mitarbeiter für die ansonsten mögliche Expansion. Vor allem ein neuer Geschäftsführer mit neuen Ideen muß gefunden werden. Ein Personalberater wird engagiert, und der findet tatsächlich einen guten Mann. An dessen erstem Arbeitstag führt der Inhaber und Vorgesetzte ein ausführliches Gespräch mit seinem Geschäftsführer.

Was wollen Sie erreichen?

Der Vorgesetzte will gemeinsam mit seinem Geschäftsführer die Pluspunkte des Unternehmens diskutieren, um mögliche Ansatzpunkte für die Personalrekrutierung zu finden.

Der Gesprächsleitfaden

V: Ich grüße Sie, Herr Sandrock. Hatten Sie eine angenehme Anreise? Ohne die schon lange geplante Schnellverkehrsstraße würden wir hier ja wohl immer tiefste Provinz bleiben.

M: Ja, danke, ich hatte eine angenehme Fahrt. Die Landschaft ist ja wirklich malerisch. Aber sehr einsam ist es hier schon.

V: Da sind wir schon beim Thema. Wie ich Ihnen ja bereits sagte, brauchen wir unbedingt noch einen Fahrer und zwei, drei Leute fürs Büro. Doch die schwache Infrastruktur der Region schreckt viele Leute einfach ab. Wir müssen unbedingt besser vermitteln, was dieser Betrieb als Arbeitgeber alles zu bieten hat. Den Vergleich mit anderen Betrieben unserer Branche brauchen wir eigentlich nicht zu scheuen.

M: *Stimmt. Die Zahlen sind beeindruckend. Umsatz und Ergebnis können sich sehen lassen. Die Firma gilt als sicherer Arbeitgeber, und das Tarifgefüge liegt sogar leicht über dem Branchendurchschnitt. Lassen Sie uns deshalb mal überlegen, was das Unternehmen an zusätzlichen Attraktionen zu bieten hat. Wie sieht denn die bisherige Personalpolitik aus?*

V: *Ach naja. Was soll ich Ihnen da sagen? Wir sind unserer Verantwortung als Arbeitgeber immer gerecht geworden. Das meiste regelt ja das Betriebsverfassungsgesetz.*

M: *Das hat man mir anders beschrieben. Ich habe heute vormittag mit dem Betriebsratsvorsitzenden gesprochen. Da bin ich auf einige Dinge gestoßen, die durchaus über die gesetzlichen Regelungen hinausgehen. Denken Sie doch mal an den Firmenzuschuß für die Kindergartenbetreuung, die zusätzliche Unfallversicherung für Ihre Mitarbeiter und das flexible Arbeitszeitmodell, das Sie vor fünf Jahren eingeführt haben. Sind das nicht Pfunde, mit denen wir wuchern können?*

V: *Ja, das könnte schon sein. Voriges Jahr hat sogar ein Mitarbeiter vorgeschlagen, uns beim Landeswettbewerb „Familienfreundlichstes Unternehmen des Jahres" zu bewerben. Aus irgendeinem Grund ist daraus nichts geworden.*

M: *Sehen Sie, Herr Richter? Das sind doch schon einige Punkte. Warum setzen wir das nicht werbewirksam ein bei der Suche nach neuen Mitarbeitern?*

V: *Keine Ahnung. Ich weiß einfach nicht, wie. Genau das zu leisten erhoffe ich mir ja von Ihnen, dem neuen Geschäftsführer.*

M: *Was haben Sie denn schon alles unternommen, um sich als attraktiver Arbeitgeber bekannt zu machen?*

V: *Offensichtlich zu wenig. Was schlagen Sie vor? Sie sind doch bestimmt nicht ohne Ideen hergekommen.*

M: Als erstes schlage ich eine kleine Mitarbeiterbefragung zur betrieblichen Sozialpolitik vor. Davon profitieren wir doppelt und dreifach. Die Befragung unterstreicht unsere mitarbeiterorientierte Unternehmenspolitik und zeigt Schwachpunkte wie Pluspunkte auf. Die Umsetzung der Ergebnisse ist dann meine Aufgabe. Was wir heute schon zu bieten haben, packen wir als komprimierte Information in unsere Stellenangebote. „Hire and fire"-Jobs bieten heute viele Firmen an. Stellen wir doch heraus, was unser Unternehmen zu einem absoluten Traumarbeitgeber macht. Wir werden uns vor Bewerbungen kaum retten können und die Qual der Wahl haben.

V: Wirklich? Wir suchen nicht irgendwelche Leute, wir brauchen die besten.

M: Die bekommen wir. Bestimmt. Wir dürfen uns nur um Gottes Willen nicht so sehr auf die Standortnachteile kaprizieren. Spielen die heute im Zeitalter des Internet überhaupt noch eine Rolle? Statt über die fehlende Schnellstraße sollten wir mit Bewerbern über den funktionierenden Datenhighway in unserem Unternehmen sprechen. Bieten wir doch den neuen Bürokräften als Zugabe einen ISDN-Anschluß für zu Hause und einen transportablen Personalcomputer an, erweitern wir das flexible Arbeitszeitmodell noch ein wenig und sagen wir aktive Unterstützung bei der Suche nach einer Wohnung zu. Das kostet nicht viel, zählt aber jede Menge. Herr Richter, Ihre betriebliche Sozialpolitik ist es, die Sie in der Vergangenheit erfolgreich hat sein lassen. Für die Zukunft sehe ich, daß es noch sehr viel besser werden kann.

V: Danke, Herr Sandrock. Dann stellen Sie doch mal den Fragebogen für die Mitarbeiterbefragung zusammen. Am besten, Sie erledigen das gleich.

Siehe auch Gehaltszusatzleistungen, Leistungsabhängige Vergütung.

Betriebliches Vorschlagswesen

Ein Betriebliches Vorschlagswesen (BVW) gibt es in vielen Unternehmen, insbesondere in der Fertigungsindustrie. Bei Automobilbauern oder Chemieunternehmen ist die Prämie für Verbesserungsvorschläge von Mitarbeitern ein fest verankertes Instrument, um die Kreativität der Arbeitnehmer zur Optimierung von Abläufen, Strukturen und den Erzeugnissen selbst einzusetzen.

Die meisten Unternehmen belohnen innovative Vorschläge zur Arbeitssicherheit, zum Gesundheitsschutz und Verbesserungen im Produktionsablauf mit Geldprämien. Geldprämien sind allerdings durchaus umstritten, zumal die Ideen meist während der Arbeitszeit entwickelt, formuliert und diskutiert werden. Ob Geld außerdem hinreichend motiviert, um die Innovationsbereitschaft der Mitarbeiter zu fördern, ist fraglich. Deshalb werden immer wieder neue Ansätze ersonnen, wie sich das betriebliche Vorschlagswesen verbessern oder an die Bedürfnisse spezieller Branchen anpassen läßt.

Auch in der allgemeinen Verwaltung kann dieses Instrument vieles in Gang setzen, vorausgesetzt, das BVW wird richtig konzipiert und kommt ohne bürokratische Hürden aus. Genau das scheint nämlich in der Praxis eines der Haupthindernisse zu sein: Die Ideen der Mitarbeiter liegen wochen- und monatelang herum, ohne daß eine Begutachtung stattfindet. Und die Frustration des Einreichers wird um so größer, je länger die Anerkennung seiner gedanklichen Leistung und die Umsetzung auf sich warten lassen.

Der Gesprächsanlaß

Herr Kruse, verantwortlich für die Bearbeitung von Bauanträgen und Baugenehmigungen, hat im Kollegenkreis schon wiederholt angeregt, bestimmte Abläufe bei der Bearbeitung der Anträge zu ändern. Bisher scheiterte sein Vorschlag ständig, weil die Kollegen – getreu dem Killerargument „Das haben wir doch schon immer so gemacht!" – jede Veränderung boykottierten. Verärgert über den Widerstand seiner Kollegen faßt Kruse den Entschluß, seinen Vorgesetzten darauf anzusprechen. Dieser ist von der konkreten Idee angetan und holt einen weiteren Kollegen zum Gespräch, um mit Hilfe dieser Anregung eine konstruktive Debatte über ein betriebliches Vorschlagswesen in der Verwaltung in Gang zu setzen.

Was wollen Sie erreichen?

➡️ Verbesserungsvorschläge von Mitarbeitern sollten stets mit erkennbarer Freude über das Engagement des Mitarbeiters entgegengenommen werden – was nicht bedeutet, daß die Ideen nicht kritisch untersucht und auf die Realisierungsmöglichkeiten hin geprüft werden.

Der Gesprächsleitfaden

V: *Herr Kruse hat, wie ich finde, einen sehr guten Vorschlag gemacht. Ich hatte Herrn Gundel gebeten, die Zeitersparnis durchzurechnen, die wir erzielen, wenn wir die Abläufe in Zukunft nach Ihrem Muster, Herr Kruse, gestalten.*

M1: *Nach meinen Berechnungen, und wenn die Kollegen nicht allzuviel Widerstand entgegensetzen, könnten wir etwa 15 bis 20 Bauanträge mehr im Jahr bearbeiten. Das wird die Bauherren freuen. Und den Kämmerer auch.*

M2: *Schön, das habe ich erwartet. Übrigens habe ich noch eine Idee, mit der sich Zeit und Kosten einsparen ließen.*

V: *Ja, bitte?*

M2: *Ich kann die Grundzüge meiner Idee ja gleich vortragen. Ich fände es nämlich gut, wenn solche Ideen in irgendeiner Form belohnt würden. Dann entwickeln vielleicht auch andere Kollegen Verbesserungsvorschläge.*

V: *Sie denken an eine Art betriebliches Vorschlagswesen?*

M2: Ja, das gibt es in der Wirtschaft schon lange. Warum nicht auch bei uns? Neulich sprach ich mit einem Kollegen vom Grundbuchamt. Der beklagte sich bitter über die zögernden internen Prozesse im Amt. Und er hatte auch eine Idee, wie sich mit einem relativ schlichten Softwareprogramm viele Vorgänge beschleunigen ließen. Wenn wir solche Ideen direkt herausfordern und belohnen, dann denken bestimmt viele Kollegen etwas nach.

V: Sie haben recht. Tatsächlich gibt es hier keine Anlaufstelle, bei der Vorschläge und Ideen systematisch gesammelt und beurteilt werden. Und Kreativität versandet leider recht schnell.

M1: Das ist mir allerdings auch schon aufgefallen. Bisher hörte ich aber nur wenig davon, daß doch eine ganze Reihe von Mitarbeitern konstruktive Änderungsvorschläge entwickelt haben. Ich muß gestehen, das ist mir neu. Mir gefällt Ihr Vorschlag mit der Sammelstelle für Innovationen und Verbesserungsvorschläge.

V: Ich finde, daß diejenigen, die die ersten guten Einfälle hatten, sich einmal um die Einführung eines Vorschlagswesen kümmern sollten. Herr Kruse, wollen Sie als geistiger Vater das nicht in die Hand nehmen? Bitte überlegen Sie doch gemeinsam mit den Kollegen, wie wir systematisch Verbesserungsvorschläge sammeln, bewerten und umsetzen können. Ich freue mich sehr über Ihr Engagement – und wenn Sie es schaffen, den Funken auch zu den Kollegen hinüberzubringen, dann studiere ich mal gründlich das BAT, ob es da nicht eine Rubrik „Ideenhonorare" gibt.

Checkliste

 Kriterien für die Beurteilung von Verbesserungsvorschlägen

Der Vorschlag muß

▶ eine Verbesserung gegenüber der bisherigen Situation erreichen,

▶ rentabel sein und dem Betrieb wirtschaftliche Vorteile
   verschaffen oder die Sicherheit erhöhen bzw. Gesundheits-
   gefahren verringern oder die Kommunikation verbessern
   und die Zusammenarbeit fördern;
▶ nicht nur die bestehende Praxis kritisch durchleuchten,
   sondern auch Wege für die Zukunft aufzeigen.

Siehe auch Betriebsklima, Interne Kommunikation, Lob, Motivationsgespräch.

Betriebsklima

Das Betriebsklima spiegelt die Kultur des Unternehmens wider und gibt Antworten auf Fragen wie: „Wie gehen wir miteinander um?", „In welchem Ton reden wir miteinander?", „Wie offen darf man hier Kritik äußern?" oder „Belohnen wir auch gute Leistungen oder bestrafen wir nur die Schuldigen?". Offenheit, Kontaktfreude, der Sinn für das gemeinsame Ziel und ein angstfreies Klima zeichnen ein gutes Betriebsklima aus.

Der Gesprächsanlaß

 Das letzte Betriebsfest war ein Mißerfolg. Ein Viertel der Beschäftigten erschien gar nicht erst, die Ansprache des Vertriebsleiters erhielt nur mäßigen Beifall, den ganzen Abend über kam keine Stimmung auf. Dabei hatten sich die Organisatoren sehr viel Mühe gegeben. Das Büfett war erlesen, und sogar das Wetter spielte mit. Sie beschließen, der Sache am nächsten Tag auf den Grund zu gehen. Daher bitten Sie eine Buchhalterin in Ihr Büro. Die besonders zuverlässige Mitarbeiterin arbeitet schon seit 15 Jahren für die Firma, ist im Betriebsrat und überall sehr beliebt.

Was wollen Sie erreichen?

→ Sie wollen die Gründe für die geringe Teilnahme am Betriebsfest erfahren und gegebenenfalls die Ursachen beseitigen.

Der Gesprächsleitfaden

V: *Frau Schröder, das war ja ein merkwürdiges Fest. Eine Stimmung wie auf einer Beerdigung. Ich muß schon sagen, daß ich doch ziemlich enttäuscht bin. Da scheut man keine Kosten und*

Mühen, und dann haben es einige noch nicht einmal nötig zu
kommen.

M: *Herr Lindenberg, ich bin jetzt schon seit mehr als 15 Jahren bei*
Ihnen, da werden Sie es mir hoffentlich nicht übelnehmen,
wenn ich mal ein bißchen aus dem Nähkästchen plaudere. Ich
habe mitbekommen, wie die Fahrer sich gestern vor dem Fest
unterhalten haben. Die waren ziemlich sauer. Einer hat gesagt:
„Morgen spielen wir wieder die glückliche Familie. Da wird ge-
feiert. Und alle sollen auf Kommando in bester Stimmung sein.
Und nach dem Fest geht der alte Trott wieder weiter. Da wird
kommandiert und kritisiert. Der Juniorchef meint wohl, wenn
er einmal im Jahr jovial vor die Mannschaft tritt, dann reicht
das für die nächsten 364 Tage." Und glauben Sie mir, Chef, eine
ganze Reihe von Kollegen denkt ganz genauso.

V: *Das finde ich ja interessant. Mein Sohn steht bei den Mitarbei-*
tern also nicht unbedingt in einem guten Ruf. Wieso das denn?
Und wer kommandiert und kritisiert denn nur?

M: *Das ist der Eindruck, den einige haben. Ihren Sohn hört man*
manchmal durch das ganze Haus nach einem Mitarbeiter ru-
fen, und der Ton, in dem er dann mit diesem Mitarbeiter redet,
ist, gelinde gesagt, unpassend. Ich hoffe, Sie nehmen es mir
nicht übel, wenn ich offen rede.

V: *Bei mir wird der Überbringer schlechter Nachrichten nicht ge-*
köpft, Frau Schröder. Aber ich bin doch ziemlich entsetzt über
die Undankbarkeit. Beim Betriebsfest geht es doch um unsere
ganze Firma, und das Fest war doch für die Mitarbeiter gedacht.

M: *Undankbarkeit ist etwas zu hart. Die Kollegen setzen sich*
enorm ein für die Firma. Die wollen doch alle ihren Job behal-
ten. Aber seit der Juniorchef mehr und mehr in die Abteilungen
hineinregiert, ist die Atmosphäre angespannt.

V: *Ich weiß natürlich, daß seine Rationalisierungsmaßnahmen*
nicht auf Begeisterung stoßen. Aber was bleibt uns denn übrig?
Wenn wir die Kosten nicht deutlich senken, sind wir nächstes
Jahr nicht mehr im Geschäft.

M: *Es geht ja nicht allein um Rationalisierung. Er trifft einsame*

Entscheidungen und gesteht den Mitarbeitern kein Mitsprache-recht zu. Seit er das neue Verkaufskonzept durchgesetzt hat, hat der Außendienst nur Probleme. Die Kommunikation klappt überhaupt nicht. Und die Fahrer fühlen sich schon seit länge-rem isoliert. Sie klagen über mangelnde Unterstützung. Da wird immer nur der Kostenfaktor beschworen. Also, ich kann verste-hen, wenn die Leute keine Lust zum Feiern haben. Es nützt nichts, einmal im Jahr ein Fest zu feiern. Davon wird das Be-triebsklima an den restlichen Tagen nämlich auch nicht besser.

V: Ich bin froh, daß Sie das alles so offen angesprochen haben. Mir ist auch schon aufgefallen, daß einige Mitarbeiter einen be-drückten Eindruck machen. Und in letzter Zeit gab es auch un-gewöhnlich viele Kundenbeschwerden. Ich denke, mein Sohn, Sie und ich sollten uns morgen zusammensetzen und versu-chen, das Problem zu lösen.

Das Beispiel wurde bewußt simpel gewählt. Es gibt genügend wissenschaftliche und populäre Untersuchungen, in denen die Bedeutung des Themas (auch unter dem Begriff „Unternehmenskultur") dargelegt wird. Wertvorstellungen, Normen und Denkhaltungen, die die „Kultur" eines Unternehmens ausmachen, geraten regelmäßig auf den Prüfstand, insbesondere dann, wenn ein Unternehmen rote Zahlen schreibt. Aus den verschiedenen Ansätzen läßt sich zwar keine ideale Managementlehre entwickeln, jedoch lassen sich Symptome und Ursachen für ein gutes oder schlechtes Betriebsklima aufzeigen.

Checkliste

 ► Symptome für schlechtes Betriebsklima
► Kommunikationsblockaden
► Keine Innovationsbegeisterung
► Keine Zukunftsstrategie
► Keine Problemlösungsstrategie (sondern nur Einzellösungen)
► Offener Konkurrenzkampf zwischen Personen/Bereichen/Abteilungen

- ▶ Pannen und Beschwerden, auch von den Kunden
- ▶ Schlechte Laune der Mitarbeiter
- ▶ Verweigerung von Überstunden
- ▶ Ablehnung von Fortbildung
- ▶ Dienst nach Vorschrift
- ▶ Hohe Fehlzeiten und hoher Krankenstand

- ▶ Die häufigste Ursache für ein schlechtes Betriebsklima ist ein Defizit in der Führungsqualität, insbesondere
- ▶ Nichteinbeziehung anderer bei Entscheidungen,
- ▶ Geringe Kompetenzvergabe,
- ▶ Verweigerung von Information,
- ▶ Delegationsunfähigkeit,
- ▶ Kritikunfähigkeit,
- ▶ Mangelndes Vertrauen,
- ▶ Nicht-Eingreifen bei Intrigen,
- ▶ Mobbing durch Vorgesetzte,
- ▶ Verweigerung von Anerkennung,
- ▶ Machtspiele.

- ▶ Wenn Sie das Betriebsklima für verbesserungswürdig halten, dann sollten Sie ...
- ▶ einen langjährigen, vertrauten Mitarbeiter zum Gespräch bitten und zusammen mit ihm/ihr versuchen, die Ursachen zu ergründen,
- ▶ anschließend mit weiteren Mitarbeitern möglichst aus verschiedenen Abteilungen sprechen,
- ▶ im Gespräch Ihre unternehmerische Besorgnis äußern, aber nicht Ihre persönliche Betroffenheit zum Ausdruck bringen,
- ▶ den Mitarbeitern nicht das Gefühl der Indiskretion vermitteln, sondern der Bitte um Unterstützung Ausdruck geben,
- ▶ Kritik und Anmerkungen ernst nehmen und nach Verbesserungsmöglichkeiten suchen,
- ▶ am Ende des Gespräches den Mitarbeitern danken und nochmals Vertraulichkeit zusichern.

Siehe auch Führungsstil, Interne Kommunikation.

Beurlaubung (aus persönlichen Gründen)

Neben dem gesetzlich und tarifvertraglich geregelten Jahresurlaub hat jeder Mitarbeiter Anspruch auf Sonderurlaub aus persönlichen Gründen. Juristen sprechen hier von „bezahlten Fehlzeiten". Dazu gehören unter anderen die eigene Heirat, ein Todesfall in der Familie, Umzug und Krankheit der Kinder. Sofern nicht dringende betriebliche Gründe dagegensprechen, kann der Vorgesetzte den Wunsch nach einer solchen Beurlaubung nicht verweigern.

Der Gesprächsanlaß

 Eine Woche vor dem Abgabetermin eines neuen Konzeptes bittet ein Mitarbeiter aus dringenden persönlichen Gründen um Freistellung von seinen Aufgaben. Der Zeitpunkt ist denkbar ungünstig.

Was wollen Sie erreichen?

Sie wollen sich einen Eindruck davon verschaffen, ob die Gründe des Mitarbeiters berechtigt sind.

Arbeitsrechtliche Aspekte

Mitarbeiter haben nach geltendem Recht (in der Regel in den Tarifverträgen geregelt oder im individuellen Arbeitsvertrag enthalten) einen Anspruch auf Freistellung von der Arbeitsverpflichtung, wenn sie aus persönlichen, unverschuldeten Gründen an der Ausübung ihrer Tätigkeit gehindert sind. Zu solchen Gründen zählen: eigene Eheschließung, Geburt eines Kindes, Todesfall eines nahen Angehörigen, Arztbesuch, Pflege eines erkrankten Kindes und anderes. Diese Art Sonderurlaub ist vom Gesetzgeber auf eine verhältnismäßig kurze Zeitdauer begrenzt. Die Hochzeitsreise fällt also nicht unter die Regelung.

V: *Sie haben einen Urlaubsantrag aus familiären Gründen einge-
reicht. Bitte sagen Sie mir doch, warum Sie um die Beurlaubung bitten.*

M: *Ja, ich sehe keine andere Möglichkeit. Meine Frau hatte gestern
eine Frühgeburt. Unsere Tochter liegt im Brutkasten.*

V: *Das tut mir sehr leid. Es ist Ihr erstes Kind, nicht wahr? Hoffentlich geht es Ihrer Frau gesundheitlich gut.*

M: *Doch, aber die Situation bedeutet besonders für meine Frau
eine enorme psychische Belastung. Ich kann sie zumindest in
den ersten Tagen nicht allein lassen. Deswegen habe ich vor,
mich mit ihr im Krankenhaus abzuwechseln. Sie muß sich noch
sehr schonen. Und für das Baby ist es sehr wichtig, daß immer
ein Elternteil bei ihm ist.*

V: *Das halte ich für sehr vernünftig. Und ich drücke Ihnen wirklich die Daumen, daß sich das Baby gut entwickelt.*

M: *Der Zeitpunkt für meinen Sonderurlaub ist leider sehr ungünstig. Ich habe ein richtig schlechtes Gewissen dem Team gegenüber.*

V: *Sie haben jetzt ganz andere Sorgen. Ich werde mit dem Gruppenleiter sprechen und ihm sagen, daß ich Sie aus wichtigen
persönlichen Gründen beurlaubt habe. Den genauen Grund
können Sie ihm nach Ihrer Rückkehr selbst erzählen, wenn Sie
möchten.*

M: *Es wird sehr schwierig werden, den Abgabetermin einzuhalten.*

V: *Sicher, aber wenn die Gruppe zu Überstunden bereit ist, ist es
nicht unmöglich. Bestellen Sie Ihrer Frau bitte herzliche Grüße.
Und rufen Sie mich doch bitte in ein paar Tagen an und sagen
Sie mir, wie es Ihrem Kind geht.*

Anträge auf Sonderurlaub kommen oft ungelegen. In den meisten Fällen hat der Arbeitnehmer aber keine andere Wahl. Natürlich kann man einen Hochzeitstermin auf einen für die Firma

günstigen Zeitpunkt legen. Dazu verpflichtet ist ein Arbeitnehmer aber nicht. Das wäre ein Eingriff in seine Persönlichkeitsrechte.

Checkliste

 **Wie Sie mit Anträgen auf Sonderurlaub umgehen
sollten**

▶ Insistieren Sie nicht auf einer detaillierten Darlegung der
Gründe. Die Angabe „ernsthafte Erkrankung eines Familien-
angehörigen" sollte genügen, wenn Sie dem Mitarbeiter vertrauen. Alles weitere betrifft die Privatsphäre des Mitarbeiters.

▶ Wenn der Arbeitnehmer von sich aus weitere Informationen
gibt, behalten Sie sie für sich, es sei denn, er stimmt der Weiter-
gabe ausdrücklich zu.

▶ Sollten Sie Zweifel an der Begründung haben, können Sie sich
ein ärztliches Attest vorlegen lassen.

▶ Bei unbegründetem Zweifel trübt die Bitte um ein Attest
möglicherweise nachhaltig das Vertrauensverhältnis.

▶ Sie dürfen den Sonderurlaub nicht durch Überstunden einarbeiten lassen.

▶ Sie sollten auch nicht die Erwartung ausdrücken, daß der Mitarbeiter nach seiner Rückkehr in Ihrer Schuld steht. Er hat
einen Rechtsanspruch auf diesen Sonderurlaub und ist nicht
zu einer Kompensation verpflichtet.

▶ Nutzen Sie die Gelegenheit, um Ihre persönliche Anteilnahme
und Ihr Interesse auszudrücken.

Siehe auch Führungsstil, Private Probleme des Mitarbeiters.

Jeder Vorgesetzte wird eines Tages Gespräche mit Bewerbern führen müssen. In großen, wachstumsstarken Unternehmen ist das sogar in wirtschaftlich schwierigen Zeiten an der Tagesordnung: Andersen Consulting beispielsweise, mit rund 51 000 Mitarbeitern die weltweit größte Unternehmensberatung, will allein im Jahr 1998 mehr als 700 Stellen mit Beratern besetzen. Wenn man unterstellt, daß die Gesellschaft überhaupt so viele geeignete Aspiranten findet, läßt sich an einer Hand ausrechnen, wie viele Bewerbergespräche die Chef-Consultants an jedem Tag führen müssen ...

Nicht immer steht dem Fachvorgesetzten bei Bewerbergesprächen der Personalchef zur Seite. Im Gegenteil, in aller Regel sprechen beide zunächst jeweils unter vier Augen mit dem Bewerber und diskutieren anschließend das Für und Wider des Kandidaten. Zuvor aber hat der Manager schon einen ersten Eindruck von seinem eventuellen neuen Mitarbeiter gewonnen. Vorsicht: Der Kandidat aber auch!

Der Gesprächsanlaß

 Ein junger Hochschulabsolvent bewirbt sich um eine Anfangsposition in Ihrem Unternehmen.

Was wollen Sie erreichen?

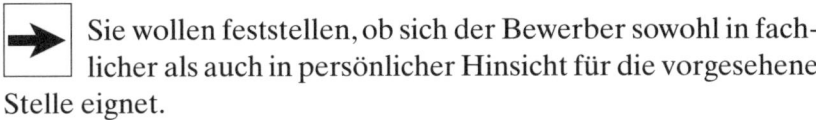 Sie wollen feststellen, ob sich der Bewerber sowohl in fachlicher als auch in persönlicher Hinsicht für die vorgesehene Stelle eignet.

Dabei möchten Sie Ihr Unternehmen auf der einen Seite in ein gutes Licht stellen, müssen aber gleichzeitig vor unrealistischen Erwartungen warnen.

Arbeitsrechtliche Aspekte

Wenn es in Ihrem Unternehmen einen Betriebsrat gibt, sind Sie verpflichtet, ihm die Bewerberunterlagen zur Kenntnis zukommen zu lassen.

Bei der Art und dem erlaubten Ausmaß der Fragen an den Bewerber gibt es einige Fallstricke. Zur Schul- und Berufsausbildung sowie zu früheren Tätigkeiten darf man dem Bewerber jede mögliche Frage stellen. Auch Fragen, die darauf zielen, Einblicke in die Persönlichkeitsstruktur zu gewinnen, sind erlaubt.

Nicht gestattet sind jedoch Fragen nach früheren oder bestehenden Schwangerschaften, nach der Mitgliedschaft in einer Religionsgemeinschaft (Ausnahme: Sie dürfen fragen, ob der Bewerber Mitglied der Scientology Church ist!) oder einer erlaubten Partei, zu Erkrankungen und Familienkrankheiten. Nicht erkundigen dürfen Sie sich nach dem Vermögen und den Einkommensquellen des Kandidaten sowie nach familiären Dingen, die über das für die zu besetzende Position wichtige Maß hinausgehen und womöglich in die Intimsphäre reichen. Die Frage nach einer bevorstehenden Eheschließung ist ebenso verboten wie die nach einer Gewerkschaftszugehörigkeit.

Bevor Sie eine Frage stellen, denken Sie stets darüber nach, ob die Antwort tatsächlich (und nachweislich!) wichtig für die Beurteilung des Bewerbers ist. Also: Soll ein Bewerber sofort einen Auslandseinsatz übernehmen, so ist die Frage nach der Berufstätigkeit und der Abkömmlichkeit der Ehefrau zulässig. Bieten Sie eine Stelle in einer Kirchengemeinde an, so dürfen Sie nach der Religionszugehörigkeit fragen. Und falls Sie ein Chemieunternehmen leiten, dann wird es jede Chemielaborantin zu schätzen wissen, wenn Sie sie darauf hinweisen, daß die Tätigkeit im Falle einer vorliegenden Schwangerschaft mit Risiken verbunden sein könnte.

Immer fragen dürfen Sie nach den Stärken und Schwächen des Bewerbers sowie nach seinen beruflichen und persönlichen Zielen. Wie weit er oder sie die Zukunft realistisch einschätzt, können

Sie der Antwort auf folgende Frage entnehmen: „Was möchten Sie in, sagen wir fünf Jahren, beruflich erreicht haben?" Junge Männer dürfen Sie nach dem Wehr- bzw. Zivildienst fragen (Bereits abgeleistet? Einberufen? Noch offen?). Auch die Fragen nach einer vorliegenden Schwerbehinderung und nach einer Lohn- oder Gehaltspfändung sind juristisch zulässig. Halten Sie die Antworten am besten schriftlich fest oder lassen Sie den Bewerber einen entsprechenden Fragebogen ausfüllen. Sollten Sie später Unwahrheiten entdecken, stehen Sie so auf der sicheren Seite.

Eventuelle Vorstrafen braucht der Bewerber von sich aus nicht zu nennen. Sie dürfen ihn auch nur dann danach fragen, wenn und soweit dies die künftige Tätigkeit des Bewerbers erfordert. Wenn Sie einen Fahrer einstellen wollen, dürfen Sie selbstverständlich nach dessen Punkten in Flensburg und nach eventuellen Verkehrsdelikten fragen. Bei einem Kassierer ist die Frage nach Vorstrafen wegen Vermögensdelikten, zum Beispiel Unterschlagung, berechtigt. Aber auch nur diese!

Der Gesprächsleitfaden

Der Vorgesetzte stellt sich und seine Funktion im Unternehmen zunächst vor und dankt für die Bewerbung. Anschließend sollte man dem Bewerber den Grund für die Einladung nennen, ihm also sagen, welche Argumente den Ausschlag dafür gegeben haben. Nun ist es interessant zu erfahren, warum sich der Bewerber für die Stelle und für das Unternehmen interessiert.

V: Aus welchen Gründen haben Sie sich auf unsere Anzeige beworben?

M: Ich habe vor zwei Monaten mein Maschinenbaustudium abgeschlossen und möchte meine Karriere gerne bei einem international tätigen Konzern beginnen, weil ich schnell eigenverantwortlich handeln möchte. Ihr Unternehmen bietet hoffentlich die Möglichkeit dazu.

V: Was heißt denn für Sie „schnell"?

M: *Das hat mich der letzte Personalchef auch schon gefragt. In spätestens fünf Jahren möchte ich Führungsverantwortung übernehmen.*

V: *Das ist bei uns nicht nur möglich, sondern diesen Anspruch erwarten wir sogar von unseren jungen Mitarbeitern in der Konstruktion. Sie sprechen später ja noch mit Herrn Lehmann aus der Personalabteilung. Er wird Ihnen gerne unseren Karrierefahrplan vorstellen.*

Der Vorgesetzte sollte sich nun den Lebenslauf, die erworbenen Qualifikationen und etwaige außerberufliche Interessen erläutern lassen.

V: *Ich möchte mit Ihnen vor allem über Ihr Studium sprechen und was Sie bei uns gerne bauen würden. Welche Fächer haben Ihnen an der Hochschule viel Spaß bereitet, welche weniger?*

M: *Mit der Theorie hatte ich anfangs Schwierigkeiten. Nach dem Vordiplom trat die Praxis mehr in den Vordergrund, so daß ich die Zusammenhänge erkannte und gut vorankam. Hilfreich waren auch die beiden Werkspraktika in den Semesterferien. Überhaupt bin ich eher der praktische Ingenieurtyp. Deshalb möchte ich mich auch auf die Konstruktionsendstufe konzentrieren. Qualitätssicherung und -prüfung – das würde mir gefallen.*

V: *Um Qualität zu beurteilen, braucht man einige Jahre Erfahrung. Am Anfang, denke ich, könnten Sie in der Fahrwerkskonstruktion dafür reichlich Wissen sammeln. Nach einem Jahr sehen wir dann weiter. Haben Sie Schwierigkeiten damit, öfter das Arbeitsteam und die Kollegen zu wechseln?*

M: *Überhaupt nicht. Ich freue mich, neue Menschen kennenzulernen und Ideen austauschen zu können. Deshalb habe ich ja auch ein Praktikum im Ausland absolviert. Fremde Länder reizen mich sehr.*

V: *Könnten Sie sich vorstellen, später einmal in einem unserer ausländischen Werke zu arbeiten?*

M: *Klar. Meine Freundin ist Stewardess, die kommt auch viel in der Welt herum. – Darf ich Sie jetzt etwas über den Konzern fragen?*

Darüber wird sich der Vorgesetzte freuen, signalisiert die Neugier des Bewerbers doch Interesse am Unternehmen und der ausgeschriebenen Position. Allerdings ist der Umkehrschluß – Bewerber, die keine Fragen stellen, sind grundsätzlich desinteressiert – nicht immer zulässig. Es gibt durchaus hochqualifizierte, aber auch äußerst schüchterne Menschen, die der Gesprächsführer zunächst erst aus der Reserve locken muß.

Hinweise und Informationen über das einstellende Unternehmen, die Arbeitsbedingungen, freiwillige Leistungen, die Unternehmenskultur und die positiven Unterschiede gegenüber anderen Unternehmen der Branche vervollständigen das Gespräch.

Checkliste

✓ Ein wichtiger Hinweis: Nehmen Sie sich vor dem Gespräch 10 Minuten Zeit, um noch einmal die Bewerbungsunterlagen durchzusehen! Es zeugt von Ihrer Professionalität und Effizienz, wenn Sie nicht während des Gespräches in den Papieren blättern müssen.

Das dürfen Sie nicht vergessen
▶ *Zeugnisse und Lebenslauf:* Stimmen die Angaben im Lebenslauf mit den Zeugnisdaten überein? Gibt es zeitliche Lücken, die der Bewerber nicht plausibel erklären kann? Tauchen in den Zeugnissen zweifelhafte Formulierungen auf? Stimmen die Angaben in den Zeugnissen zu den früheren Tätigkeiten mit der Ausbildung und den Worten des Bewerbers überein? Sind die Gründe für das Ausscheiden glaubhaft? Halten die angegebenen Fremdsprachenkenntnisse einer Überprüfung stand?
▶ Eintrittstermin vereinbaren
▶ Einarbeitungs- und Weiterbildungsmöglichkeiten schildern
▶ Übernahme der Bewerbungskosten klären
▶ Ankündigen, wann der definitive Bescheid zu erwarten ist

Siehe auch Einstellungsgespräch, Gehalt.

Bildungsurlaub

Der in deutschen Landesgesetzen geregelte Bildungsurlaub stößt in vielen Firmen im konkreten Fall nicht gerade auf Begeisterung. Zum einen investiert die deutsche Wirtschaft jedes Jahr allein mehr als 30 Milliarden Mark in die betriebliche Qualifizierung der Beschäftigten. Zum zweiten ist das Angebot an anerkannten Bildungsinhalten sehr unterschiedlich und reicht von der politischen Bildung über Sprach- und EDV-Kurse bis hin zum Tauchkurs an der Costa Brava. Bei einem regulären Urlaubsanspruch von oft 30 Tagen im Jahr, so argumentieren die Arbeitgeber, sollte man von den Arbeitnehmern erwarten können, daß sie einen Teil ihres Jahresurlaubes für ihre politische und persönliche Weiterbildung aufwenden.

Obwohl man es dem Mitarbeiter durchaus gönnt, neue Kenntnisse und Fähigkeiten zu erwerben, stehen dem Antrag auf einige Tage Extraurlaub nicht selten schlicht betriebliche Gründe entgegen. Der Arbeitgeber darf zwar das Ersuchen des Mitarbeiters nicht einfach ablehnen, aber er kann doch zumindest stichhaltige Gegenargumente anführen. Am wirksamsten sind in solchen Fällen Freundlichkeit, eine nachvollziehbare Argumentation und die Zusage, bei einer günstigeren Gelegenheit den Anspruch auf Bildungsurlaub einzulösen.

Der Gesprächsanlaß

Die Lektorin eines Kunstbuchverlages möchte einen Bildungsurlaub antreten. Der fünftägige Rhetorikkurs findet Ende Juni statt. Dieser Termin ist aus Sicht des Verlages extrem ungünstig: Um die Neuerscheinungen rechtzeitig für die Buchmesse im Herbst fertigzustellen, wird gerade im Sommer jeder einzelne Mitarbeiter gebraucht. Denn bevor die Bücher in Druck gehen können, müssen in der Regel noch zahlreiche Änderungen vorgenommen werden. Erfahrungsgemäß ist der Zeitdruck enorm.

Was wollen Sie erreichen?

→ Sie wollen die Mitarbeiterin dazu bringen, auf den Kurs zu verzichten. Sie wissen, daß Sie an ihr Verständnis appellieren müssen. Sie wollen versuchen, ihr klarzumachen, daß sie zu dem avisierten Zeitpunkt unentbehrlich ist. Eventuell werden Sie ihr einen Kompromiß anbieten.

Arbeitsrechtliche Aspekte

Die einzelnen Bundesländer regeln Fragen des Bildungsurlaubs eigenverantwortlich (und sehr unterschiedlich!). In einigen Bundesländern ist dieser Sonderurlaub überhaupt nicht vorgesehen. In der Regel aber, so zum Beispiel in Nordrhein-Westfalen und Hessen, werden bis zu fünf Tage Bildungsurlaub bei einer anerkannten Institution oder Organisation im Jahr gewährt.

Der Arbeitgeber ist nicht verpflichtet, dem Wunsch nach Bildungsurlaub in jedem Fall zuzustimmen. Die zulässigen Ablehnungsgründe sind in den Bildungsurlaubsgesetzen aufgeführt.

Übrigens: Die Inhalte des Bildungsurlaubes müssen in keinem Bezug zur Tätigkeit des Mitarbeiters stehen. Selbst Töpferkurse (Oberbegriff „Kreativitätstraining") und das oben erwähnte Tauchtraining in Spanien (offizieller Titel „Ökologie des Meeres") wurden schon angeboten und richterlich anerkannt.

Der Gesprächsleitfaden

V: Frau Erdmann, es geht um Ihren Antrag auf Bildungsurlaub. Ein Rhetorikkurs ist sicher sehr interessant, weil Sie ja oft mit schwierigen und sensiblen Autoren zu tun haben. Wir haben da nur ein Problem. Wie Sie wissen, stehen wir jedes Jahr ab August unter absolutem Hochdruck. Ich sage nur: Buchmesse! Da können wir eigentlich niemanden entbehren.

M: *Soll das heißen, daß Sie mir den Bildungsurlaub nicht gestatten?*

V: *So würde ich das nicht formulieren. Ich kann Ihnen nicht verbieten, den Kurs zu belegen. Die Institution ist, wie ich gesehen habe, anerkannt. Ihnen steht ein Bildungsurlaub zu. Keine Frage!*

M: *Gut.*

V: *Das ist die eine Seite der Medaille. Die andere ist die Situation im Verlag. Die betrieblichen Belange sind ja auch nicht ganz unwichtig. Auch nicht für Ihre Zukunft. Und das von Ihnen begleitete Buch über die deutsche Architektur der 90er Jahre liegt Ihnen doch sicher genauso am Herzen wie mir. Stellen Sie sich nur vor, daß einer der Autoren Ihres Werkes in der heißen Schlußphase noch mit irgendwelchen Änderungswünschen kommt! Der Zeitplan ist schon jetzt reichlich knapp bemessen. Da muß nur irgend etwas schiefgehen, so daß der Drucktermin platzt und das Werk nicht rechtzeitig für Frankfurt fertig wird. Ich halte das Risiko einfach für sehr groß.*

M: *Ich habe alles sehr gut im Griff. Frau Schulte-Bensheim wird für mich einspringen, wenn es doch kleinere Probleme geben sollte. Ich habe schon mit ihr gesprochen.*

V: *Kleinere Probleme wird sie meistern, da gebe ich Ihnen recht. Aber was ist mit größeren? Trauen Sie ihr wirklich zu, die letzten Änderungen im Layout in eigener Verantwortung vorzunehmen? Wenn nur eine Druckvorlage nicht paßt, was dann? Und die letzte Abstimmung mit den Graphikern, wollen Sie die ernsthaft einer Anfängerin überlassen? Das Buch ist doch Ihr Baby!*

M: *Sie wollen mir den Kurs ausreden, stimmt's?*

V: *Nicht den Kurs. Aber den Zeitpunkt. Was bleibt mir denn übrig? Gegen den Kurs an sich habe ich wirklich nichts. Aber ausgerechnet Ende Juni? Läßt sich an dem Termin denn wirklich nichts ändern? Vielleicht gibt es später im Jahr noch einen ebenso guten Rhetorikkursus. Nach der Buchmesse. Das wäre doch ideal.*

M: *Das weiß ich im Moment nicht. Aber ich kann mich ja mal informieren.*

V: *Das wäre sehr schön. Lassen Sie es mich bitte wissen, wenn Sie eine andere Möglichkeit gefunden haben.*

Checkliste

 Wenn ein Mitarbeiter einen Antrag auf Bildungsurlaub einreicht,

▶ dann informieren Sie sich über den Kursinhalt,

▶ prüfen Sie, ob der Kurs in eine für den Betrieb kritische Zeit fällt,

▶ appellieren Sie bei einem eventuellen Engpaß an das unternehmerische Denken Ihres Mitarbeiters,

▶ bitten Sie ihn um einen Alternativvorschlag/eine Kompromißlösung,

▶ vereinbaren Sie ggf. einen Folgetermin, um diese Frage abschließend zu klären.

Siehe auch Ablehnung (Fort- und Weiterbildung), Motivationsgespräch, Zielvereinbarung.

Burn-out-Syndrom

Die Leistungsfähigkeit vieler Arbeitnehmer nimmt ab, ohne daß diese an einer benennbaren Krankheit leiden. Sie fühlen sich schlapp, müde und unkonzentriert und möchten morgens kurz nach dem Aufstehen am liebsten gleich wieder zurück ins Bett. Am Arbeitsplatz unterlaufen ihnen bei Routinetätigkeiten Fehler, die sie sich nicht einmal selbst erklären können. Oft trifft es Mitarbeiter in den mittleren Jahren, aber auch jüngere bleiben nicht verschont. Es ist nicht nur einfach „mal ein schlechter Tag". Antriebsschwäche und Leistungsabfall ziehen sich über Wochen, ja Monate hin. Arztbesuche verlaufen häufig ergebnislos, und wenn nicht, dann lautet die Diagnose vielfach: Der Mitarbeiter ist schlicht ausgebrannt. Die Amerikaner nennen das „burned out", und die Krankheit heißt daher Burn-out-Syndrom.

Großes persönliches Engagement, beruflich und privat, hohe Einsatzbereitschaft und maximaler Energieeinsatz fordern nach Jahren der Überbeanspruchung ihren Tribut. Schlafstörungen, Magen-Darm-Probleme und Kopfschmerzen sind die körperlichen Symptome, seelisch fühlen sich die Betroffenen ständig überfordert. Sie haben das Gefühl, nicht die Ruhe finden zu können, die sie eigentlich bräuchten.

Verantwortungsbewußte Führungskräfte erkennen frühzeitig die Symptome und sprechen ihre Mitarbeiter darauf an.

Der Gesprächsanlaß

Auf Rudi Paulsens Schreibtisch häufen sich die Akten. Immer häufiger holt er sich eine Tasse Kaffee. Frau Anderson, seine Vorgesetzte und Leiterin der Buchhaltung, kam unlängst mit einem Überweisungsformular herein. Beim Übertrag der Überweisungssumme auf dem Computer irrte sich Rudi Paulsen um zwei Dezimalstellen, so daß statt DM 100,24 das Hundertfache, also mehr als DM 10000 an einen Lieferanten überwiesen wurden. Die Vorgesetzte ist ernsthaft besorgt. So unzuverlässig kennt sie den Mitarbeiter doch gar nicht!

Der Gesprächsleitfaden

V: *Guten Tag, Herr Paulsen, wie geht es Ihnen?*

M: *Guten Tag Frau Anderson. Naja, ich weiß nicht so recht. Eigentlich habe ich ja nichts, aber irgendwie komme ich nicht so recht voran.*

V: *Geht es Ihnen schon länger so oder haben Sie heute nur mal einen schlechten Tag?*

M: *Ach, das geht schon eine Weile so. Ich war deswegen sogar schon beim Arzt. Er hat mich von Kopf bis Fuß untersucht, konnte aber nichts feststellen.*

V: *Na, das ist doch etwas Erfreuliches, daß Sie soweit gesund sind. Aber wenn Sie sich nicht so gut fühlen, dann bereitet mir das schon Sorgen. Hier ist Ihnen nämlich ein Fehler unterlaufen, der bei Ihrer Erfahrung und Ihrer Gründlichkeit sehr überrascht und auch noch nie vorgekommen ist.*

M: *Ach Gott, das tut mir leid, wie konnte das nur passieren? Aber ich bin in letzter Zeit öfter so unkonzentriert, mir fällt die Arbeit manchmal richtig schwer.*

V: *Wir werden uns mit unserem Lieferanten sicherlich einigen können. Der Fehler, der Ihnen unterlaufen ist, ist ja reparabel. Aber natürlich möchte ich einen so langjährigen und verdienten Mitarbeiter, wie Sie es sind, nicht in so schlechter Verfassung sehen.*

M: *Wenn ich nur nicht so ohne jede Energie wäre. Ich weiß gar nicht, wie das wieder besser werden soll.*

V: *Sie sollten Ihre Probleme nicht unterschätzen. Haben Sie schon daran gedacht, einen weiteren Arzt zu konsultieren? Manchmal sind Krankheiten ja auch seelisch bedingt. Vielleicht brauchen Sie einfach nur mal Ruhe, müssen sich mal grundlich aus-*

ruhen. Möglicherweise gibt es ja auch Medikamente, die Ihnen helfen.

M: *Aber wenn ich mich krankschreiben lassen muß und hier die ganze Zeit fehle, wer erledigt dann die Arbeit?*

V: *Nur ein gesunder Mitarbeiter ist leistungsfähig. Schließlich wollen wir ja nicht, daß es Ihnen schlecht geht. Sie holen sich jetzt bei einem Facharzt kompetenten Rat und wenn es sein muß, dann lassen Sie sich krankschreiben. Wenn Sie wieder gesund sind, freuen wir uns alle, Sie wieder zu sehen. Und um die Erledigung der anfallenden Arbeiten machen Sie sich keine Sorgen. Die zu verteilen, dafür bin ich ja da.*

M: *Vielen Dank, Frau Anderson. Ich werde mir gleich einen Arzt suchen und mir einen Termin geben lassen.*

V: *Gibt es denn vielleicht hier an Ihrem Arbeitsplatz etwas, das wir ändern können? Macht Ihnen vielleicht zu schaffen, daß Sie hier kein direktes Tageslicht haben?*

M: *Naja, das ist nicht so schön. Aber ich gehe in der Mittagspause immer an die frische Luft. Da tanke ich Sonne. Nur – die neue EDV-Anlage. Da habe ich bei der Einweisung nicht alles so schnell mitbekommen. Die Jüngeren waren immer so fix dabei. Das habe ich nicht geschafft. Deswegen ist mir ja auch dieser blöde Fehler passiert. Da drückt man eine falsche Taste, und schon ist es passiert. Ich weiß nicht, wie ich das rückgängig machen kann.*

V: *Also wäre eine Fortbildung in nächster Zeit das Richtige für Sie? Sie könnten dann in aller Ruhe nachholen, was Sie jetzt vielleicht versäumt haben.*

M: *Ja, das wäre eine große Hilfe für mich.*

V: *Haben Sie denn schon einmal zu Hause darüber gesprochen, daß es Ihnen im Moment nicht so gut geht?*

M: *Ja, sicher. Das bleibt ja nicht aus. Meine Frau macht sich große Sorgen, weil ich früher so unternehmungslustig war und jetzt kaum noch aus dem Haus will.*

V: *Es täte Ihnen sicher gut, wieder mehr außer Haus zu unternehmen, andere Menschen zu sehen und auf andere Gedanken zu kommen.*

M: *Ja, wenn ich nur nicht immer so müde wäre. Abends kann ich gar nicht einschlafen. Erst morgens komme ich zur Ruhe und dann muß ich ja schon wieder zur Arbeit.*

V: *Na, dann fangen Sie doch einfach etwas später an. Unsere Kernarbeitszeit ist von 9 bis 15 Uhr. Da müssen Sie doch nicht schon morgens um 7 Uhr hier sein.*

M: *Aber ich bin es gewohnt, früh anzufangen und früh Feierabend zu haben.*

V: *Gewohnheiten muß man ändern, wenn es notwendig ist. Und das scheint ja bei Ihnen der Fall zu sein. Sie sind doch nicht der Sklave Ihrer eigenen Gewohnheit. Wenn sich Ihr persönlicher Rhythmus geändert hat, dann folgen Sie ihm. Wozu gibt es denn flexible Arbeitszeiten.*

M: *Dann ist es ja ganz gut, daß ich diesen Fehler begangen habe. Sonst hätte ich mich nie getraut zu sagen, daß ich mit der EDV-Anlage noch nicht so gut zurechtkomme.*

V: *Und ich danke Ihnen, daß Sie mir so viel Vertrauen entgegenbringen.*

Checkliste

 Woran kann man das Burn-out-Syndrom erkennen?
- ▶ Gereiztheit
- ▶ Müdigkeit, Abgeschlagenheit
- ▶ Teilnahms- und Interesselosigkeit
- ▶ Gefühl der ständigen Überforderung
- ▶ Schwierigkeiten, Alltags- und Routinearbeiten zu erledigen
- ▶ Schlafstörungen
- ▶ Kopfschmerzen
- ▶ Magen-Darm-Probleme

Was kann man dagegen tun?
▶ Arztbesuch, um eventuelle organisch bedingte Störungen sicher auszuschließen
▶ Autogenes Training
▶ Alltag umgestalten: mehr Ruhe, weniger Hektik
▶ Wirkliche Pausen für Körper und Seele
▶ Neue Strategien zur Problembewältigung: Nicht mehr verdrängen, sondern verarbeiten; eventuell mit professioneller psychotherapeutischer Hilfe

Siehe auch Kritikgespräch, Leistungsschwäche, Motivationsgespräch, Private Probleme des Mitarbeiters.

Coaching

Noch bis in die Zeit nach dem Zweiten Weltkrieg bestand die Aufgabe der Personalführung vor allem darin, die Mitarbeiter mit Arbeiten zu versorgen, einzuteilen, zu steuern und die erbrachte Leistung zu kontrollieren. In den 60er und 70er Jahren wandelte sich das Verständnis von der Führungsaufgabe grundlegend. Man erkannte, daß Menschen vor dem Hintergrund von Strafen weniger zu leisten bereit sind als in einem Klima, das Belohnung für gute Leistung ermöglicht. Der Vorgesetzte sollte nun lernen, die Mitarbeiter zu Höchstleistungen anzuspornen und zu „motivieren".

Aber auch das „Management by Motivation" funktionierte längst nicht bei jedem Menschen. Zum einen finden die Führungskräfte oft nicht den richtigen Hebel, der den Mitarbeiter dazu bewegt, mehr zu leisten als bisher. Zum anderen lassen sich manche Mitarbeiter überhaupt nicht von ihren Vorgesetzten motivieren, sondern motivieren sich – wenn überhaupt – selbst. Der Personalentwickler und Managementexperte Reinhard K. Sprenger geht deshalb zu Recht davon aus, daß sich Vorgesetzte mit der Motivation ihrer Mitarbeiter schwertun und behauptet: „Man kann keinen anderen Menschen zu irgendeinem Handeln motivieren. Man kann bestenfalls demotivierende Faktoren im Arbeitsumfeld ausräumen."

Seit Ende der 80er Jahre wird deshalb von den Chefs erwartet, daß sie ihre Mitarbeiter „coachen". Der Begriff stammt aus der Welt des Teamsports, und wir alle kennen den Coach des Fußballvereins, der „seine Jungs" mit väterlichem Verständnis berät, auf Schwachstellen hinweist und sie allein dadurch zu erfolgreichen Spielern macht. Und genauso soll der Vorgesetzte mit seinem Team in der Produktion oder in der Marketingabteilung umgehen. Seine neue Rolle besteht nicht im Antreiben, sondern im Anfeuern.

Richtig verstandenes Coaching heißt deshalb vor allem: Mit den Mitarbeitern reden.

Der Gesprächsanlaß

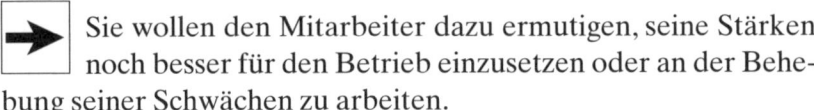 Herr Müller, eine gute Arbeitskraft, setzt zu wenig Vertrauen in die Leistungsfähigkeit seiner Mitarbeiter. Er kontrolliert zu sehr und arbeitet selbst an der Erledigung von Aufgaben, anstatt sich auf seine Führungstätigkeit zu konzentrieren.

Was wollen Sie erreichen?

Sie wollen den Mitarbeiter dazu ermutigen, seine Stärken noch besser für den Betrieb einzusetzen oder an der Behebung seiner Schwächen zu arbeiten.

Der Gesprächsleitfaden

V: Ich freue mich wirklich, daß Sie Ihre Arbeit mit so hohem Einsatz machen. Ich denke, wir alle profitieren von der Zähigkeit, mit der Sie den Jahresabschluß in solch kurzer Zeit fertiggestellt haben. Dafür danke ich Ihnen auch im Namen der Geschäftsleitung.

M: Oh, vielen Dank.

V: Aber, Herr Müller, eines muß ich noch hinzufügen: Im nächsten Jahr legen Sie nicht wieder so viele Nachtschichten im Büro ein. Sie haben doch zwei Mitarbeiter in der Buchhaltung. Können die Ihnen nicht mehr abnehmen?

M: Ach wissen Sie, wenn ich die Zahlen selbst zusammenstelle, weiß ich, daß ich mich darauf verlassen kann. Auch wenn mich das natürlich mehr Zeit kostet.

V: Ihre Mitarbeiter haben aber genau die Aufgabe, Ihnen zur Seite zu stehen. Wenn Sie sich nicht auf die beiden verlassen können, müssen Sie etwas ändern. Können Sie vielleicht andere Dinge aus dem Tagesgeschäft an Ihre Mitarbeiter delegieren?

M: Damit tue ich mich ein wenig schwer. Frau Meier hat sowieso

116

zu viel zu tun und Herr Lehmann versorgt allein seine beiden Kinder. Ich möchte die beiden nicht noch weiter belasten.

V: *Nun, ich glaube, Frau Meier hat gewußt, daß die Beförderung zur stellvertretenden Buchhaltungsleiterin mit deutlich mehr Arbeit verbunden ist. Sie sollte Ihnen mehr Arbeit abnehmen. Ich schlage vor, daß Sie – jetzt, wo der Jahresabschluß hinter uns liegt – noch einmal in Ruhe mit ihr darüber reden und sie bitten, beim nächsten Abschluß einen größeren Part zu übernehmen. Frau Meier ist doch sehr zielstrebig, und letztlich fördern Sie Ihre Mitarbeiterin, wenn Sie ihr mehr Verantwortung übertragen.*

Fragen Sie den Mitarbeiter ein paar Tage später, ob er mit Frau Meier in diesem Sinne gesprochen hat.

Schön, wenn er es getan hat!

Wenn er ausweicht oder zugibt, das Gespräch noch nicht geführt zu haben, fragen Sie ihn ruhig nach seinen Gründen und erinnern Sie ihn gegebenenfalls noch einmal an seine Aufgabe als Führungskraft.

Checkliste

 Ein Coach

▶ kennt den Berufsweg, die Karriereziele, Stärken und Schwächen sowie die familiäre Situation jedes einzelnen Teammitglieds,

▶ hält seinem Team den Rücken frei, damit es mit voller Kraft seine Aufgaben erledigen kann,

▶ verteidigt das Team seinen Vorgesetzten und anderen Führungskräften gegenüber,

▶ schafft die notwendigen Rahmenbedingungen, in denen die Teammitglieder gerne etwas leisten,

▶ macht die Starken stärker und hilft den Schwachen, stärker zu werden,

▶ versteht sich als Dienstleister seiner Mannschaft.

So coachen Sie Ihre Mitarbeiter erfolgreich

1. Klären Sie die Situation:
   - Was ist geschehen?
   - Wer ist betroffen?
   - Worum geht es genau?
   - Welche Handlungsalternativen sind denkbar?
   - Was spricht dafür, was spricht dagegen?
2. Prüfen Sie eventuelle Widerstände:
   - Welche Nachteile entstehen ggf. für welche Mitarbeiter?
   - Wie lassen sich diese ggf. kompensieren?
   - Was hindert sie daran, einen als richtig erkannten Weg zu beschreiten?
   - Was würde geschehen, wenn nichts geschähe?
3. Vereinbaren Sie Ziele:
   - Fragen Sie Ihre Mitarbeiter, welche Ziele sie bis wann erreicht haben wollen.
   - Wie sollen diese Ziele erreicht werden?
   - Was steht der Erreichung entgegen?
   - Welche Situation liegt vor, nachdem die Ziele erreicht worden sind?

Siehe auch Delegation, Führungsstil, Kompetenzen, Karriere (Laufbahngespräch), Teamarbeit

Delegation
(mangelnde Delegationsfähigkeit)

Führungskräfte sind Generalisten, die den Einsatz ihrer Mitarbeiter – der Spezialisten – planen und koordinieren. Führungskräfte müssen keineswegs die besten Fachleute sein – sie müssen in der Hauptsache eines können: Führen.

Erfolgreiche Führungskräfte zeichnen sich deshalb dadurch aus, daß sie alles, was ihre Mitarbeiter ebenso gut wie sie (oder sogar noch besser) können, an die Mitarbeiter delegieren. Für den Vorgesetzten bleibt so mehr Zeit für seine eigentlichen Führungsaufgaben und für strategische Entscheidungen. Die Mitarbeiter gewinnen Erfahrungen und Selbstvertrauen. Von der Delegation profitieren also beide Seiten.

Insbesondere im mittleren Management trifft man freilich zuweilen auf Führungskräfte, die am liebsten alles selbst erledigen und die nicht willens oder in der Lage sind, Aufgaben an ihre Teammitglieder weiterzureichen und sich auf die Kontrolle der Ergebnisse zu beschränken. Oder die unfähig sind zu delegieren, weil sie nicht wissen, wie es geht. In diesen Fällen ist dringend zu einem Gespräch zu raten – von Führungskraft zu Führungskraft.

Der Gesprächsanlaß

Mitarbeiter Schwarz sitzt häufig bis spät in den Abend hinein an seinem Schreibtisch und erledigt Aufgaben, für die eigentlich seine Mitarbeiter zuständig wären. Offensichtlich hat er Schwierigkeiten mit der Delegation.

Was wollen Sie erreichen?

Der Mitarbeiter soll die Bedeutung und die Vorteile der Delegation erkennen und davon mehr Gebrauch machen als bisher.

Der Gesprächsleitfaden

Es ist empfehlenswert, dieses Thema am Rande des regelmäßig stattfindenden Personalgespräches zu behandeln. Delegationsfähigkeit ist eine der wichtigsten Voraussetzungen für einen Manager. Bittet der Vorgesetzte den Mitarbeiter eigens dazu zu einem Gespräch, so fühlt sich dieser leicht in seiner ganzen Persönlichkeit getroffen und blockt innerlich ab.

V: So, Herr Schwarz, das Beurteilungsgespräch hätten wir jetzt hinter uns. Ich habe da aber noch etwas. Mir ist aufgefallen, daß Sie sehr häufig bis spät in die Nacht in Ihrem Büro sind. Das zeugt von Ihrem Einsatz, gewiß, aber auf der anderen Seite haben sich zwei Ihrer Mitarbeiter neulich bei mir beklagt, daß Sie alles selbst erledigen wollen und zu wenig delegieren würden. Wie sehen Sie das denn?

M: Darüber habe ich eigentlich noch nicht nachgedacht. Natürlich weiß ich am besten, wie die Arbeit zu machen ist. Bei mir geht's deshalb am schnellsten.

> Man kann niemals nur die Verantwortung für die Bewältigung einer Aufgabe delegieren. Die notwendigen Kompetenzen (Weisungsbefugnis, Kontakt zum Kunden, freie Zeiteinteilung usw.) müssen auch übertragen werden. Und dann darf man auch nur darauf hoffen, daß der Mitarbeiter die Verantwortung übernimmt!

V: Das verstehe ich gut. Aber betrachten Sie bitte mal Ihre Abteilung aus der Vogelperspektive. Falls Sie einmal ausfallen sollten – jeder kann mal krank werden –, dann bleibt entweder vieles liegen oder die Arbeit wird spät fertig, weil Ihre Mitarbeiter nicht darin geübt sind. Das können Sie doch auch nicht wollen. Ich finde, daß Sie Ihren Mitarbeitern mehr Lernchancen geben sollten. Mir ist klar, daß Sie das anfangs Zeit kostet. Aber glauben Sie mir: Sie werden letztlich selbst am meisten davon profitieren, denn Sie werden ja entlastet.

Wenn jetzt der Mitarbeiter mit einem „Killerargument" kommen will ...

M: Na ja ... da haben Sie schon recht. Aber meine Mitarbeiter sind mit dem Tagesgeschäft bereits ausgelastet. Wenn ich mehr delegiere, bleibt anderes liegen.

... dann entkräften Sie dieses mit einem neuen Vorschlag:

V: So, wie ich das sehe, sind Ihre Leute doch sehr lernwillig und das heißt, sie werden die neuen Aufgaben zunächst gern übernehmen. Um die Arbeitsbelastung in Grenzen zu halten, könnten Sie doch gemeinsam mit Ihren Mitarbeitern die Routineprozesse durchgehen und prüfen, ob wirklich alles sinnvoll ist, was Ihrer Abteilung obliegt. Machen Sie doch mal mit Ihren Leuten zusammen eine Prozeßanalyse und diskutieren Sie, was auf jeden Fall in Ihrer Hand bleiben muß und was Sie an Ihr Team abgeben können.

Sollte sich der Mitarbeiter nachhaltig weigern, Arbeiten zu delegieren, oder sollten seine Schwierigkeiten anhalten, dann können Sie mit ihm gemeinsam über eine Weiterbildungsmaßnahme nachdenken. Zum Thema Delegation werden zahlreiche Seminare angeboten.

Checkliste

 Delegation ist die gleichzeitige Übertragung von
► Aufgaben,
► Kompetenzen (zur Erfüllung der Aufgaben) und
► Verantwortung.

Richtig Delegieren heißt
► den richtigen Mitarbeiter auswählen,
► die Aufgabe und das Ziel präzise beschreiben,
► dem Mitarbeiter die erforderlichen Kompetenzen einräumen,
► einen angemessenen Zeitrahmen für die Erarbeitung einer Lösung vorgeben,

▶ den Mitarbeiter über alles, was die Aufgabe betrifft, informieren,

▶ die Kontrollpflicht des Vorgesetzten ausüben.

Störfaktoren bei der Delegation
▶ *Beim Delegierenden:*
- Angst vor Kontroll-, Image- oder Statusverlust („Ich bin doch nicht ersetzbar!")
- Überschätzung der eigenen Fähigkeiten („Das kann ich am besten!")
- Ungeduld („Erklärungen kosten nur unnötig Zeit!")
- Mangelndes Vertrauen in die Leistungsfähigkeit und Leistungsbereitschaft der Mitarbeiter („Das kann Frau Lehmann noch nicht!")

▶ *Beim Mitarbeiter, an den delegiert werden soll:*
- Angst vor Versagen
- Überforderung (fehlendes Fachwissen)
- Arbeitsüberlastung (keine Zeit, um die neue Aufgabe zu lösen)
- Fehlende Kompetenzen
- Fehlendes Verantwortungsgefühl

Siehe auch Bildungsurlaub, Coaching, Karriere (Laufbahngespräch), Kritikgespräch, Zielvereinbarung.

Diskriminierung
(von Ausländern/Minderheiten)

Wenn es vorkommt, dann ist die Unternehmensleitung sorgsam darauf bedacht, daß nichts nach außen dringt: Diskriminierung ist ein heißes Eisen in der heutigen Zeit und damit ein absolutes Tabu-Thema. Doch was nicht sein darf, kann trotzdem sein. Die Tatsache, daß die Arbeitsrichter immer wieder über Fälle offensichtlicher oder verschleierter Diskriminierung entscheiden müssen, spricht für sich.

Die Opfer solcher Diskriminierungen sind häufig Ausländer, insbesondere aus den Nicht-EU-Staaten. Aber auch Angehörige anderer Minoritäten wie Sinti und Roma und Gläubige anderer Religionen, die in Mitteleuropa sehr selten sind, wie Moslems oder generell Andersdenkende in politischer oder weltanschaulicher Hinsicht, können Zielscheibe für Diskriminierung sein.

Diskriminierungen finden nicht nur gegenüber ausländischen Mitbürgern statt, sondern immer häufiger schlicht gegenüber andersdenkenden Mitmenschen. Um die Kenntnis und Akzeptanz einer anderen Mentalität zu erhöhen, könnte es insbesondere für grenzüberschreitend tätige Unternehmen sinnvoll sein, dazu ein spezielles Training und Seminare anzubieten.

Der Gesprächsanlaß

In der EDV-Abteilung kriselt es, seit ein polnischer Mitarbeiter eingestellt wurde. Er hat sich bei seinem Vorgesetzten über Diskriminierung von seiten der Kollegen, insbesondere des Abteilungsleiters, beschwert. Der Vorgesetzte bittet den Abteilungsleiter zu einem Gespräch.

123

Was wollen Sie erreichen?

➡️ Sie wollen die Ursache des Konflikts erfahren. Falls sich die Beschwerde des ausländischen Mitarbeiters bewahrheitet, wollen Sie die Diskriminierung in Zukunft unterbinden.

Der Gesprächsleitfaden

V: *Ich möchte mit Ihnen über die Situation in der EDV-Abteilung sprechen. Wie ich höre, ist das Klima gestört. Herr Jablonski hat sich bei mir über Diskriminierung durch Sie und andere Mitarbeiter beschwert.*

M: *Herr Jablonski eckt dauernd an. Er ist wirklich sehr eigenwillig. Sein Schreibtisch ist das reinste Chaos. In Polen ist das wohl normal. Natürlich kommt er auch häufig zu spät.*

V: *Es gehört zu Ihren Führungsaufgaben, sowohl für pünktlichen Arbeitsbeginn als auch für ein gutes Arbeitsklima in Ihrer Abteilung zu sorgen. Es gibt ein Problem. Wie wollen Sie dieses Problem lösen?*

M: *Darüber denke ich schon seit einiger Zeit nach. Letzte Woche habe ich mit Jablonski geredet. Ich habe es freundlich versucht. Habe ihn gefragt, ob man etwa von einem polnischen Mitarbeiter keine Pünktlichkeit und keine deutsche Ordnungsliebe verlangen dürfe. Und ob er sich nicht wenigstens ein bißchen an die deutschen Gewohnheiten anpassen könne.*

V: *Wie hat er darauf reagiert?*

M: *Unverschämt. Er ist aus dem Zimmer gerannt. Hat irgend etwas auf polnisch gemurmelt. Es klang ziemlich wütend.*

V: *Hatten Sie erwartet, daß der Mitarbeiter bei Ihrer Frage – wenn Sie sie denn wirklich in diesem Wortlaut und in diesem Ton gestellt haben – sachlich bleibt?*

M: *Ja natürlich!*

V: Also, wenn ich Herr Jablonski wäre, hätte ich diese Fragen auch nicht als offene Fragen verstanden, sondern als unfreundliche Diskriminierung. Sie bemühen das Klischee, daß Polen vom Wesen her unpünktlich und unordentlich sind, aber das kann doch nicht auf jeden einzelnen polnischen Staatsbürger zutreffen. Wenn Sie ein solches Vorurteil äußern, können Sie nicht erwarten, auf Verständnis zu stoßen. Ich kann nicht tolerieren, daß unsere ausländischen Mitarbeiter auf diese Weise behandelt werden.

M: Ich habe das doch nur ironisch gemeint.

V: Damit sollten Sie besonders vorsichtig sein. Ironie können viele Menschen nur schwer ertragen. Und wenn es sich um einen Ausländer handelt, kommen oft auch noch Verständigungsprobleme dazu.

M: Na ja, da haben Sie sicher recht. So gut deutsch spricht er ja wirklich noch nicht. Aber wie soll ich dem Mann klarmachen, daß bei uns ein anderer Wind weht?

V: Sachlich. Ohne die Verbreitung gängiger Vorurteile. Genauso, wie Sie einem deutschen Mitarbeiter erklären würden, daß Sie mit seiner Leistung oder seinem Arbeitsstil nicht zufrieden sind.

M: Mit Herrn Jablonskis Leistung bin ich gar nicht unzufrieden. Er schafft immer sein Pensum, er ist auch wirklich kreativ. Wenn er sich in ein Problem verbissen hat, macht er freiwillige Überstunden.

V: Na sehen Sie, da haben Sie doch einen guten Ansatz. Reden Sie noch einmal mit ihm. Sagen Sie ihm, daß Sie mit seiner Leistung sehr zufrieden sind. Weisen Sie ihn dann darauf hin, daß auch andere manchmal Unterlagen einsehen müssen, die er gerade bearbeitet, und daß dazu eine gewisse Ordnung in der Ablage einfach notwendig ist. Vielleicht kann auch Frau Meier ihm bei der Ablage zur Hand gehen. Fragen Sie ihn, ob er Unterstützung braucht.

Die Mischung macht's

Bunt zusammengewürfelte Teams sind eine große Chance für die Unternehmen. Amerikanische Untersuchungen haben gezeigt, daß sich die Produktion um bis zu 20 Prozent steigern läßt, wenn die Mitarbeiter nicht alle denselben kulturellen Hintergrund haben. In der Autobranche wird gern das Beispiel zitiert, daß sich der achtsitzige Ford Transit zur Verwunderung des Werks in Saudi-Arabien nicht verkaufen ließ – bis sich herumgesprochen hatte, daß gläubige Moslems nach Mekka immer in Neunergruppen fahren. Inzwischen hat der Transit in Saudi-Arabien einen weiteren Sitz.

Unterschiedliche Potentiale freilich müssen erst einmal erkannt und genutzt werden. Unter dem Namen „Diversity" (Vielfalt) wird in den USA und bei einigen deutschen Unternehmen (Vorreiter ist die Ford AG) ein neues Managementkonzept angewandt, mit dessen Hilfe die Chancen einer multikulturellen Belegschaft bewußt genutzt werden sollen. Nicht jedes Unternehmen wird alle Mitarbeiter zum Training in ein Spezialseminar schicken wollen. In mittleren und kleineren Firmen muß der korrekte Umgang mit Minoritäten auf andere Art vermittelt und eingeübt werden: durch das positive Vorbild der Vorgesetzten und durch den direkten Hinweis im Einzelfall.

M: *Das werde ich tun. Ich werde mit ihm auch noch einmal über die Grenzen der Gleitzeit sprechen.*

V: *Machen Sie das, aber verkneifen Sie sich alle Kommentare über die angeblich polnische Mentalität. Wenn Sie Mitarbeiter auf diese Weise demotivieren, schaden Sie unserem Unternehmen!*

Checkliste

 So gehen Sie mit Diskrimierungen richtig um

▶ Fragen Sie nach den Gründen für das schlechte Verhältnis zwischen dem Diskriminierten und seinen Kollegen/Vorgesetzten.

▶ Bleiben Sie auf der unternehmerischen Ebene. Lassen Sie keine Polemik zu.

▶ Machen Sie Ihre Mitarbeiter auf unterschiedliche Verhaltensweisen, Werdegänge, Kulturen, Einstellungen und Persönlichkeitsmuster aufmerksam und betonen Sie die Vorteile gemischter Teams/Abteilungen/Betriebsstätten.

▶ Erklären Sie die kulturellen/religiösen/politischen Unterschiede und appellieren Sie an die Toleranz der Mitarbeiter.

▶ Verdeutlichen Sie die Wichtigkeit international besetzter Teams vor dem Hintergrund der Globalisierung der Wirtschaft.

Siehe auch Betriebsklima, Coaching, Ermahnung, Interne Kommunikation, Kritikgespräch, Querulanten, Störungen in der Gruppe.

Diskriminierung
(von weiblichen Arbeitnehmern)

Sie machen rund 52 Prozent der Bevölkerung aus, aber nur 7,9 Prozent aller Frauen üben in Deutschland eine leitende Funktion aus. Top-Managerinnen sind immer noch rar, obwohl mittlerweile fast jede zweite Frau zwischen 16 und 60 Jahren berufstätig ist. Zwar vergeben Unternehmen schon bis zu einem Drittel ihrer aufstiegsorientierten Jobs an Frauen, doch auf den Chefetagen bleiben Männer in der Regel immer noch unter sich. Dies steht in einem eklatanten Widerspruch zur Situation bei den Selbständigen. Denn immerhin 30 Prozent der Existenzgründer sind weiblich.

Und obwohl die Ungleichbehandlung von Männern und Frauen nach nationalem wie nach EU-Recht strikt untersagt ist, kommt es immer wieder zu Fällen von Diskriminierung.

Arbeitsrechtlich nicht relevant, aber von großer Aussagekraft über die Unternehmenskultur ist die versteckte Diskriminierung. Darunter versteht man die mehr oder weniger offene Ablehnung und Behinderung von Frauen bei ihrer Arbeit.

Führungsanforderungen der Zukunft
Qualifikationen von Frauen und Männern für die
Führungsanforderungen der Zukunft

	Vermehrte Zuschreibung auf Frauen	auf Männer
Menschen begeistern und inspirieren	5 %	4%
Mitarbeiterpotentiale erkennen und fördern	5 %	4%
Vernetztes Denken entwickeln	12 %	—
Mit knappen Ressourcen umgehen	—	8%
Teamgeist fördern	26%	—
Wandel menschlich bewältigen	7%	—
Visionen kommunizieren	2%	16%

(Rolf Wunderer, Petra Dick (Hg.), „Frauen ins Management – Kompetenzen, Führungsstile, Fördermodelle", Luchterhand- Verlag, Neuwied 1997.)

Der Gesprächsanlaß

Die Position des Leiters der Kreditabteilung soll neu besetzt werden. Auf der Vorstandsebene ist die Wahl auf einen besonders durchsetzungsfähigen und engagierten Mitarbeiter gefallen. In der Abteilung selbst ist man über die Entscheidung allerdings nicht gerade glücklich. Aus einem einzigen Grund: Hier arbeiten ausschließlich Männer. Und der zukünftige Chef ist eine Frau.

Was wollen Sie erreichen?

Sie wollen die Herren dazu bringen, sich nicht von Vorurteilen leiten zu lassen, und Sie wollen möglichen Konflikten in der Zukunft vorbeugen. Sie appellieren an die Fairneß Ihrer Mitarbeiter.

Der Gesprächsleitfaden

V: *Meine Herren, ich habe Sie heute zu mir gebeten, um mit Ihnen über unsere Entscheidung zu sprechen, die Leitung der Kreditabteilung Frau Dr. Wohlfart zu übertragen. Ich habe den Eindruck, daß diese Entscheidung bei Ihnen nicht auf Verständnis gestoßen ist. Korrigieren Sie mich, falls ich mich irre.*

M1: *Verstehen Sie bitte unsere mangelnde Begeisterung nicht als persönliche Abwertung der Kollegin. Wir sind von ihren fachlichen Fähigkeiten durchaus überzeugt.*

V: *Schön das zu hören. Dann setzen Sie mir doch bitte auseinander, welche sachlichen Einwände Sie gegen Frau Wohlfart haben.*

M2: *Es sind ganz pragmatische Gründe. Sie hat ein kleines Kind. Das kann krank werden und braucht Pflege. Und allein schon deshalb kann sie sich unmöglich mit dem gleichen Einsatz ihrer Aufgabe widmen wie ein männlicher Kollege.*

M1: *Frau Wohlfart hat schon bisher die Möglichkeiten der gleiten-*
den Arbeitszeit voll ausgenutzt. Ihre neue Aufgabe aber wird
ein weit höheres Arbeitsvolumen mit sich bringen.

V: *Sicherlich. Doch mit gutem Willen auf allen Seiten läßt sich*
das Problem garantiert lösen. Und genau daran möchte ich
appellieren. Frau Wohlfart hat ihre Arbeitsdisziplin nun
schon jahrelang unter Beweis gestellt. Sie ist Volljuristin mit
Prädikatsexamen, sie hat ihr Studium in Rekordzeit beendet,
und sie hat es bislang auch immer geschafft, ihre häuslichen

Programme zur Frauenförderung

Frauen stellen zwar nicht die Minderheit in der deutschen Gesellschaft, aber in bestimmten Wirtschaftszweigen, Funktionsbereichen und vor allem im mittleren und oberen Management sind sie immer noch eher selten anzutreffen. In vielen Unternehmen, vor allem in den Konzernen, wird diese geschlechtsspezifische Positionsaufteilung inzwischen als ungünstig für die Unternehmenskultur betrachtet. Nicht nur bei Philips, der Commerzbank und der Hoechst AG versucht man, mit speziellen Förderprogrammen Frauen den Aufstieg in leitende Positionen zu erleichtern (mit den Vorbild-Konzepten „Pfiff" = Philipsfrauen in Führungsfunktionen und „HOECHST weiblich"). In zahlreichen Großunternehmen arbeiten die (ab einer Mindestbelegschaft vom Gesetz vorgeschriebenen!) Gleichstellungsbeauftragten mit hoher Effizienz an Förderprogrammen, um Frauen zu helfen, mit der Doppelbelastung von Beruf und Familie fertig zu werden.

Verpflichtungen so zu organisieren, daß sie ihren beruflichen
Anforderungen voll gerecht werden konnte. Sie hat ganz of-
fensichtlich ihre Karriere gut geplant und ihre außerberuf-
lichen Pflichten fest im Griff. Ich bin überzeugt davon, daß sie
auch ihre neue Aufgabe zu unserer vollsten Zufriedenheit
löst, wenn ihr keine Steine in den Weg gelegt werden.

M2: *Und wenn sie nun ein zweites Kind bekommt? Sie ist schließlich noch jung. Und wenn sie dann eine längere Babypause
einlegen will? Dann stände die Bank möglicherweise bald vor
dem Problem, die Stelle wieder neu besetzen zu müssen.*

V: *Und wir müßten unseren heutigen Schritt als ,Fehlinvestition'
abbuchen. Da haben Sie recht. Andererseits kann man hervorragenden Mitarbeitern nicht einen Schritt auf der Karrierelei-
ter verweigern, nur weil sie zufällig Frauen sind. Wenn wir so
dächten, könnten wir überhaupt keine Frauen einstellen. Und
das wäre ein klarer Fall von Diskriminierung. Frau Wohlfart
hat mir übrigens versichert, daß sie im Falle einer zweiten
Schwangerschaft für eine verstärkte Kinderbetreuung sorgen
wird und keinesfalls daran denkt, ihre Berufstätigkeit aufzugeben. Ich weiß, daß sie ihre Meinung zu diesem Punkt jederzeit ändern kann. Das Recht hat sie natürlich. Aber warum
sollten wir von vornherein davon ausgehen? Ich habe noch
eine ganz andere Frage an Sie: Haben Sie ein Problem damit,
eine Frau als Chef zu bekommen?*

M1: *Ich denke nicht.*

V: *Das klingt nicht sehr überzeugend. Vielleicht sollten Sie über
diesen Punkt in aller Ruhe noch einmal nachdenken.*

Checkliste

 Bieten Sie Ihren weiblichen Mitarbeitern wirklich
dieselben Chancen?

Prüfen Sie
► Informations- und Kommunikationspolitik
► Arbeitszeit
► Arbeitsabläufe und Inhalte
► Arbeitsort
► Dienstleistungen für Familie und Sozialleistungen
► Entgeltpolitik
► Führungskompetenz

- ▶ Personalentwicklung
- ▶ Personalpolitisches Datenmodell

(Audit Beruf & Familie, Fauth-Herkner, Pullach)

Literaturhinweise

Christine Demmer (Hg.), „Frauen ins Management – Von der Re-
servearmee zur Begabungsreserve", F.A.Z./Gabler-Verlag, Wies-
baden 1988.
Rolf Wunderer, Petra Dick (Hg.), „Frauen im Management –
Kompetenzen, Führungsstile, Fördermodelle", Luchterhand-Ver-
lag, Neuwied 1997.

Siehe auch Coaching, Ermahnung, Kritikgespräch, Störungen in
der Gruppe.

Drogen

Haschisch, Marihuana, Kokain, Heroin, LSD, Ecstasy. In immer kürzeren Zeitabständen kommen aus Asien und Südamerika neue Gifte auf den Markt. Die Nachfrage steigt, das internationale Drogengeschäft blüht. Insbesondere junge Menschen gelten als anfällig für die bewußtseinvernebelnde Wirkung der Natur- oder Kunstprodukte. Aber auch ältere Arbeitnehmer, die unter besonderen Belastungen stehen oder sich in einer Lebenskrise befinden, sind nicht vor der Gefahr gefeit.

Der Rauschgiftsucht steht die Sucht nach Tabletten – besonders nach Beruhigungs- und Aufputschmitteln – an Gefährlichkeit kaum nach. Auch hier können über längere Zeit und ohne ärztliche Aufsicht eingenommene Medikamente zu katastrophalen Folgen für den menschlichen Organismus und die Psyche führen. Grund genug für Führungskräfte, schon beim Erkennen der ersten Anzeichen ein vertrauliches Gespräch mit dem betroffenen Mitarbeiter zu führen.

Der Gesprächsanlaß

Der Jungreferendar, der am Anfang seiner Referendarzeit so engagiert bei der Sache war, hat in seinen Leistungen deutlich nachgelassen. Er arbeitet fahrig und unkonzentriert – das ist der Eindruck des Anwalts, der zunehmend besorgt das veränderte Verhalten des jungen Mitstreiters beobachtet. Und immer wieder wird der Referendar plötzlich und aus nichtigen Gründen heftig, ja aggressiv. Dieses Verhalten wäre vor einem halben Jahr bei dem zuerst so gelassen wirkenden Mann gar nicht denkbar gewesen. Vor kurzem hatte der Anwalt bemerkt, daß der junge Mann verstohlen eine Tablette in den Mund schob, bevor er an seinem Schreibtisch zur Teetasse griff. Nahm der Jungreferendar womöglich Drogen oder Aufputschmittel?

Besonders beunruhigt ist der Vorgesetzte, als er eines Tages die auffällig veränderten Pupillen seines Referendars bemerkt. Da kann etwas nicht stimmen. Ein vorsichtiges und taktvolles Gespräch, so hofft der Anwalt, könnte Licht ins Dunkel bringen.

Was wollen Sie erreichen?

Ein behutsames Gespräch kann eventuell Aufschluß geben über die Belastung des Mitarbeiters und mögliche Ausmaße des vermuteten Drogen- oder Medikamentenmißbrauchs. Das Gespräch sollte allerdings nur bei Vorliegen eines konkreten Verdachtes geführt werden. Nervosität oder nachlassende Leistungen allein stellen keine hinreichenden Verdachtsmomente dar.

Der Einstieg in ein Gespräch mit einem Mitarbeiter in dieses heikle Thema erfordert sehr viel Fingerspitzengefühl und Einfühlungsvermögen. Es kommt häufig vor, daß der Betroffene seine Rauschmittelabhängigkeit abstreitet, auch wenn die Anzeichen offensichtlich sind. Nicht nur die oben beschriebenen körperlichen und psychischen Auffälligkeiten sollten beachtet werden. Auch Lohnabtretungen sowie ein vernachlässigtes Äußeres können Zeichen sein, die ernst genommen werden müssen.

Arbeitsrechtliche Aspekte

Ohne einen konkreten Verdacht darf ein Mitarbeiter nicht mit den entsprechenden Vermutungen konfrontiert werden.

Der Gesprächsleitfaden

V: Herr Schneider, Sie wissen, ich schätze Sie als begabten Referendar sehr. Ich habe aber nun leider in letzter Zeit das Gefühl, daß irgend etwas nicht ganz in Ordnung ist. Es haben sich Mitarbeiter über Sie beschwert und gesagt, daß die Zusammenar-

beit mit Ihnen sehr schwierig geworden sei. Sie seien unkonzen-
triert, unruhig und geradezu unfähig, eine Akte zu Ende zu be-
arbeiten. Wie sehen Sie das?

M: *Die Sache mit der Akte Bromberger, die ich im März bearbeitet*
und leider versiebt habe, hat mich mächtig geärgert. Seitdem bin
ich sehr nervös, weil ich den Eindruck habe, daß ich mich dop-
pelt anstrengen muß. Mir dürfen keine Fehler mehr unterlaufen.

V: *Nun, Fehler macht jeder gelegentlich. Bis auf den Fall Brom-*
berger waren wir sehr zufrieden mit Ihnen. Aber da Sie schon
Ihre Nervosität erwähnen – nehmen Sie Medikamente dage-
gen? Ich sehe gelegentlich, daß Sie Tabletten einnehmen.

M: *Ach, das ist nur ein kleines Beruhigungsmittel, um meine Ner-*
vosität in den Griff zu bekommen.

V: *Ich hoffe, Sie machen sich da nichts vor. Haben Sie die Tablet-*
ten von Ihrem Arzt verschrieben bekommen? Und seit wann
nehmen Sie die denn?

M: *Mein Schwager ist Arzt, von dem habe ich das Medikament. Ich*
nehme es seit zwei, drei Monaten, aber ich bemühe mich, es
nicht zur Gewohnheit werden zu lassen. Es ist aber wirklich so,
daß mich diese Tabletten ruhiger machen.

V: *Ich bin froh, daß Sie mir das so offen gesagt haben. Ich fürchte*
nur, daß Beruhigungsmittel auf Dauer keine Lösung sind. Ma-
chen Sie sich um die Akte Bromberger nicht mehr so viel Sor-
gen. Das haben wir ja noch mit knapper Not geradebiegen kön-
nen. Also, ich mache Ihnen da mal einen Vorschlag. Was halten
Sie von einem vorgezogenen Urlaub, damit Sie sich richtig ent-
spannen und erholen können? Dann lassen Sie Ihre Tabletten
mal ein paar Wochen lang weg und versuchen es statt dessen mit
Ruhe, viel Schlaf und Bewegung an der frischen Luft. Im Au-
genblick liegen in der Kanzlei ja nicht so viele Fälle an, da kann
ich Sie problemlos gehen lassen. Und daß Sie mir ja erholt
zurückkommen!

M: *Vielen Dank! Das ist sicher eine gute Idee.*

Checkliste

 Für den Arbeitgeber wahrnehmbare Symptome von Drogenmißbrauch können sein

▶ unnatürlich veränderte Pupillen,
▶ anhaltende Interesselosigkeit,
▶ Gleichgültigkeit der Arbeit gegenüber,
▶ Vernachlässigung von Pflichten,
▶ Leistungsanforderungen werden nicht mehr erfüllt,
▶ erhöhte Reizbarkeit,
▶ Konzentrationsstörungen,
▶ Aggression und Unruhe,
▶ häufige Gehaltsvorschüsse, Lohnabtretungen.

Siehe auch Abmahnung, Alkohol am Arbeitsplatz, Burn-out-Syndrom, Ermahnung, Krankheit, Kündigung, Leistungsschwäche, Private Probleme des Mitarbeiters, Störungen in der Gruppe.

Einarbeitung neuer Mitarbeiter

Der neue Mitarbeiter ist aus einer großen Zahl von Bewerbern ausgewählt, der Arbeitsvertrag ist unterschrieben, die Details besprochen, der erste Arbeitstag gekommen.

In der Einarbeitung neuer Mitarbeiter liegt für ein Unternehmen eine große Chance. Bei der heutigen Wirtschaftslage sind die meisten Arbeitgeber in der glücklichen Situation, mit großer Aussicht auf Erfolg den Idealkandidaten zu finden. Damit die Einarbeitung zur beiderseitigen Zufriedenheit verläuft, müssen aber dennoch einige Grundsätze beachtet werden.

Der Gesprächsanlaß

Der neue Mitarbeiter erlebt seinen ersten Arbeitstag im Unternehmen. Er hat schon während seiner Studienzeit ein Praktikum im Hause gemacht, daher kennt er schon einige seiner Kollegen. Auch das Betriebsklima ist ihm deshalb nicht fremd. Um seine Position zu bekommen, mußte er sich gegen eine ganze Reihe von Mitbewerbern durchsetzen. Er ist hochmotiviert und möchte am liebsten gleich mit der Arbeit loslegen.

Was wollen Sie erreichen?

Sie wollen mit dem neuen Mitarbeiter auf einer Basis des Vertrauens zusammenarbeiten. Sie wollen auch sicherstellen, daß in der Einarbeitungsphase keine Fehler gemacht werden.

Der Gesprächsleitfaden

V: *Lieber Herr Roeder, ich heiße Sie herzlich bei uns willkommen. Sie haben das Auswahlverfahren glänzend bestanden. Daher verspreche ich mir sehr viel von Ihnen. Herr Schwarz wird Sie anschließend mit denjenigen Kollegen Ihres Teams bekannt machen, die Sie noch nicht kennen. Sie werden ja schon sehnsüchtig erwartet. Der Teamleiter wird dann heute nachmittag mit Ihnen über Ihre künftigen Aufgaben sprechen. Herr Schwarz, Sie sind ja schon acht Jahre bei uns. Daher möchte ich Sie bitten, unserem neuen Kollegen alles Wissenswerte über unsere Firma zu vermitteln. Er hat hier schon ein Praktikum gemacht, die Usancen im Hause sind ihm also nicht völlig unbekannt.*

M1: *Das mache ich gerne. Ihr Arbeitszimmer, Herr Roeder, ist Ihnen ja schon gezeigt worden. Wenn Sie sich in Ihrer Abteilung umgesehen haben, möchte ich Sie im Haus weiter vorstellen. Herr Meier wird uns dabei begleiten.*

M2: *Darum hatte ich gerade bitten wollen. Während meines Praktikums bin ich nämlich nicht in allen Abteilungen gewesen.*

V: *Wie Sie wissen, Herr Roeder, setzen wir stark auf „learning by doing". Da kann es passieren, daß ein Neuer am Anfang ganz schön schwimmt. Lassen Sie sich davon nicht irritieren. Auch wenn wir Ihnen gleich von Beginn an Verantwortung übertragen, heißt das nicht, daß wir Sie im Regen stehen lassen. Wir achten sehr auf regelmäßigen Austausch.*

M: *Heißt das, daß ich mich auch direkt an Sie wenden kann, wenn ich Probleme sehe?*

V: *Sicherlich. Meine Türe steht Ihnen immer offen. Auch Herr Schwarz wird Sie nach besten Kräften unterstützen. Wir wollen ja niemanden überfordern. Haben Sie im Augenblick an mich noch Fragen?*

Checkliste

☑ Fehler bei der Einarbeitung neuer Mitarbeiter
▶ Mangelnde Information über das Unternehmen
▶ Mangelnde Information über die Abteilung/ das Team
▶ Unklare Aufgabenverteilung
▶ Unklare Kompetenzenvergabe

- ► Unklare Zielvorgaben
- ► Unklarheiten im internen Who is who
- ► Mangelnde Transparenz der informellen Spielregeln
- ► Überlastung: zu viel auf einmal
- ► Zu großer Zeitdruck
- ► Mangelndes Feedback
- ► Schlechte Vorbereitung des Teams auf den Neuzugang

Es ist nicht die Aufgabe eines Vorgesetzten, den neuen Mitarbeiter einzuarbeiten. Aber es gehört zu seinen Pflichten, dafür zu sorgen, daß er ordnungsgemäß eingearbeitet wird. Geben Sie einem erfahrenen Mitarbeiter die Checkliste an die Hand.

Siehe auch Coaching, Motivationsgespräch, Zielvereinbarung.

Einstellungsgespräch

Der Hauptunterschied zwischen einem Bewerbungsgespräch und einem Einstellungsgespräch besteht in dem Maß, in dem die Entscheidung bereits feststeht. Im Bewerbungsgespräch prüfen Sie zunächst die Fähigkeiten und Eignung des Kandidaten. Anschließend treffen Sie Ihre Entscheidung, welchen Bewerber Sie engagieren wollen. Möglicherweise liegt auch der unterschriebene Arbeitsvertrag schon vor. Das folgende Einstellungsgespräch dient deshalb im wesentlichen dem besseren persönlichen Kennenlernen. Außerdem besprechen Sie mit dem Mitarbeiter in spe die künftigen Tätigkeiten, und zwar deutlich detaillierter als im Bewerbungsgespräch. Sie machen ihn oder sie ggf. mit den Kollegen bekannt und veranstalten eine kleine Führung durch das Unternehmen.

Der Gesprächsanlaß

Auf Ihr Stellenangebot haben Sie mehr als 100 Bewerbungen erhalten. Acht Kandidaten wurden von Ihnen zu einer persönlichen Vorstellung eingeladen, und nun steht Ihre Entscheidung fest: Frau Dr. Rosenbauer wird die neue Verwaltungsleiterin heißen. Ihre Sekretärin vereinbart telefonisch einen Gesprächstermin, und Sie führen ein Einstellungsgespräch.

Szenenwechsel.

Sie leiten einen Gasthof und brauchen ein weiteres Zimmermädchen. Sie stellen weiter keine Anforderungen außer den Kardinaltugenden Ehrlichkeit, Fleiß und Sauberkeit. Auf Ihren Anruf hin vermittelt Ihnen das Arbeitsamt am nächsten Tag eine Bewerberin. Höchstwahrscheinlich werden Sie jetzt kein Bewerbungsgespräch führen, sondern ein Einstellungsgespräch.

Bei vergleichsweise anspruchslosen Tätigkeiten wie im zweiten Fall genügt oft der persönliche Augenschein, das Vorliegen aller nötigen Arbeitspapiere und ein kurzes Gespräch, um die Entscheidung pro oder kontra Einstellung zu treffen. Sie weisen die zu leistende Arbeit zu und informieren über Arbeitszeit, Vergütung, Urlaubsregelung, Kollegen und Kantine. Nach einer Stunde liegt auch hier der unterschriebene Arbeitsvertrag vor. Auch dieses ist deshalb ein Einstellungsgespräch.

Was wollen Sie erreichen?

 Sie wollen

a) in kurzer Zeit ein möglichst genaues Bild von den persönlichen Fähigkeiten des künftigen Mitarbeiters gewinnen und gleichzeitig so umfassend wie möglich über den betreffenden Arbeitsplatz informieren.

b) Einen bereits engagierten Mitarbeiter noch besser kennenlernen und ihn/sie auf die künftige Tätigkeit in Ihrem Unternehmen einstimmen.

Arbeitsrechtliche Aspekte

 Siehe Bewerbungsgespräch

Der Gesprächsleitfaden

Variante „Zimmermädchen"

V: Ich freue mich, Frau Schulte, daß Sie bei uns im Gasthof „Zum Hasen" als Zimmermädchen arbeiten möchten. Haben Sie schon mal als Zimmermädchen gearbeitet? Und wann können Sie denn anfangen?

M: Ich war bisher nur Hausfrau und möchte jetzt ein paar Mark dazuverdienen. Putzen kann ich und die Zimmer in Ordnung bringen. Ich habe zwei erwachsene Kinder, was glauben Sie, welchen Schmutz die nach Hause bringen! Anfangen könnte ich am nächsten Ersten.

V: *Gut. Unsere Hotelzimmer sind leicht sauberzuhalten, wenn man ein paar Methoden beachtet. Die zeigt Ihnen meine Frau später. Darf ich nun erst einmal Ihre Papiere sehen – Lohnsteuerkarte, Versicherungsnachweis und, wenn Sie haben, Zeugnisse von früheren Stellen oder das letzte Schulzeugnis?*

M: *(überreicht die Arbeitspapiere) Ich habe nur das Hauptschulzeugnis, weil ich sehr früh geheiratet habe und dann gleich die Kinder kamen. Aber das habe ich mitgebracht.*

V: *Na bestens. Also, Frau Schulte, ich glaube, wir kommen zusammen. Wissen Sie eigentlich, daß der „Hase" schon älter als 100 Jahre ist? Wir sind – so sagt man – das beste Haus am Platz, also in der Stadt. Dieser Ruf ist uns sehr wichtig. Kann ich mich wirklich darauf verlassen, daß Sie tüchtig mitarbeiten? Und zuverlässig sind, also nicht schon nach zwei Tagen zu Hause bleiben?*

In einfachen Fällen wie diesem sind sich Arbeitgeber und Mitarbeiter nach spätestens einer Stunde einig. Das Gesprächsziel ist erreicht.

Variante „Verwaltungsleiterin"

V: *Schön, Sie zu sehen, Frau Dr. Rosenbauer. Den unterschriebenen Vertrag hatten Sie ja schon zurückgeschickt, also dann: Herzlich willkommen bei uns. Am 1. Juli fangen Sie an?*

M: *Ja, eventuell schon ein wenig früher, falls ich aus meinem alten Vertrag schneller herauskommen kann. Die neue Aufgabe bei Ihnen reizt mich sehr. Ich freue mich wirklich darauf.*

V: *Wir freuen uns auch auf unsere neue Verwaltungsleiterin, das können Sie mir glauben.*
Für das heutige Gespräch hatte ich mir folgendes vorgestellt. Ich führe Sie ein wenig im Haus umher und stelle Sie Ihren zukünftigen Mitarbeitern und den anderen Abteilungsleitern vor. Dann besprechen wir schon mal, wie wir bei der PAISY-Einführung vorgehen sollen. Damit hatten Sie, wie ich weiß,

schon Erfahrungen, und je früher wir davon profitieren können, um so besser. Vielleicht können Ihre Mitarbeiter da schon einiges vorbereiten. Ja, und Ihre Fragen sollen natürlich auch nicht zu kurz kommen. Immer heraus damit.

M: *Ja, hinsichtlich PAISY habe ich gleich eine Anregung...*

Checkliste

 Phasen im Einstellungsgespräch
▶ *Informationsphase*
1. Austausch von Informationen
2. Austausch von Interessen
3. Schilderung von Arbeitsinhalten und -modalitäten
4. Beschreibung von Anforderungen und Perspektiven
5. Benennung möglicher Problemfelder

▶ *Diskussionsphase*
1. Ergebnisse erzielen und ggf. schriftlich festhalten
2. Probleme diskutieren und lösen
3. Handlungsspielräume erkennen

Den ersten Arbeitstag des neuen Mitarbeiters vorbereiten
▶ Bitten Sie den neuen Mitarbeiter, rechtzeitig alle benötigten Arbeitspapiere in die Personalabteilung zu senden und die vereinbarten Arbeitsmittel mitzubringen: Lohnsteuerkarte, Versicherungsnachweisheft, Mitgliedsbescheinigung der Krankenkasse, Angaben über die Bankverbindung, eventuell Schwerbehindertenausweis, Gesundheitszeugnis, bei Jugendlichen: ärztliche Gesundheitsbescheinigung, Bei Ausländern, die nicht aus EU-Staaten stammen: Arbeitserlaubnis, evtl. Kopie des Rentenbescheides, ggf. Arbeitskleidung.
▶ Informieren Sie den Mitarbeiter, wann, wo und bei wem er sich melden soll.
▶ Informieren Sie den Pförtner/die Rezeption, wann der neue Mitarbeiter kommt und wo er sich melden soll.

▶ Bereiten Sie den Arbeitsplatz vor (Büromöbel, technische Ausstattung wie PC, Fax, Telefondurchwahl, evtl. ein Blumenstrauß).

▶ Stellen Sie den Einarbeitungsplan auf.

▶ Bitten Sie den zuständigen Abteilungs- bzw. Gruppenleiter, die Abteilung vom Kommen des neuen Kollegen zu unterrichten.

Siehe auch Ausbildung (Beginn und Abschluß), Bewerbungsgespräch, Coaching, Einarbeitung neuer Mitarbeiter, Führungsstil, Motivationsgespräch, Zielvereinbarung

Eine Ermahnung ist die schwächere Variante der Abmahnung. Sie kann mündlich ausgesprochen werden und ist immer dann angeraten, wenn eine (schriftliche) Abmahnung als zu hart empfunden wird.

Der Gesprächsanlaß

Ein Mitarbeiter hat während seiner Arbeitszeit über Stunden hinweg ein Computerspiel gespielt, obwohl das nach der Betriebsvereinbarung untersagt ist. Diese Pflichtverletzung ist zum ersten Mal aufgetreten. Der Mitarbeiter arbeitet im übrigen zur vollen Zufriedenheit des Vorgesetzten. Er ist besonders kreativ und engagiert.

Bei Verfehlungen wie dieser steht dem Arbeitgeber zwar das Instrument der schriftlichen Abmahnung zur Verfügung – es einzusetzen wäre aber eine überzogene Reaktion und könnte den Mitarbeiter vor den Kopf stoßen und demotivieren. Besser ist es, in einem Gespräch unter vier Augen eine Ermahnung auszusprechen.

Was wollen Sie erreichen?

Sie wollen den Mitarbeiter auf sein Fehlverhalten aufmerksam machen und sicherstellen, daß er sich in Zukunft korrekt verhält. Sie wollen ihn aber auf keinen Fall demotivieren.

Arbeitsrechtliche Aspekte

Eine mündliche Ermahnung ist keine Abmahnung. Sie reicht nicht dazu aus, im Wiederholungsfall eine verhaltensbedingte Kündigung auszusprechen. Wenn Sie sich diese

Möglichkeit offen halten wollen, können Sie auch bei geringen Pflichtverletzungen eine Abmahnung aussprechen. Dazu bedarf es aber der Schriftform.

Der Gesprächsleitfaden

V: Herr Holthausen, anstatt sofort den eiligen Vorgang Schneider zu bearbeiten, haben Sie gestern während der Arbeitszeit ein Computerspiel gespielt. Das geht natürlich nicht. Ich muß Sie daher ermahnen, ein solches Verhalten in Zukunft zu unterlassen.

M: Als ich entdeckt hatte, daß die neue Software auch ein paar Spiele enthält, konnte ich einfach nicht widerstehen. Es ist ein Strategiespiel dabei, das mein Sohn sich schon seit längerem wünscht. Als ich dieses Spiel gefunden hatte, habe ich gar nicht lange nachgedacht, sondern es gleich einmal ausprobiert.

V: Das ist die Crux mit diesen Softwarepaketen. Die Anbieter mogeln immer wieder Spiele hinein, die der Abnehmer gar nicht geordert hat. Die stellen sie zwar nicht in Rechnung, aber sie bedenken auch nicht, daß die Software beim Kunden überwiegend während der Arbeitszeit angewandt wird.

M: Die Versuchung war zu groß. Aber natürlich hätte ich das Spiel auch nach der Arbeitszeit spielen können. Soll nicht wieder vorkommen.

V: Gut. Lassen wir es dabei. Ich habe Verständnis für diese Situation. Deswegen will ich es auch nicht übertreiben und schicke Ihnen nicht gleich eine Abmahnung.

Auf geringfügiges Fehlverhalten kann man in vielen Fällen friedlich, das heißt ohne Abmahnung, reagieren. Dem Betriebsklima ist es sicherlich förderlich, wenn nicht beim ersten Anlaß alle gesetzlich vorgesehenen Möglichkeiten ausgeschöpft werden. „Nobody is perfect" – das gilt auch für Mitarbeiter. Der Mitarbeiter wird auch die Ermahnung als deutliche Kritik an seinem Verhalten verstehen.

Für ein gutes Betriebsklima unerläßlich ist aber unbedingt auch die Gleichbehandlung aller Mitarbeiter. Wenn das einmalige Computerspielen nicht zu einer Abmahnung führt, sollte auch auf das erste private Telefongespräch nicht schärfer reagiert werden.

Siehe auch Abmahnung, Führungsstil, Betriebsklima, Innere Kündigung.

Erziehungsurlaub

In der Regel ist es nicht der Arbeitgeber, der bei diesem Thema die Initiative ergreift. Die Arbeitnehmerin kommt von selbst und trägt ihren Anspruch auf Erziehungsurlaub vor. In den meisten Fällen weiß der Arbeitgeber freilich schon Wochen vorher Bescheid. So hält sich die Überraschung in Grenzen, wenn ein Antrag auf Erziehungsurlaub gestellt wird.

Der Gesprächsanlaß

 Frau Krause ist 29 Jahre alt und im sechsten Monat schwanger. Nach der Geburt ihres Kindes möchte sie auf jeden Fall weiterarbeiten, allerdings vorher einen Erziehungsurlaub von einem halben Jahr einlegen. Frau Krause arbeitet als Programmiererin in einem kleinen Softwarehaus. Sie gehört zu den hochmotivierten und leistungsstärksten Mitarbeitern in der Firma. Das Unternehmen ist daher sehr daran interessiert, die Mitarbeiterin zu halten und den Erziehungsurlaub so kurz wie möglich zu gestalten.

Was wollen Sie erreichen?

Beide Gesprächsteilnehmer konnten sich im Vorfeld schon Gedanken über einen möglichen Ablauf des Gesprächs machen. Dem Arbeitgeber sollte vor Gesprächsbeginn klar sein, daß die Arbeitnehmerin ebenso ein Recht auf Erziehungsurlaub hat wie auf Weiterbeschäftigung nach Ablauf dieser Zeit. Im Gespräch sollte es also darum gehen, die Modalitäten in diesem speziellen Fall zu regeln.

Arbeitsrechtliche Aspekte

Die Höchstgrenze für den Erziehungsurlaub beträgt drei Jahre. Während dieser Zeit ist die Arbeitnehmerin/der Arbeitnehmer über den Arbeitgeber krankenversichert. Seit einigen Jahren steht auch Vätern ein Erziehungsurlaub zu. Die künftigen Eltern können sich den Erziehungsurlaub auch aufteilen.

Der Gesprächsleitfaden

M: *Ich denke es ist an der Zeit, mit Ihnen über die weiteren Arbeitsmöglichkeiten nach der Geburt meines Kindes zu sprechen. Ich möchte nach den sechs Wochen Mutterschutz ein halbes Jahr Erziehungsurlaub nehmen. Mit meinem Mann habe ich vereinbart, daß er mich anschließend ablöst, so daß im ersten und wichtigsten Lebensjahr des Kindes rund um die Uhr immer jemand zur Verfügung steht.*

V: *Aber Frau Krause, grundsätzlich steht dem natürlich nichts im Wege. Ich freue mich für Sie und wünsche Ihnen und Ihrem Baby alles Gute. Sie wissen allerdings auch, daß wir für das R3-Projekt momentan jeden Programmierer der Abteilung brauchen. Wenn Sie so lange wegbleiben, schaffen wir unsere Termine kaum. Ich wäre deshalb aus betrieblichen Gründen sehr daran interessiert, daß Sie ihren Urlaub vielleicht um − sagen wir − zwei Monate kürzen. Sie können die anderen Monate ja dann später nehmen, wenn das Projekt abgeschlossen ist. Was halten Sie davon?*

M: *Das wird wohl kaum gehen. Mein Mann hat bereits mit seinem Arbeitgeber die Modalitäten seines Erziehungsurlaubs geregelt.*

V: *Schade, aber ich weiß, daß Sie bis zu drei Jahre Erziehungsurlaub beanspruchen können. Sie sind ja auch während der Zeit ganz normal kranken- und rentenversichert. Sehen Sie eventuell eine andere Möglichkeit, schon früher wieder hier anzufangen, vielleicht auf Honorarbasis?*

M: *Das kann ich jetzt noch gar nicht abschätzen. Ich bin mir über das Ausmaß der Arbeit, die nach der Geburt auf mich zukommt, noch gar nicht so richtig klar.*

V: *Wissen Sie, es wird sehr schwierig ohne Sie. Ich kann für ein* *halbes Jahr ja keine Vertretung hier einstellen. Bis der oder die soweit in das Projekt eingebunden ist, daß alles reibungslos funktioniert, ist das halbe Jahr schon um. Für vier Monate können wir gerade noch auf Sie verzichten.*

M: *Ich muß einfach abwarten, wie es läuft. Bitte haben Sie Verständnis dafür. Wenn alles gutgeht und ich mich zu Hause langweilen sollte, würde ich mich bei Ihnen melden. Ist das okay?*

V: *Ich sehe schon, momentan beiße ich auf Granit. Nun gut, nach Ablauf Ihrer Mutterschutzzeit, das wäre sechs Wochen nach der Geburt Ihres Kindes, gehen Sie ein halbes Jahr in Erziehungsurlaub und treten danach Ihre alte Stelle in gleichem Zeitumfang wie heute wieder an. Wenn Sie damit einverstanden sind, werden wir das eben Besprochene schriftlich festhalten und unterschreiben.*

M: *Ich bin erleichtert, daß Sie für meine Situation Verständnis zeigen. Ich bin mit dieser Regelung einverstanden. Und ich verspreche, wenn ich Zeit haben sollte, fange ich auch früher wieder an zu arbeiten – vielleicht zunächst halbtags?*

V: *Meinetwegen auch stundenweise – Hauptsache, Sie unterstützen uns. Sollte sich Ihre Situation entspannen, sagen Sie mir gleich Bescheid. Sie haben nämlich die Möglichkeit, während des Erziehungsurlaubs die Zeit zu verkürzen – selbstverständlich auch zu verlängern –, aber das muß ich so früh wie möglich erfahren. Schließlich müssen wir planen. Nun wünsche ich Ihnen weiterhin einen problemlosen Verlauf Ihrer Schwangerschaft. Wenn irgendwelche Fragen auftauchen sollten, wenden Sie sich vertrauensvoll an mich.*

Checkliste

 Alternativen zum Erziehungsurlaub
▶ Teilzeitarbeit
▶ Telearbeit/Heimarbeit
▶ Freie Mitarbeit

Unter dem Begriff „Fehlzeiten" versteht man die unentschuldigte Abwesenheit eines Mitarbeiters von seinem Arbeitsplatz. Das kann häufiges Zuspätkommen sein ebenso wie die eigenmächtige Verlängerung der Mittagspause oder des Urlaubs.

Der Gesprächsanlaß

 Eine Mitarbeiterin kommt häufig unpünktlich zur Arbeit.

Was wollen Sie erreichen?

 Sie wollen die Gründe für die Unpünktlichkeit erfahren und die Mitarbeiterin dazu bewegen, ihr Verhalten zu ändern.

Arbeitsrechtliche Aspekte

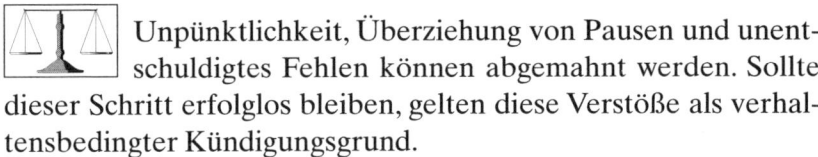 Unpünktlichkeit, Überziehung von Pausen und unentschuldigtes Fehlen können abgemahnt werden. Sollte dieser Schritt erfolglos bleiben, gelten diese Verstöße als verhaltensbedingter Kündigungsgrund.

Der Gesprächsleitfaden

V: Mir ist aufgefallen, daß Sie in letzter Zeit häufig verspätet zur Arbeit kommen. Wir haben zwar Gleitzeit, aber das heißt doch nicht, daß jeder kommt und geht wann er will. An die Kernzeiten müssen sich alle halten. Aber das wissen Sie ja selber. Gibt es besondere Gründe für Ihre Unpünktlichkeit?

M: Das kann doch mal vorkommen. Ich habe halt verschlafen. Oder der Bus ist ausgefallen.

V: Das kann passieren, sicherlich. Aber nicht dreimal in der Woche. Vielleicht sollten Sie sich einen besser funktionierenden Wecker kaufen und grundsätzlich einen früheren Bus nehmen. – Irgendwie habe ich das Gefühl, daß da noch mehr dahintersteckt. Sie waren doch bisher immer so zuverlässig. Gibt es da nicht noch etwas anderes?

M: *In meinem Privatleben hat sich einiges geändert. Aber darüber möchte ich nicht sprechen.*

V: *Dazu will ich Sie auch gar nicht drängen. Aber wenn Ihre Unpünktlichkeit damit zusammenhängt, sollten Sie ruhig mit mir darüber reden. Vielleicht finden wir gemeinsam leichter einen Ausweg.*

M: *Wissen Sie, ich bin im Moment in einer schwierigen Situation. Mein Mann und ich haben uns getrennt. Ich wollte das eigentlich nicht an die große Glocke hängen. Aber mir bleibt wohl nichts anderes übrig. Morgens muß ich jetzt unsere Tochter in den Kindergarten bringen. Und der macht erst um acht Uhr auf. Dann schaffe ich es nicht immer, rechtzeitig im Büro zu sein.*

V: *Ich verstehe. Ich hatte schon befürchtet, Ihre Arbeit mache Ihnen keinen Spaß mehr. Zeichnet sich denn mittelfristig eine Lösung ab, oder wird das Problem auch in Zukunft bestehen?*

M: *Ab nächsten Monat wird eine Nachbarin meine Tochter zum Kindergarten bringen. Sie ist Lehrerin und hat sich für mindestens ein Jahr beurlauben lassen.*

V: *Dann müssen wir sehen, wie wir die nächsten zwei Wochen überbrücken. Aber das dürfte nicht weiter schwierig sein. Ich werde mal mit Ihren Kolleginnen im Sekretariat sprechen. Sie sollten sich aber in jedem Fall auch um einen Ersatz für Ihre Nachbarin kümmern. Sie kann ja auch einmal verhindert sein. Wir werden uns bemühen, Ihnen entgegenzukommen. Aber wenn sich keine befriedigende Lösung findet, müssen wir grundsätzlich über Ihre Arbeitszeiten nachdenken. Können wir uns darauf einigen?*

Man sieht: Nachfragen lohnt sich. Denn hohe Fehlzeiten sind keineswegs immer in der Faulheit des Mitarbeiters begründet.

Checkliste

 Mögliche Gründe für Fehlzeiten
► Familiäre Probleme
► Alkohol, Drogen
► Führungsprobleme
► Überforderung (aber auch Unterforderung!)
► Mobbing
► Unterbezahlung
► Schlechtes Betriebsklima
► Ungenügende Arbeitssicherheiten

Zur Gesprächspraxis
► Wählen Sie einen ruhigen Raum.
► Nehmen Sie sich Zeit.
► Fragen Sie nach Gründen.
► Treffen Sie konkrete Vereinbarungen über das zukünftige Verhalten.
► Legen Sie die Vereinbarungen bei gravierenden Fällen schriftlich fest.

Fehler in der Gesprächspraxis
► Direkte Schuldzuweisungen
► Vorschnelle Analyse möglicher Gründe
► Kritik im Beisein anderer
► Vorwürfe
► Drohungen
► Spott, Ironie, Zynismus
► Unterstellung, eine Krankheit sei vorgetäuscht

Siehe auch Coaching, Drogen, Ermahnung, Abmahnung, Innere Kündigung, Krankheit, Kritikgespräch, Leistungsschwäche, Private Probleme des Arbeitnehmers.

Freie Mitarbeit

Freie Mitarbeiter sind Personen, die Arbeits- oder Dienstleistungen für einen Dritten erbringen, ohne Arbeitnehmer zu sein, das heißt, ohne durch ein dauerhaftes Arbeitsverhältnis gebunden zu sein. Freie Mitarbeiter sind nicht zu verwechseln mit den Angehörigen der Freien Berufe (Ärzte, Zahnärzte, Juristen, Architekten, Apotheker, Journalisten, Steuerberater u. ä.).

Freie Mitarbeiter sind für Verlage und Werbeagenturen tätig, für Softwarehäuser und Architekturbüros, im Einzelhandel und im Top-Management. Im letzteren Fall heißen sie Management Consultants oder Unternehmensberater.

Seit Beginn der 90er Jahre wächst in Deutschland die Zahl der freien Mitarbeiter rapide. In der Folge der „Lean-Management-Welle" haben sich zahlreiche Firmen von ihren festen Mitarbeitern getrennt – nicht selten, um sie anschließend in der Form des freien Mitarbeiters zu engagieren. Der freie Mitarbeiter eignet sich am besten für die Projektarbeit oder für andere Aufgaben, die keine dauerhafte Präsenzpflicht und keine Personalführung im Unternehmen erfordern.

Der Gesprächsanlaß

 Die Personalberatung Pape & Partner steckt in einer wirtschaftlichen Krise. Vier angestellte Vollzeit-Headhunter kosten mehr, als sie einbringen. Inhaber Peter Pape (den „Partner" hat es noch nie gegeben!) denkt daran, die Verträge zweier Mitarbeiter in Dienstverträge umzuwandeln. Er bittet diese beiden Herren in sein Büro.

Was wollen Sie erreichen?

Sie wollen die beiden umsatzschwächsten Mitarbeiter dazu gewinnen, den Arbeitsvertrag in einen Dienstvertrag umzuwandeln. Die Entlohnung erfolgt dann nicht mehr per annum unabhängig von der Leistung, sondern allein auf Erfolgsbasis: Je mehr Klienten der Mitarbeiter gewinnt und je mehr Aufträge Pape & Partner damit bekommt, desto höher wird das Einkommen des freien Mitarbeiters sein.

Arbeitsrechtliche Aspeke

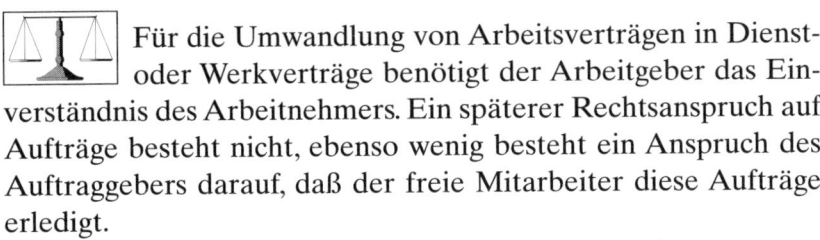 Für die Umwandlung von Arbeitsverträgen in Dienst- oder Werkverträge benötigt der Arbeitgeber das Einverständnis des Arbeitnehmers. Ein späterer Rechtsanspruch auf Aufträge besteht nicht, ebenso wenig besteht ein Anspruch des Auftraggebers darauf, daß der freie Mitarbeiter diese Aufträge erledigt.

Die Abgrenzung zwischen einem Arbeitsverhältnis und einem Vertragsverhältnis ist nicht immer leicht. Im Einzelfall hängt dies neben dem „Parteiwollen" (was haben die beiden Vertragsschließenden gemeint?) von der persönlichen Abhängigkeit (Weisungsgebundenheit, Gestaltung der Arbeitszeit, Wahl des Arbeitsortes) ab.

Der Gesprächsleitfaden

V: Meine Herren, ich habe Sie heute aus einem ganz bestimmten Grund zu mir gebeten. Wie Sie wissen, können wir unsere Umsatz- und Ertragsziele in diesem Jahr nicht mehr erfüllen, und die Prognose für nächstes Jahr sieht auch eher düster aus. Als Inhaber trage ich die Verantwortung für das Unternehmen und seine insgesamt sieben Mitarbeiter – neben Ihnen die Herren Blau und Grün als Consultants, zwei Researcherinnen und Frau Roth, meine Sekretärin. Ohne einen deutlichen Personalabau kommen wir nicht aus der Misere. Bevor ich Ihnen aber nun betriebsbedingt kündigen muß, möchte ich Ihnen beiden einen Vorschlag machen, von dem – glaube ich – jeder von uns profitieren kann.

M1: *Sie wollen wahrscheinlich mit uns über freie Mitarbeit reden. Das kommt im Augenblick in jedem zweiten Betrieb der Branche vor.*

V: *Genau das habe ich mir überlegt. Ihre Gehälter sind Fixbelastungen für unseren Betrieb, und diese festen Kosten sind zu hoch, so lange nicht entsprechende Kundenaufträge dagegenstehen. Und die bringen Sie beide leider nicht herein, wir hatten ja schon häufig dieses Thema. Die Alternative besteht tatsächlich in einem Freien-Mitarbeiter-Vertrag, genauer, in einem Dienstvertrag. Sie verpflichten sich darin, die Dienstleistung Personalberatung für mein Unternehmen zu übernehmen, und ich sichere Ihnen ein gewisses Honorar je akquiriertem Auftrag und besetzter Position sowie den vollen Support unseres Büros zu. Nun?*

M2: *Stellen Sie uns den gesamten Bürosupport – auch für die Neukundengewinnung – zur Verfügung? Ich meine, ich hatte mir bereits überlegt, meine Zielbranchen um die Pharmabranche zu erweitern. Da muß ich Hunderte von Akquisebriefen schreiben und herausjagen. Ohne Frau Roth müßte ich eine Schreibkraft engagieren, und das rechnet sich nicht für mich.*

M1: *Welche Garantien geben Sie, daß ein von uns gewonnener Auftrag auch von uns durchgeführt wird?*

V: *Ich habe da ein Schema entwickelt, ein Punktesystem. Jeder Auftrag, den Sie hereinholen, erhält einen gewissen Punktewert, abhängig von der Höhe des Honorarvolumens und des Realisierungsgrades. Dann hat jeder freie Mitarbeiter zuerst das Recht darauf, seinen Auftrag abzuwickeln. Will er das nicht, dann ist der Auftrag frei für einen Kollegen. Für die Abwicklung, also für die Kundenberatung und für die Besetzung der Position gibt es wieder Punkte. Ich denke, darauf können wir uns verständigen – wenn Sie grundsätzlich mit meinem Vorschlag einverstanden sind.*

M1: *Ich lasse mir das durch den Kopf gehen. Sie hören von mir.*

M2: *Tja, ich bin noch zögerlich. Jetzt habe ich schließlich einen festen Arbeitsvertrag.*

V: *Wenn Pape & Partner den Bach hinuntergeht, nützt Ihnen der Arbeitsvertrag leider wenig. Bitte denken Sie noch mal darüber nach.*

Siehe auch Abfindungen, Aufhebungsvertrag, Gewinnbeteiligung/Gratifikation, Kündigung, Outsourcing, Reorganisation/Umstrukturierung, Vorruhestandsregelung.

Freistellung nach Kündigung

Wenn die Sekretärin kündigt, kann sie selten damit rechnen, bereits am Tag der Kündigung von ihrem Chef von der Arbeit freigestellt zu werden. Auch der Verkäufer in einem Autohaus wird eher selten in diesen – bezahlten – Genuß kommen. Die Freistellung ist nämlich einer kleinen, exklusiven Arbeitnehmergruppe vorbehalten. Das heißt nicht, daß sie andernorts untersagt ist – sie ist nur nicht üblich.

In den oberen Etagen des Managements kommt die Freistellung nach Kündigung häufig vor, aber auch in Forschungseinrichtungen oder in Unternehmen, deren Geschäftszweck die Erbringung kreativer Leistung ist. Immer dann nämlich, wenn der Vorgesetzte befürchtet, daß ab dem Tag der Kündigung bis zum letzten offiziellen Arbeitstag des Mitarbeiters Betriebsgeheimnisse auf dem Schreibtisch des fast schon ehemaligen Mitarbeiters landen könnten, wird er diese Gefahr mit der Freistellung des Arbeitnehmers aus dem Weg räumen wollen.

Erst recht beliebt ist die Freistellung von leitenden Mitarbeitern, die im gegenseitigen Einvernehmen aus dem Unternehmen scheiden oder denen gar gekündigt wurde. Hier wählen Vorgesetzte oft den Weg der Freistellung, um zu vermeiden, daß der Gekündigte Schaden für das Unternehmen anrichtet oder in seiner verbleibenden Zeit von Dingen Kenntnis erlangt, die für die Konkurrenz von größtem Interesse wären.

Der Gesprächsanlaß

Dr. Heinze, stellvertretender Forschungsdirektor bei einem Chemiekonzern, hat erwiesenermaßen einige Zwischenergebnisse der letzten Oxmox-Feldstudie dem direkten Wettbewerber zukommen lassen. Der Konzern will kein Aufsehen in der Öffentlichkeit erregen und kündigt Heinze deshalb ordnungsgemäß.

Was wollen Sie erreichen?

→ Im Laufe des Kündigungsgespräches soll die sofortige Freistellung ausgesprochen werden. Um die Verbreitung weiterer interner Daten auszuschließen, darf der Manager nicht in sein Büro zurückkehren.

Arbeitsrechtliche Aspekte

Die Freistellung sollte nicht mit der Urlaubsgewährung verwechselt werden. Zeiten der Freistellung seitens des Arbeitgebers dürfen nämlich nicht mit dem Urlaubsanspruch des Arbeitnehmers verrechnet werden. Im Zweifelsfall sprechen Sie mit Ihrem Juristen.

Der Gesprächsleitfaden

V: *Da Sie, Dr. Heinze, Ihre unglaubliche Verfehlung ja zugegeben haben, ersparen Sie sich und uns eine aufwendige Ermittlung unter Einschaltung der Polizei. Der Vorstand hat beschlossen, diesen Fall unter uns zu regeln. Gott sei Dank hat die Konkurrenz von Ihnen nur einige minder wichtige Zwischenergebnisse erhalten. Trotzdem werden Sie verstehen, daß wir das Arbeitsverhältnis auflösen, den Vertrag kündigen und uns mit sofortiger Wirkung von Ihnen trennen möchten.*

M: *Ich verstehe. Heißt das, ich bin ab sofort freigestellt?*

V: *Genau das heißt es. Die ordentliche Kündigungfrist beträgt sechs Monate. Sie haben noch Anspruch auf 30 Tage Urlaub, das sind etwa 1,5 Monate. Die fehlenden 4,5 Monate stellen wir Sie ab sofort unter Wahrung Ihrer Bezüge frei. Beachten Sie aber das Wettbewerbsverbot in Ihrem Vertrag. Sie dürfen nicht vor Ablauf eines Jahres nach Ausscheiden aus dem Konzern bei einem Wettbewerber im deutschsprachigen Europa beginnen. Wir würden das natürlich sofort erfahren, und dann müßten wir nicht lange darüber nachdenken, ob wir ein Strafverfahren wegen Geheimnisverrates gegen Sie einleiten.*

M: *Gut. Dann hole ich eben noch meine persönlichen Unterlagen aus meinem Büro.*

V: *Nein, das darf und muß ich Ihnen untersagen. In wenigen Minuten kommt Ihre Sekretärin zu mir. Sie werden Sie bitten, Ihre persönlichen Dinge zusammenzupacken und Ihnen nach Hause zu schicken.*

M: *Aber ich habe noch private Dokumente auf meinem PC.*

V: *Auch das wird Frau Brinkmann für Sie erledigen. Sie wird alles Private auf eine Diskette speichern und Ihnen zukommen lassen. Damit wäre – bis auf Ihre Unterschrift unter unserer Vereinbarung – alles erledigt. Ich wünsche Ihnen, daß Sie niemals wieder in Versuchung kommen, Ihre Tat zu wiederholen.*

Checkliste

 ► Während der Freistellung darf der Arbeitnehmer nicht für einen anderen Arbeitgeber tätig werden.

► Er darf allerdings verreisen, ohne dem bisherigen Arbeitgeber Kenntnis von seinem Aufenthaltsort zu geben.

Siehe auch Kriminalitätsverdacht, Kündigung, Treuepflicht.

Personalführung ist ein weites Feld und dazu ein schwieriges, denn es hat mit Menschen zu tun, mit menschlichem Verhalten, mit menschlichen Eigenheiten. Aber weil nur Menschen Unternehmen zum Erfolg führen oder eben auch nicht, ist die Personalführung von allergrößter Bedeutung.

Über die Kunst, Menschen zu führen, sind bereits zahlreiche Bücher geschrieben worden. Auch der Führungsstil – die Art und Weise, wie man aus Mitmenschen leistungsbereite Mitarbeiter macht – war und ist häufig Thema von Diskussionen und Kontroversen.

Abgeschlossen ist die Debatte noch längst nicht. Zum Ende des 20. Jahrhunderts steht aber zumindest schon fest, daß beide, die allzu lasche und die autoritäre Führung, von einem schlechten Führungsstil zeugen. Welches Fehlverhalten Sie auch immer Ihrem Mitarbeiter vorwerfen – sprechen Sie ihn darauf an.

Der Gesprächsanlaß

Von Ihrer Sekretärin hören Sie, daß es in der Versandabteilung unruhig zugeht. Die Lagerarbeiter und die Auslieferungsfahrer streiten seit Wochen heftig miteinander, kein Auszubildender möchte in den Versand versetzt werden, die restliche Belegschaft macht einen großen Bogen um die Abteilung, und jetzt wird Ihnen auch klar, warum sich seit neuestem die Klagen der Kunden über verspätete und nachlässig verpackte Warenlieferungen häufen. Das Arbeitsklima ist ganz offensichtlich nachhaltig gestört. Dabei haben Sie dem neuen Versandleiter von Anfang an klargemacht, daß er es mit einer schwierigen Abteilung zu tun haben wird. „Warum bekommt der die Truppe nicht in den Griff?", fragen Sie sich verärgert. Denn Sie als erfahrener Chef wissen, daß in solchen Situationen überlegene Führungskraft gefragt ist.

Was wollen Sie erreichen?

➡️ Ihr Mitarbeiter soll auf die Konsequenzen seines Füh-
rungsfehlers oder nicht optimalen Führungsstiles aufmerksam werden und sein Verhalten entsprechend ändern.

Der Gesprächsleitfaden

*V: Die Situation in Ihrer Abteilung kann nicht so bleiben. Unsere
Kunden beschweren sich, und auch einige Kollegen aus dem
Haus klagen über die schlechte Stimmung im Versand. Was planen Sie als Abteilungsleiter, um wieder Ruhe und ein gutes Arbeitsklima herzustellen?*

*M: Die Fahrer fühlen sich den Lagerarbeitern überlegen und spie-
len sich ständig in den Vordergrund. Daß die sich dagegen zur
Wehr setzen, kann ich gut verstehen. Ich habe die Fahrer auch
schon ein paar Mal zur Ordnung gerufen und mich vor die
Lageristen gestellt, aber das hat den Streit nur verschärft. Ich
glaube, wir sollten uns von einigen Fahrern trennen.*

*V: Haben Sie schon versucht, beide Gruppen an einen Tisch zu
bringen und über die Sache zu reden?*

*M: Davon halte ich nichts. Das kostet nur Zeit und nützt doch
nichts. Was genau anliegt, erfahre ich sowieso nicht, ich muß
es ja auch nicht wissen. Ich stütze die Jungs vom Lager, und
wenn die Fahrer so weitermachen, dann fliegt bald der erste
raus.*

*V: Moment, Moment. Ich weiß auch nicht, worum es bei dem Streit
konkret geht, aber ich weiß, daß Sie sowohl die Personalverant-
wortung für die Auslieferungsfahrer als auch für die Lagerarbeiter haben. Deshalb können Sie sich nicht einfach auf eine
Seite stellen. Sie müssen schon beide Positionen erfahren, und
danach könnten Sie zunächst versuchen, in diesem Konflikt zu
vermitteln. Sie sind gewissermaßen der Neutrale. In dieser
Rolle können Sie nicht einfach einen oder mehrere Mitarbeiter
bevorzugen. Ich verstehe, daß die Fahrer darüber aufgebracht*

162

sind. Meine dringende Empfehlung an Sie: Bringen Sie die Gruppen zusammen, leiten Sie die Diskussion, beziehen Sie aber keinesfalls Stellung, und lassen Sie die Männer allein zu einer Lösung kommen. Diese Chance müssen Sie Ihren Mitarbeitern geben. Erst wenn sich der Konflikt nicht anders lösen läßt, dürfen Sie eingreifen. Aber auch dann gibt es noch andere Methoden als gleich die Entlassung.

Es ist sehr wahrscheinlich, daß sich der Mitarbeiter durch Ihre Kritik an seinem Führungsstil persönlich angegriffen fühlt. Aus Ihren Worten sollte deshalb unbedingt der empfehlende Charakter Ihrer Ratschläge deutlich werden. Einerseits lassen Sie den Mitarbeiter damit sein Gesicht wahren, denn folgt er Ihrem Rat, kann er sagen, sich selbst für diesen (erfolgreichen) Weg entschieden zu haben. Zum zweiten führen Sie ihm auf diese Weise spiegelbildlich vor Augen, wie der Führungsstil eines guten Managers aussieht.

Checkliste

 Ein *schlechter* Führungsstil zeichnet sich dadurch aus, daß der Vorgesetzte

▶ die Mitarbeiter nur spärlich informiert,

▶ Engagement und Arbeitswillen nicht erkennt oder gar bremst,

▶ sich nicht hinreichend nach den Gründen für unzureichende Leistungen erkundigt,

▶ selten oder nie lobt, aber häufig tadelt,

▶ über den Kopf seiner Mitarbeiter hinweg entscheidet,

▶ in Konflikten zwischen Mitarbeitern offen Partei nimmt,

▶ keine oder nicht genügend Freiräume und Kompetenzen einräumt,

▶ kein Interesse an der Persönlichkeit und den persönlichen Zielen seiner Mitarbeiter zeigt,

▶ nicht delegationsfähig oder nicht delegationswillig ist,

▶ kein Interesse am beruflichen Fortkommen der Mitarbeiter hat oder sie sogar daran hindert, sich fachlich und persönlich weiterzubilden.

Ein *guter* Führungsstil zeichnet sich dadurch aus, daß der Vorgesetzte

▶ seinen Mitarbeitern vertraut,

▶ zuhört,

▶ Anregungen aufnimmt und ggf. an die zuständigen Stellen oder auch seine eigenen Vorgesetzten weiterleitet,

▶ regelmäßig informiert und Feedback über die Leistung gibt,

▶ Aufgaben und Kompetenzen delegiert,

▶ offen und ehrlich mit seinen Mitarbeitern redet,

▶ Kritik an seinem Verhalten entgegennimmt und gegebenenfalls etwas verändert,

▶ seine Mitarbeiter ansport, lobt und sich auch einmal für gute geleistete Arbeit bedankt.

Siehe auch Coaching, Gemeinsame Leitung.

Geburtstagsfeiern

Der Umtrunk auf das Wohl der Kollegin und die Tortenschlacht zwischen Ablage und PC sind unumstößlicher Bestandteil des Arbeitsalltags. Daß Mitarbeiter an ihrem Geburtstag, Namenstag, anläßlich der Hochzeit oder der Geburt des Nachwuchses die lieben Kollegen und den Vorgesetzten zu einem Glas Sekt oder zu Kuchen und Kaffe bitten, ist allgemeiner Brauch. In jeder Firma, in jeder Amtsstube fühlt sich garantiert jemand für die Organisation solch freudiger Anlässe zuständig. Die frohgemute Betriebsnudel sammelt Geld für das Geburtstagsgeschenk, den Strampler oder das Jubiläumsbuch und erinnert alle Kollegen an den bevorstehenden Termin. Schließlich muß man die Feste feiern, wie sie fallen.

Was in kleinen Betrieben mit wenigen Mitarbeitern ein wichtiger Faktor im sozialen Umgang miteinander ist, wird freilich in großen Abteilungen zuweilen zur Plage. In einer Zeitungsredaktion mit rund 30 Redakteuren feiern im Durchschnitt jeden Monat 2,5 Kollegen ihren Geburtstag: mittags oder am frühen Abend, im Beisein von Chefredakteur und Verlagsleiter, mit Schnittchen und O-Saft – unentschuldigtes Fernbleiben ist nicht statthaft, und deshalb bleiben die gerade angefangenen Artikel einfach liegen. Wie gesagt: Im Schnitt 2,5 mal im Monat.

Ein Vorgesetzter, der sich gegen diese Art der fröhlichen „Arbeitsniederlegung" stark macht, hat schlechte Karten. Er möchte die heilige Kuh schlachten, und das stößt auf erbitterten Widerstand. Ihm wird womöglich eine typische Arbeitgebermentalität unterstellt, die an frühkapitalistische Unsitten erinnere. Außerdem solle er doch bitte nicht vergessen, wie wichtig ein ungezwungenes Beisammensein für das Betriebsklima ist. Habe er nicht letzten Monat gerade noch auf die Bedeutung desselben verwiesen?

Der Gesprächsanlaß

Bei einem PC-Hersteller und -Lieferanten häufen sich die Kundenbeschwerden. Der Firma wird vorgeworfen, sie sei telefonisch praktisch nicht erreichbar, die sogenannte Telefon-Hotline sei – zumindest in den späten Nachmittagsstunden – eine Farce. Die Kunden klagen den vertraglich zugesicherten Service ein. Sie sind äußerst verärgert. Ein Stammkunde schickt sogar ein Fax mit genauen Zeitangaben, zu denen er vergeblich versucht hat, über die Hotline einen Mitarbeiter ans Telefon zu bekommen. Es stellt sich heraus, daß zu diesem Zeitpunkt eine Geburtstagsfeier der Mitarbeiter stattfand.

Was wollen Sie erreichen?

Sie wollen deutlich machen, daß Sie eine andere Arbeitseinstellung erwarten. Sie bitten die Mitarbeiter vom Telefon-Help-Desk zu einem Gespräch. Sie können und wollen Geburtstagsfeiern nicht verbieten, aber Sie müssen sicherstellen, daß in Zukunft die Betriebsinteressen Vorrang haben.

Der Gesprächsleitfaden

V: *Meine Herren, ein Kunde hat sich darüber beschwert, daß er über die Hotline vorgestern eine ganze Stunde lang, nämlich zwischen 15 und 16 Uhr, niemanden erreichen konnte. Der Mann hing ewig in der Warteschleife, und niemand vom Help Desk hat abgenommen. Ich habe gehört, daß Sie in dieser Zeit Herrn Walters Geburtstag gefeiert haben. Ist das richtig?*

M1: *Ja, das stimmt. Er hatte zu einem kleinen Umtrunk eingeladen.*

M2: *Aber das hat keine volle Stunde gedauert. Und wir sind natürlich auch ans Telefon gegangen. Der Kunde übertreibt maßlos.*

V: *Der Kunde ist nicht durchgekommen und ist verärgert. Das* *wäre ich an seiner Stelle auch. Schließlich haben wir ihm mit dem PC auch unsere Hotline und damit die Lösung neu auftretender, unvorhergesehener Probleme in der Anwendung verkauft. Es ist Ihr Job, diese Probleme – soweit das geht – telefonisch zu beheben.*

M3: *Ich habe das Fax gesehen, das er geschickt hat. Ich habe diesen Kunden schon öfter betreut. Er regt sich immer gleich fürchterlich auf, wenn mal etwas nicht funktioniert. Meistens liegen die Probleme aber an der Unfähigkeit seiner eigenen Mitarbeiter.*

V: *Ich weiß auch, daß er ziemlich anspruchsvoll ist. Aber das tut im Moment nichts zur Sache. Es geht darum, daß wir einen bestimmten Service verkaufen. Wenn wir den nicht bieten, sind wir schnell weg vom Fenster. Ich fordere Sie daher dringend auf, die privaten Feiern während der Arbeitszeit stark einzuschränken und auf jeden Fall zu gewährleisten, daß immer jemand ans Telefon geht.*

M1: *Die Sache ist wirklich unglücklich gelaufen. Wir haben es sicher etwas übertrieben. Das tut mir jetzt auch leid. Aber Geburtstagsfeiern gehören einfach zum Arbeitsalltag dazu. Ich kenne keine Firma, in der nicht gefeiert wird, wenn jemand Geburtstag hat.*

V: *Ich erwarte nicht, daß Sie völlig darauf verzichten. Aber die Prioritäten müssen klar sein. Die Belange der Firma gehen vor. Lassen Sie sich eine Lösung einfallen. Feiern Sie nach Ende der Arbeitszeit. Oder meinetwegen in Zeiten, in denen erfahrungsgemäß wenige Anrufe kommen. Zwischen eins und zwei beispielsweise. Aber auch in dieser Zeit können wir den Service natürlich nicht ganz einstellen. Es können eben nicht alle zur gleichen Zeit feiern. Sind wir uns in diesem Punkt einig?*

M1: *Natürlich. Peter Sindermann wird ein Rotationsschema ausarbeiten. So etwas macht er mit Leidenschaft.*

M2: *Okay. Und dann lege ich gleich fest, daß Sie bei der nächsten Feier Notdienst haben!*

Checkliste

 Veränderungen werden oft mit folgenden Ausreden blockiert:

▶ Das haben wir schon immer so gemacht!
▶ Das haben wir noch nie so gemacht!
▶ Das gehört zum Besitzstand!
▶ Ihr Vorgänger sah das genauso!
▶ Das geht nicht!
▶ Wenn wir das ändern, gibt es Ärger!
▶ Nobody is perfect!
▶ Man kann nicht alles haben!
▶ Besser ein Kompromiß als ein Konflikt!

Siehe auch Betriebsklima, Ermahnung, Kritikgespräch, Kunden-orientierung, Verschwendung von Betriebsmitteln.

Gehalt

Über das Gehalt wird in der Regel bei neuen Mitarbeitern immer erst dann verhandelt, wenn die Einstellung bereits beschlossene Sache ist. Eine weitere Gelegenheit, über eine Erhöhung des Einkommens zu sprechen, bietet auch das jährliche Leistungs- oder Beurteilungsgespräch.

Bei besonderen Leistungen oder unvorhergesehenen Veränderungen des Aufgabengebietes kommen Mitarbeiter auch außerhalb der festgelegten Zeitabstände auf den Vorgesetzten zu, um neu über das Gehalt zu verhandeln.

Der umgekehrte Fall, in dem der Vorgesetzte ein außerordentliches Gehaltsgespräch führen will, ist vergleichsweise selten. Bei besonderer Zufriedenheit mit den Leistungen des Arbeitnehmers wird in der Regel eine einmalige finanzielle Zuwendung (Gratifikation) als Anerkennung gezahlt.

Auch der Wunsch nach Gehaltskürzungen seitens des Arbeitgebers ist nicht mehr unüblich – dies gilt insbesondere für wirtschaftlich schwierige Zeiten.

Der Gesprächsanlaß

Frau Baum arbeitet schon seit drei Jahren als Außendienstmitarbeiterin für einen Kosmetikhersteller. Sie ist gewandt im Auftreten, sehr gepflegt, immer äußerst elegant angezogen und kommt mit ihrem Charme bei den Kunden gut an. Ihr Vorgesetzter Wilke überlegt deshalb, sie zur Gruppenleiterin zu befördern. Sie könnte nicht nur ein Vorbild für ihr Verkaufsteam, sondern darüber hinaus mit ihrem außergewöhnlichen Motivationsgeschick ein zusätzlicher Gewinn für das Unternehmen sein. Wilke hofft außerdem, daß Frau Baum die Beförderung als Leistungsanreiz versteht und ihre Verkaufserfolge noch weiter steigern wird.

Arbeitsrechtliche Aspekte

Im Prinzip sind die Gehälter zwischen Arbeitgeber und Arbeitnehmer frei verhandelbar. Mitglieder der Arbeitgeberverbände dürfen ihren Mitarbeitern aber nicht weniger als die in den Tarifverträgen festgelegten Gehälter bezahlen.

Der Gesprächsleitfaden

V: *Frau Baum, Sie haben in den vergangenen drei Jahren ausgezeichnete Arbeit geleistet. Wir sind mit Ihrem Umsatz und Ihren hervorragenden Beziehungen zu unseren Kunden sehr zufrieden. Ich möchte Sie daher gern zur Gruppenleiterin befördern, weil ich glaube, daß Sie ein Team sehr gut zusammenhalten können. Außerdem erkenne ich bei Ihnen ein hohes Führungspotential. Sie sind beliebt bei Ihren Kollegen, werden aber auch respektiert. Na, was meinen Sie dazu?*

M: *Danke für die Komplimente. Eine Führungsaufgabe bedeutet immer auch viel mehr Verantwortung. Wäre das denn auch mit einer Gehaltserhöhung verbunden?*

V: *Was hatten Sie sich denn so vorgestellt?*

M: *20 Prozent mehr aufs Fixum wären, denke ich, angemessen. Unser Team besteht immerhin aus acht Verkäufern – das ist eine Menge zusätzliche Arbeit.*

V: *Ich fürchte, da sprengen Sie unser Gehaltsgefüge. Das würde die anderen Gruppenleiter benachteiligen, und das schafft schlechtes Blut. Ich hatte an eine Erhöhung von 12 Prozent gedacht. Das ist bei der augenblicklichen Inflationsrate und allgemein sinkenden Einkommen wahrlich recht gut.*

M: *Ich bin kein Typ, der um sein Gehalt feilscht, Herr Wilke. Natürlich ist die Beförderung schon allein sehr attraktiv. Doch – und da werden Sie mir zustimmen – die Funktion der Gruppenleiterin bedeutet viel mehr Schreibtischarbeit als jetzt. Schließlich muß ich die Verkaufsberichte der Kollegen lesen, sie bei schwie-*

*rigen Kunden unterstützen und letztlich auch die Zahlen kon-
trollieren. Hinzu kommt, daß ich künftig nicht nur meine eigenen Kunden betreue, sondern auch alle anderen Abnehmer besuchen muß. Das bedeutet viel mehr Einsatz draußen, auf der
Straße. Könnten Sie mir da mit einem größeren, komfortable-
ren Firmenwagen entgegenkommen?*

V: *Eine Nummer größer ist da sicher drin. Das kann ich Ihnen zu-
sagen. Und natürlich steigt auch Ihre Umsatzbeteiligung pro-
portional zu der höheren Verantwortung. Sie werden – wenn
Sie meine Erwartungen erfüllen – bestimmt Mitglied in unserem 110-Prozent-Club.*

M: *Das glaube ich auch. Ja, damit bin ich einverstanden.*

V: *Dann bleibt es bei 12 Prozent plus Umsatzbeteiligung.*

M: *15 Prozent wären wirklich zu viel?*

V: *Absolut. Wir warten jetzt mal ab, wie Sie mit der neuen Aufgabe
zurechtkommen, und dann sprechen wir uns wieder im nächsten Jahr. Akzeptiert?*

M: *Sie werden sehen, ich werde die Umsätze bis dahin kräftig in die
Höhe treiben. Ich habe gerade einen neuen Interessenten für
die Dekorative Kosmetik gefunden.*

V: *Bleiben Sie am Ball. Meinen Glückwunsch, Frau Gruppenleiterin! Unsere Vereinbarung finden Sie in Ihrem Fach.*

Checkliste

✓ ▶ Denken Sie an das Motto: Wer fragt, führt.
  ▶ Stellen Sie offene Fragen, die mit einem Frageprono-
men beginnen: *Welche* Gehaltsvorstellung haben Sie? *Was* halten Sie von ... ? *Wie* stellen Sie sich ... vor?
▶ Kommt die Verhandlung ins Stocken, nehmen Sie im Geiste
die Position des anderen ein. Das hilft, seine Argumentation zu
verstehen.
▶ Haben Sie alle sonstigen Vergütungselemente wie Urlaubs-

geld, Weihnachtsgeld, Firmenwagen, Versicherungen und andere einbezogen?

▶ Prüfen Sie die Vergütungsverteilung. Die Grundregel lautet: 60 bis 80 Prozent für das Erreichen der individuellen Ziele, 20 bis 40 Prozent für den Unternehmenserfolg.

▶ Haben Sie an weitere Leistungsanreize gedacht? Gehaltserhöhungen sollten immer mit einer Motivation zur Leistungssteigerung verbunden sein.

Siehe auch Beförderung, Gewinnbeteiligung/Gratifikation.

Gehaltskürzung

Bei Unternehmen, die sich in einer wirtschaftlichen Krise befinden, heißt die Devise immer auch Kostensenkung! Ein hoher Kostenanteil entfällt auf das Personal, und so sehen sich insbesondere kleine und mittlere Betriebe häufig dazu gezwungen, Entlassungen oder Gehaltskürzungen vorzunehmen.

Noch vor wenigen Jahren wäre es in Deutschland beinahe undenkbar gewesen, einem Mitarbeiter die Weiterbeschäftigung um den Preis eines geringeren Einkommens zuzumuten. Heute, bei nahezu fünf Millionen arbeitslosen Menschen, ist dies allerdings gang und gäbe. Alle Mitarbeiter reagieren auf ein solches Ansinnen zunächst betroffen. Wenn es dem Vorgesetzten dann aber gelingt, die Gründe dafür verständlich zu machen, zeigen die meisten Beschäftigten ein gewisses Maß an Verständnis. Dies ist freilich nur dann der Fall, wenn dem Mitarbeiter klar wird, daß es sich bei ihm nicht um eine Ausnahme handelt, sondern daß alle Arbeitnehmer im Betrieb gleichermaßen von der Gehaltsreduktion betroffen sind. Und das Maß an Verständnis wächst natürlich auch im Angesicht der Alternative, die den Mitarbeitern bleibt, wenn sie ihr Einverständnis nicht geben. In vielen Fällen besteht die ultima ratio dann doch in Entlassungen.

Der Gesprächsanlaß

Der Inhaber der „Martin-Apotheke" hat Sorgen – große Sorgen. Wie so viele andere Berufskollegen auch, leidet er unter der großen Zahl der Mitbewerber und der Zurückhaltung der Verbraucher. Die Umsätze der „Martin-Apotheke" sinken, das negative Betriebsergebnis erfordert umgehend eine Verringerung der Kosten. Entlassen will und kann er seine resolute und zuerst immer auf ihren eigenen Vorteil bedachte Vollzeit-Apothekerin nicht, weil er selbst kein approbierter Apotheker ist und ohne die Kollegin die Apotheke schließen müßte. Die junge Helferin wird auch benötigt. Er beschließt, mit der Apothekerin über die einzige Möglichkeit einer raschen Kostenverringerung zu sprechen: Über eine Kürzung ihres Gehalts. Wenn die Zeiten besser werden, so denkt er, wird das Gehalt eben wieder angehoben.

Was wollen Sie erreichen?

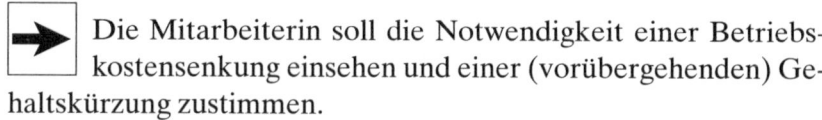 Die Mitarbeiterin soll die Notwendigkeit einer Betriebskostensenkung einsehen und einer (vorübergehenden) Gehaltskürzung zustimmen.

Arbeitsrechtliche Aspekte

Jede Kürzung des arbeitsvertraglich fixierten Gehaltes stellt eine einseitige Vertragsänderung seitens des Arbeitgebers dar, sofern sie nicht vom Arbeitnehmer ausdrücklich (und schriftlich!) gebilligt wird. Sie müssen deshalb die mündlich getroffenen Vereinbarungen auf jeden Fall schriftlich festhalten und von Ihrem Mitarbeiter unterschreiben lassen.

Der Gesprächsleitfaden

V: *Frau Richter, Sie wissen ja selbst, wie es um das Geschäft bestellt ist. Die Gesundheitsreform beutelt uns ganz ordentlich. Und dann die Konkurrenz – zwei Ecken weiter modernisiert die „Kronen-Apotheke" gerade ihren Verkaufsraum; unten am Markt soll sich nächsten Monat ein weiterer Kollege niederlassen; ich kann schon gar nicht mehr ruhig schlafen. Mein Steuerberater hat mir angesichts der schlechten Ergebnisse von 1997 dringend geraten, die Kosten herunterzufahren. Und zwar schnell. Ich habe also letztes Wochenende hin- und hergerechnet, und mir bleibt – leider, leider – nur eine Möglichkeit …*

M: *Sie wissen genau, daß Sie mich nicht entlassen können, ohne Ihre Apotheke aufzugeben. In jeder Apotheke muß ein ausgebildeter Apotheker angestellt sein. Die Helferin reicht nicht.*

V: *Natürlich weiß ich das, und ich will die Apotheke ja auch gar* *nicht schließen. Aber jetzt geht es nicht mehr allein um das Wollen, sondern um das Können. Ich kann die gegenwärtige Kostenbelastung nicht länger tragen. Allein Ihr Gehalt macht 22 Prozent unserer monatlichen Fixkostenbelastung aus. Frau Richter, ich frage Sie geradeheraus: Können Sie mir da im Interesse des Fortbestandes der „Martin-Apotheke" entgegenkommen? Wir würden sofort besser dastehen, wenn Sie mit einer vorübergehenden Gehaltskürzung von zehn Prozent einverstanden wären. Natürlich betrifft dies unsere Helferin gleichermaßen. Mit ihr spreche ich gleich im Anschluß.*

M: *Aber das sind 800 Mark monatlich! Nein, das kann ich nicht akzeptieren. Ich brauche das Geld. Sie wissen, wir bauen gerade.*

V: *Frau Richter, ich bitte Sie ungern darum. Sie sind jeden Pfennig wert, den Sie bei der „Martin-Apotheke" verdienen. Aber wenn ich die Apotheke aufgeben muß, dann sind Sie noch stärker betroffen. Sie wissen, wie schwer es ist, als angestellter Apotheker einen neuen Arbeitsplatz zu finden.*

M: *Wollen Sie mir drohen? Darauf lasse ich mich nicht ein.*

V: *Jetzt mißverstehen Sie mich aber bewußt. Wenn hier einer droht, dann ist es die Bank oder der Steuerberater. Ich wäre von der Aufgabe der Apotheke doch ebenso betroffen wie Sie. Gerade deshalb habe ich insgeheim auf Ihr Einverständnis gehofft, zumal es sich ja nur um eine vorübergehende Maßnahme handelt. Wenn die Umsätze wieder steigen, klettert Ihr Gehalt sofort wieder auf das jetzige Niveau. Und wenn wir die Investition für das Präparatelager wieder hereingeholt haben, ist natürlich auch eine Gehaltserhöhung drin. Wenn es mir aber nicht gelingt, Sie zu überzeugen, dann stehen mir nicht mehr viele Wege offen.*

M: *Ich verstehe die Situation, aber ich sehe auch meine eigene Lage. Zehn Prozent sind viel Geld. Lassen Sie mich zunächst mit meinem Mann darüber sprechen. Ich sage Ihnen in den nächsten Tagen Bescheid.*

V: *Gut, Frau Richter. Aber lassen Sie sich bitte nicht zu viel Zeit.*

Ein vom Mitarbeiter gewünschter Zeitaufschub ist beim Thema Gehaltskürzung durchaus an der Tagesordnung. Die Nachricht muß erst verdaut werden. Wenn der Mitarbeiter nicht von sich aus in den nächsten Tagen auf Sie zukommt, sollten Sie erneut das Gespräch suchen. Bei dieser Unterredung können Sie die drohenden Gefahren für das Unternehmen noch einmal beschreiben.

V: *Wie sieht es jetzt aus, Frau Richter? Haben Sie sich meinen Vorschlag überlegt?*

M: *Daß ich nicht begeistert bin, werden Sie verstehen. Ich habe einen anderen Vorschlag. Ich verzichte im laufenden Jahr auf das Weihnachtsgeld, aber unter dem Vorbehalt, daß mir diese Summe bei besserer Konjunktur zurückgezahlt wird. Das Weihnachtsgeld hatte ich bei unserem Hausbau nämlich noch nicht berücksichtigt. Darauf könnte ich zur Not verzichten.*

Wenn der Mitarbeiter von sich aus einen Alternativvorschlag vorlegt, spricht das zunächst einmal für ihn und sein Engagement dem Unternehmen gegenüber. Prüfen Sie diesen Vorschlag deshalb eingehend und gehen Sie – wenn immer möglich – darauf ein. Genügt Ihnen dieses Entgegenkommen nicht, dann begründen Sie es klar und deutlich.

V: *Ich danke Ihnen für Ihr Verständnis, aber mit dieser Einmalzahlung kommen wir nicht auf Dauer über die Runden. Die Bank will eine dauerhafte Kostenverringerung bei uns sehen. Nein, wir brauchen leider diese zehn Prozent von allen Mitarbeitern, um die „Martin-Apotheke" weiterzuführen. Ich werde Ihnen meinen Vorschlag morgen schriftlich vorlegen, und Sie überlegen übers Wochenende, ob Sie unter diesen neuen Bedingungen bei uns bleiben möchten. Noch einmal: Ich möchte Sie und die „Martin-Apotheke" wirklich ungern verlieren, Frau Richter.*

Siehe auch Führungsstil, Job Rotation, Kündigung, Leistungsabhängige Vergütung, Outsourcing, Reorganisation/Umstrukturierung, Versetzungsgespräch, Vorruhestandsregelung.

Gehaltszusatzleistungen

Gehaltszusatzleistungen (auch „Fringe Benefits") waren früher vor allem als Sondervergütungen im oberen Management bekannt geworden. Heute bezeichnet man ganz unterschiedliche Teile der variablen Gehaltszusatzleistungen als „Fringe Benefits". Sie dürfen keineswegs mit den betrieblichen Sozialleistungen und den Lohnnebenkosten verwechselt werden.

Viele Jahre lang stand der Dienst- oder Firmenwagen als Synonym für Zusatzleistungen. Doch schon in den 60er Jahren wurden in den USA weitere Zusatzleistungen ersonnen. Inzwischen beträgt nach einer Untersuchung der Wirtschaftsprüfunggesellschaft KPMG das Festgehalt eines Chief Executive Officer (vergleichbar dem deutschen Vorstandsvorsitzenden) nur noch 31 Prozent der Gesamtvergütung. 69 Prozent sind also variable, in der Regel erfolgsabhängige Vergütungsleistungen.

Gehaltszusatzleistungen werden in vielerlei Formen angeboten. Die Bandbreite reicht von Geld, Versicherungsprämien (zum Beispiel für eine zusätzliche Altersversorgung), Beteiligungen an der Miete, bezahlten Clubmitgliedschaften bis hin zu Stock Options (Aktienoptionen) des Arbeitgebers. Allen gemeinsam ist das Motiv, den Mitarbeiter stärker in die Leistungsverpflichtung zu nehmen. Denn geht es dem Unternehmen gut, soll der Mitarbeiter auch daran partizipieren.

Der Gesprächsanlaß

Herr Kiefer, ein talentierter junger Abteilungsleiter im Marketing, hat im vergangenen halben Jahr eine ganze Reihe Projekte angeschoben. Seine Aktivitäten waren zwar zuweilen etwas kostspielig, aber doch letztlich so erfolgreich, daß sie zu einer merklichen Verbesserung im Vertrieb führten. Mit dieser Vorgabe und dem Leistungsziel, „eine schlagkräftige Marketingabteilung aufzubauen" war er vor zwei Jahren eingestellt worden.

Herr Kiefer hat noch einige vielversprechende Projekte in der Hinterhand, die er bisher nur angedeutet hat. Nun, nach seinen ersten Erfolgen, möchte Herr Kiefer eine Gehaltserhöhung, wie sie ihm auch vor einiger Zeit in Aussicht gestellt worden war: „Wenn Sie gute Arbeit leisten, läßt sich auch über Ihr Gehalt durchaus verhandeln", hat er die Worte seines Vorgesetzten noch im Ohr. Jetzt sitzt er im Büro seines Vorgesetzten und trägt seine Wünsche vor.

Was wollen Sie erreichen?

→ Da Sie keine Gehaltserhöhung gewähren können, aber den Mitarbeiter dennoch nicht demotivieren wollen, suchen Sie nach einer anderen Form, um seinen Wünschen entsprechen zu können.

Arbeitsrechtliche Aspekte

Gehaltszusatzleistungen werden individuell im Arbeitsvertrag vereinbart. Nur dann hat der Arbeitnehmer ein dauerhaftes Anrecht darauf.

Der Gesprächsleitfaden

V: *Herr Kiefer, Sie möchten jetzt also mehr Geld.*

M: *Sie haben mir ja bereits den Mund wäßrig gemacht mit Ihrer Andeutung vor ein paar Monaten. Ich denke, ich habe wirklich etwas vorzuweisen. Meine Arbeit ist prima gelaufen, denken Sie nur an unseren erfolgreichen Messeauftritt. Ich finde daher, daß ich eine Gehaltserhöhung verdient – oder besser gesagt: hart erarbeitet – habe.*

V: *Keine Frage, Sie haben gut gearbeitet. Das hatte alles Hand und Fuß, perfekt vorbereitet. Aber momentan ist eine Gehaltserhöhung leider nicht drin.*

M: *Warum nicht?*

V: *Sie wissen ja, das Geschäft in Osteuropa läuft eher schleppend. Und die unklare Lage in Indonesien kostet uns auch eine Menge Geld. In dieser angespannten Situation möchte ich keine Gehaltserhöhungen zusichern.*

M: *Das kann ich zwar nachvollziehen, aber motivierend ist das nicht gerade.*

V: *Herr Kiefer, was halten Sie denn von folgendem Vorschlag? Sie bekommen von uns eine andere geldwerte Leistung, die Ihnen gleichzeitig Steuern sparen hilft.*

M: *Hm, was meinen Sie denn?*

V: *Wir schließen für Sie eine Direktversicherung ab, die Ihnen ungefähr zur Hälfte des Betrags steuermindernd anerkannt wird. Das sind maximal 284 Mark im Monat. Und Sie haben dadurch einen jährlichen Sparbetrag von 3408 Mark, der sich im Laufe der Jahre ganz hübsch summieren wird. Für Sie wird das eine zusätzliche Alterssicherung, deren Endbetrag über eine Viertelmillion Mark ansteigen kann – je nach Vertragslänge und der Versicherung.*

M: *Oh, das klingt interessant.*

V: *Eben, ich denke, diese Art von geldwerter Leistung, von der Sie zwar jetzt noch nichts haben, kann sich als sehr positiv in der Zukunft für Sie erweisen. Wir überlegen momentan noch andere Formen vermögensbildender Leistungen, die wir unseren Mitarbeitern anbieten möchten.*

M: *Mir gefällt Ihr Vorschlag. Ich möchte mich gerne noch genauer darüber informieren.*

Checkliste

 ► Keine einzelne Zusatzleistung darf zu einem automatischen Gehaltsbestandteil werden.

► Die Gesamtvergütung muß immer im Auge behalten werden.

► Die Zusammensetzung der einzelnen variablen Anteile muß überschaubar bleiben.
► Der verwaltungstechnische Aufwand für die Berechnung und Zuteilung der „Fringe Benefits" darf nicht ausufern.
► Die Anwendung des Systems, das ein Unternehmen für seine Bedürfnisse ausgeklügelt hat, muß einfach bleiben.
► Das Fringe-Benefit-System muß flexibel sein und neuen Bedingungen und Anforderungen angepaßt werden.

Siehe auch Gehalt, Leistungsabhängige Vergütung, Motivationsgespräch, Zielvereinbarung.

Gemeinsame Leitung

Immer mehr Managementtheoretiker behaupten, daß es nicht nur einen einzigen – den besten – Führungsstil gibt, sondern viele verschiedene. Die situative Führung geht davon aus, daß der jeweils beste der bei einer bestimmten Situation angebrachte Führungsstil ist. Und das hängt unter anderem davon ab, ob die Führungskraft eher aufgaben- oder eher mitarbeiterorientiert ist und wie „reif" der Mitarbeiter für eine bestimmte Aufgabe ist. Die Grundregel bei der situativen Führung lautet: „Je reifer ein Mitarbeiter in der jeweiligen Situation ist, desto geringer sollte die Aufgabenorientierung (Erläuterung und Anleitung, wie einzelne Aufgaben zu lösen sind) und desto höher die Mitarbeiterorientierung (Anerkennung) sein. Liegt eine überdurchschnittlich hohe Mitarbeiterreife vor, sollte der Vorgesetzte die Mitarbeiterorientierung wieder reduzieren. Denn ein solch „reifer Mitarbeiter" benötigt die soziale Unterstützung des Vorgesetzten nur noch in geringem Maße." (Aus: Mentzel/Dürr, „Lexikon der Personalpraxis", Planegg 1997. S. 194.)

Der Gesprächsanlaß

Der Vorgesetzte fordert in nacheinander geführten Einzelgesprächen zwei Mitarbeiter zur gemeinsamen Übernahme der Leitung eines Großprojektes auf. Mitarbeiter Meier kann gut mit Menschen umgehen, hat aber nur geringe Projekterfahrung. Mitarbeiter Müller ist zwar sehr projekterfahren, stößt aber leider aufgrund seines Verhalten häufig auf die Kritik der Kollegen.

Was wollen Sie erreichen?

Sie wollen beide Mitarbeiter individuell ansprechen und motivieren, die Aufgabe zu übernehmen und das Projekt erfolgreich gemeinsam zu bewältigen.

Der Gesprächsleitfaden

Erstes Gespräch

V: *Herr Meier, ich möchte, daß Sie gemeinsam mit dem Kollegen Müller die Leitung des Projektes „Umzug nach Berlin" übernehmen. Ich denke, 18 Monate sind nicht zu knapp dafür angesetzt. Die Ziele des Projektes sind Ihnen ja bekannt. Wieviele Leute brauchen Sie – was schätzen Sie?*

M1: *Oh je, das kann ich so aus dem Stegreif nicht sagen. Darüber muß ich erst mal mit Müller und ein paar anderen Kollegen sprechen und die Unterlagen sichten. Aber ich freue mich sehr darüber, daß Sie mir das zutrauen.*

V: *Das schaffen Sie beide bestimmt.*

Hier ist der Hinweis auf den zweiten Projektleiter sehr angebracht. Menschen mit stärkerer Mitarbeiterorientierung und emotionaler Kompetenz überschätzen sich nicht selten.

V: *Was die Projektplanung angeht, so erwarte ich einen aussagefähigen Vorschlag bis Ende März.*

M1: *Bis dahin ist nicht viel Zeit. Darum soll sich Müller kümmern.*

V: *Ich weiß, daß der Kollege in solchen Dingen mehr Erfahrung hat als Sie. Aber ich möchte, daß Sie die gemeinsame Projektleitung zum Anlaß nehmen, um in der Projektsteuerung und im Projektcontrolling Erfahrung zu gewinnen. Überlassen Sie also diese technischen Dinge nicht nur dem Kollegen, sondern knien Sie sich bitte auch in die Details. Also, dann legen Sie mir bitte den Plan Ende März vor. Viel Erfolg!*

Zweites Gespräch

V: *Herr Müller, ich möchte Sie gemeinsam mit dem Kollegen Meier mit der Leitung der Projektes „Umzug nach Berlin" beauftragen. In achtzehn Monaten ist dort unsere neue Zentrale bezugsfertig. Wieviele Mitarbeiter benötigen Sie für die Projektplanung? Sie sind ja ein alter Hase im Projektmanagement.*

M2: *Ja, das kann ich Ihnen aber erst sagen, wenn ich alle Ziele und Details kenne. Soll ich das Projekt leiten, und ist Meier mein Co-Pilot?*

V: *Sie beide sollen die Projektleitung gemeinsam übernehmen. Sie haben die bedeutend größere Managementerfahrung, und Herr Meier hat sich im Personaleinsatz und in der Führung hervorgetan. Ich denke, Sie sind ein gutes Gespann.*

M2: *Na ja. Meier liebt endlose Konferenzen, redet nur viel mit den Leuten und drückt sich gern um die diffizile Zahlenarbeit. Es wäre besser, wenn es nur einen Projektleiter gäbe.*

V: *Sie brauchen für dieses Projekt aber die Unterstützung von Mitarbeitern aus dem Haus. Es wird Ihre Aufgabe sein, zu motivieren, zu begeistern und zu führen. Schauen Sie Herrn Meier dabei ruhig mal über die Schulter und versuchen zu erkennen, wie er mit den Mitarbeitern umgeht. Wenn Sie das nämlich auch so gut können wie Ihr Kollege – der Ihnen fachlich nicht das Wasser reichen kann –, dann steht Ihrem Aufstieg nichts im Wege. Was meinen Sie – kann ich bis Ende März einen Projektplan haben?*

M2: *Aber sicher. Das schaffe ich.*

V: *Das schaffen Sie beide – Sie und Herr Meier. Viel Erfolg.*

Siehe auch Coaching, Delegation, Führungsstil, Kritikgespräch, Motivationsgespräch, Pannen im Betrieb.

Gewinnbeteiligung/Gratifikation

Eine ganze Reihe von Unternehmen ist seit geraumer Zeit dazu übergegangen, Arbeitnehmern nicht nur ein festes Gehalt zu zahlen, sondern sie auch an den Gewinnen des Unternehmens zu beteiligen. Die alte Gewerkschaftsforderung „Produktivvermögen in Arbeitnehmerhand" wird auf diese Art und Weise erfüllt.

Neben der prozentualen Gewinnbeteiligung, die einmal jährlich nach bestimmten Kriterien wie Leistung, Betriebszugehörigkeit oder Verantwortung errechnet und ausgezahlt wird, gibt es auch die Möglichkeit, Aktien zum Vorzugspreis oder Optionsscheine des Unternehmens zu Sonderkonditionen zu erwerben. Das vielzitierte Prinzip des Shareholder Value, so erkennen mehr und mehr Betriebe, kann langfristig schließlich nicht das allein seligmachende Rezept sein. Alle Stakeholder – dazu gehören neben den Kapitaleignern auch die Mitarbeiter und andere am Rande des Unternehmens beteiligte Gruppen – müssen auf lange Sicht befriedigt werden, damit ein Unternehmen überhaupt eine Lebenszeit von zwanzig Jahren überschreitet. Diese Forderung wird in zahlreichen wissenschaftlichen Studien mit empirischem Datenmaterial untermauert. Liegt der Schwerpunkt des Managements einzig auf den Interessen der Aktionäre, wird kaum ein Unternehmen älter als ein Teenager. Nur wer auf die Interessen aller Beteiligten achtet, kann sein Unternehmen auch durch mögliche Krisen und konjunkturelle erfolgreich Verwerfungen steuern.

Einmal im Jahr wird allen – oder nach bestimmten Kriterien ausgewählten – Mitarbeitern in einem persönlichen Gespräch mitgeteilt, wie hoch ihre diesjährige Gewinnbeteiligung ausfällt. Nach welchen Gesichtspunkten die Entscheidung getroffen wird, entscheidet das Management oder der Unternehmer selbst. Doch werden sicherlich die Höhe des Betriebsergebnisses, die Dauer der Betriebszugehörigkeit des Mitarbeiters, die jeweils erbrachte Jahresleistung und das Gehalt als Ausgangsbasis der Berechnung eine Rolle spielen.

Der Gesprächsanlaß

Frau Keller ist seit dreieinhalb Jahren in einem Unternehmen beschäftigt, das kleine, aber feine elektronische Geräte herstellt. Die Umsätze sind von Jahr zu Jahr rasant gestiegen, die Gewinne zwar nicht ganz so flott, aber doch ebenfalls beträchtlich. Frau Keller, mit einem Jahresgehalt von 70000 Mark im Unternehmen im Mittelfeld, gehört zu den tüchtigen Mitarbeitern. Sie arbeitet fleißig und hat bisher schon einige bemerkenswerte Leistungen vorweisen können.

Arbeitsrechtliche Aspekte

Ob und nach welchen Kriterien eine Gewinnbeteiligung erfolgt, entscheidet das Unternehmen. Den Mitarbeitern muß aber die Bemessungsformel eindeutig mitgeteilt werden. Die meisten Arbeitsverträge enthalten darüber hinaus eine Klausel, nach der der Mitarbeiter keinen Rechtsanspruch auf die Gewinnbeteiligung oder die Höhe der Jahresgratifikation hat. Geht es dem Unternehmen in einem Jahr nicht so gut, kann das Management die Gewinnbeteiligung ganz oder teilweise aussetzen.

Der Gesprächsleitfaden

V: Frau Keller, Sie sind jetzt im vierten Jahr bei uns beschäftigt. In diesem Jahr erhalten Sie zum ersten Mal eine Gewinnbeteiligung, die – wie Sie sicherlich wissen – erst nach dem dritten Jahr der Betriebszugehörigkeit gezahlt wird.

M: Oh, da bin ich jetzt gespannt.

V: Das dürfen Sie auch sein. Wir legen die Höhe der Gewinnbeteiligung immer nach drei Kriterien fest: die Dauer der Betriebszugehörigkeit, die Höhe des Gehalts und Ihre Jahresleistung. Die messen wir ja anhand der Erreichung Ihrer Ziele. Insgesamt kommen wir bei Ihnen auf eine Höhe von 7350 Mark. Das ist deshalb noch nicht höher, weil es ja Ihre erste Gewinnbeteili-

gung ist. Je länger Sie unserem Betrieb angehören, um so höher kann dieser Betrag werden. Aber natürlich hängt die Gratifikation in erster Linie von unseren Gewinnen ab. Wir mußten in diesem Jahr eine Reihe von Investitionen vornehmen, so daß unser Ergebnis nicht ganz so hoch wie im vergangenen Jahr ist. Aber es gibt auf jeden Fall eine Ausschüttung.

Modell der Gewinnbeteiligung über Aktien
Manche Unternehmen beteiligen ihre Mitarbeiter an den Gewinnen, indem sie ihnen das Recht einräumen, Aktien oder Optionsscheine zum Vorzugspreis zu erwerben. Wenn das Unternehmen die Gewinne und damit den Unternehmenswert an der Börse steigern kann, steht der Mitarbeiter gut da. Da der Wert seiner Aktien gestiegen ist, kann er beim Verkauf einen Gewinn erzielen. Erreicht die Firma kein positives Ergebnis und stürzen die Börsenkurse nach unten, geht der Mitarbeiter unter Umständen leer aus.

M: *Wieso, gibt es denn nicht immer eine Gewinnbeteiligung?*

V: *Nein, nur wenn unser Betriebsergebnis dieses erlaubt. Sollten wir in die roten Zahlen rutschen, gehen Sie leer aus. Deshalb appellieren wir ja immer an unsere Mitarbeiter, selbst dazu beizutragen, daß es der Firma gut geht.*

M: *Oh Gott, ich dachte, das wäre ein jährlicher fester Betrag, mit dem ich rechnen kann.*

V: *Nein, rechnen können Sie damit nicht. Diese Leistung ist laut Betriebsvereinbarung freiwillig. Aber Sie dürfen sich trotzdem freuen. Machen wir Verluste, müssen Sie nichts zuzahlen.*

M: *Da fällt mir ein Stein vom Herzen. Ich dachte schon, das gilt womöglich umgekehrt. Und ich müßte dann zahlen.*

V: *Nein, machen Sie sich keine Sorgen. Aber Sie müssen damit rechnen, daß Sie eventuell in einem Jahr einmal gar nichts be-*

kommen. Richten Sie sich also bitte danach und kalkulieren Sie mit dieser Summe keine Hypothekenrückzahlungen bei der Bank ein. Das könnte sonst ein böses Erwachen geben.

Siehe auch Betriebliche Sozialpolitik, Gehalt, Jahresgespräch (Jährliches Personalgespräch), Leistungsabhängige Vergütung, Motivationsgespräch, Zielvereinbarung.

Wenn ein Mitarbeiter kündigt, dann weiß der Arbeitgeber, daß er sich nach einer neuen Arbeitskraft umsehen muß. Die Kündigung ist transparent, eindeutig und offen.

Die innere Kündigung ist Dienst nach Vorschrift. Alles, was über das Nötigste hinausgeht, wird nicht angepackt. Würde der Mitarbeiter offen streiken, hätten Sie eine Handhabe. Doch diese Chance gibt er Ihnen nicht. Er macht ja seinen Job. Lustlos, ohne Engagement, oft schlecht gelaunt, aber er erfüllt so gerade eben die Mindestanforderungen.

Gefährlich an einer solchen Arbeitseinstellung ist zweierlei:

- Ihrer Firma geht wertvolles kreatives Potential verloren.
- Die Haltung färbt auf andere Mitarbeiter ab.

Daher ist es wichtig, daß Sie gleich beim ersten Anzeichen innerer Kündigung eingreifen. Bitten Sie den Mitarbeiter zu einem Gespräch. Niemand kündigt grundlos innerlich. Arbeitswissenschaftler vertreten die These, daß die Leistungsunwilligkeit von Mitarbeitern in vielen Fällen durch den (schlechten) Führungsstil des Unternehmens verursacht wird. Checken Sie also vor dem Gespräch sicherheitshalber die Punkte Betriebsklima und Unternehmenskultur. Falls Sie auf ein Defizit stoßen, sprechen Sie es im folgenden Gespräch direkt an.

Der Gesprächsanlaß

Der Mitarbeiter ist zwar noch in Ihrer Firma beschäftigt, eifrig wird er aber erst fünf Minuten vor dem Ende seiner Arbeitszeit: beim Zusammenräumen. Er fällt nicht durch schlechte Leistungen auf – er fällt überhaupt nicht auf. Freiwillige Überstunden macht er grundsätzlich nicht, sondern er kommt und geht pünktlich.

Was wollen Sie erreichen?

→ Sie wollen den Mitarbeiter aus seiner Reserve locken und zu höherem Einsatz motivieren. Dazu müssen Sie die Gründe für sein Verhalten erfahren.

Der Gesprächsleitfaden

V: *Ich möchte mit Ihnen über Ihr berufliches Weiterkommen sprechen. Sie erledigen Ihre Arbeit ordentlich. Soweit sind wir mit Ihnen zufrieden. Ich vermute aber, Sie könnten noch mehr leisten. Wie stellen Sie sich denn Ihre Zukunft bei uns vor?*

M: *Ich glaube, ich mache meine Arbeit gut. Meine augenblickliche Position gefällt mir. Aber warum fragen Sie?*

V: *Offen gesagt habe ich in letzter Zeit den Eindruck, daß Sie sich nicht mehr so stark einsetzen wie früher. Sie erfüllen Ihren Job, aber macht er Ihnen auch Freude?*

M: *Ja, schon. Natürlich nicht immer. Gegen eine bessere Bezahlung hätte ich aber nichts einzuwenden.*

V: *Das kann ich verstehen. Doch ich sehe im Augenblick nicht, wie wir Sie mit anspruchsvolleren Aufgaben betrauen sollen. Nicht, daß wir grundsätzlich dazu nicht bereit wären, wenn sich die Gelegenheit bietet. Aber aus unserer Sicht fehlen dazu im Augenblick die Voraussetzungen. Genau darüber möchte ich heute mit Ihnen reden.*
Gibt es in Ihrer momentanen Position irgendein konkretes Problem, das Sie daran hindert, neue Ideen zu entwickeln, auch mal eigene Vorschläge zu unterbreiten oder sich insgesamt stärker für die Firma zu engagieren?

Wenn der Mitarbeiter im weiteren Verlauf des Gesprächs abblockt, wenn Sie ihm keinerlei Gründe für sein Verhalten entlocken können, dann ist ein zweites Gespräch höchstwahrscheinlich sinnlos. Setzen Sie sich mit dem Betriebsrat in Verbindung. Wenn auch das nicht zu einer Klärung und mittelfristigen

Verbesserung der Situation führt, sollten Sie eine Trennung erwägen.

Checkliste

 An welchen Symptomen können Sie erkennen, daß Mitarbeiter innerlich gekündigt haben?

▶ Die Beschwerden der Kunden häufen sich; sie erwarten selbstverständlich exzellenten Service und keine halbherzige Planerfüllung.

▶ Auffallend viele Kunden wandern kommentarlos ab.

▶ Ihre Firma muß zusätzliches Personal einstellen, um die Aufgaben erfüllen zu können.

▶ Gleichzeitig stagniert oder sinkt aber der Umsatz.

▶ Es wird immer schwerer für Sie, neue gute Mitarbeiter einzustellen. Für Spitzenkräfte ist Ihre Firma unattraktiv geworden.

▶ Solche Konsequenzen sind kostspielig. Achten Sie daher unbedingt auf frühe Signale im Verhalten Ihrer Mitarbeiter!

Siehe auch Vorruhestandsregelung, Abfindung, Kündigung.

Interne Kommunikation

Jedes Unternehmen und jede Organisation hat vielfältige Kontakte zur Außenwelt, zu Kunden, zu den Behörden, zu Konkurrenten und zu den Medien. Diese Umwelt regelmäßig über aktuelle Geschehnisse im Unternehmen zu informieren, ist die Aufgabe der externen Kommunikation, die sich wiederum – je nach Zielgruppe – in Presse- und Öffentlichkeitsarbeit sowie in Marktkommunikation unterteilt.

Geht es hingegen um die eigene Organisation und um die Mitarbeiter, die darin tätig sind, so ist das Feld der internen Kommunikation angesprochen. Das Ziel der internen Kommunikation ist es, die Belegschaft kontinuierlich über die Neuigkeiten im Betrieb zu informieren und im Gegenzug die Meinung der Mitarbeiter über betriebliche Belange in Erfahrung zu bringen. Jede größere Organisation veröffentlicht dazu regelmäßig Mitarbeiterzeitschriften und interne Informationen an schwarzen Brettern oder verfügt über interne E-Mail- und Memo-Systeme. Zur internen Kommunikation gehören daneben Abteilungs- und Bereichsmeetings, in denen sich Führungskräfte und Mitarbeiter austauschen.

Nachweislich ist es von großer Bedeutung für den Erfolg eines Unternehmens, daß die innerbetriebliche Kommunikation reibungslos klappt. Störungen zwischen einzelnen Abteilungen oder Arbeitsgruppen sollten daher so rasch wie möglich vom Vorgesetzten behoben werden.

Der Gesprächsanlaß

Die F+E-Abteilung arbeitet schon lange an einer neuen Baugruppe, doch der Leiter der Abteilung ist mit den Ergebnissen seines Teams nicht zufrieden. Daher hält er die Produktionsabteilung hin und verschiebt den Fertigungsbeginn immer wieder in die Zukunft. Der Vertrieb wird von Monat zu Monat nervöser, weil ein Großkunde auf einen bestimmten Liefertermin drängt. Doch der Leiter der Entwicklung läßt alle Vorwürfe und das Drängen des Vertriebs an sich abprallen. Diskussionen beginnen in der Regel mit den Worten „Sie schon wieder" von seiten des Entwicklungschefs und enden mit den Worten „Sie werden schon sehen, was Sie davon haben", die der wütende Vertriebsleiter hervorstößt, bevor er den Raum verläßt. Der Leiter der Forschungsabteilung, so sieht es der Geschäftsführer mit großer Sorge, scheint die Bedeutung der Neuentwicklung aus den Augen verloren zu haben. Alles deutet darauf hin, daß hier die Kommunikation nicht funktioniert hat. Der Geschäftsführer sieht sich gezwungen, einzugreifen.

Was wollen Sie erreichen?

→ Da die beiden Kontrahenten in dieser verfahrenen Situation offenbar das Problem nicht allein lösen können, sind zwei Gespräche angebracht. Oberstes Ziel muß es sein, die beiden Führungskräfte zurück an den Verhandlungstisch zu bringen und eine Lösung zu finden, die den Interessen beider Seiten Rechnung trägt. Das Nahziel lautet: Die Entwicklung beschleunigen, so daß der Liefertermin eingehalten werden kann. Das mittelfristige Ziel lautet: Den internen Kommunikationsfluß verbessern.

Der Gesprächsleitfaden

Erstes Gespräch

V: *Herr Hübner, der Leiter der Entwicklung, hat sich bei mir beklagt, Sie würden ihn hinsichtlich des Projektes „Alpha" ständig unter Druck setzen. Er könne nicht in Ruhe arbeiten. Sie nennen einen Liefertermin im Dezember für diesen Kunden.*

M1: Aus meinen Unterlagen geht hervor, daß der Termin 15. Dezember unbedingt gehalten werden muß. Der Kollege kennt diesen Termin und weiß, daß es sich um einen strategisch wichtigen Auftrag für uns handelt. Ich habe Herrn Dr. Schmidt mehrfach darauf angesprochen, weil die Fertigung ja nur vier Wochen Zeit hat. Wir haben aber bereits den 10. Oktober. Ich finde, die F+E sollte sich beeilen. Es drängt meiner Ansicht nach wirklich.

V: Ich sehe aus meinen Unterlagen ebenfalls, daß der 15. Dezember die absolute Deadline ist.

M1: Genau das habe ich Herrn Schmidt immer wieder gesagt. Er sagt jedesmal, er wüßte nicht, warum ich derartig drängen würde. Seine Abteilung hätte doch noch genügend Zeit. Das muß ich bezweifeln. Ich verstehe Herrn Dr. Schmidt nicht. Er weiß genau, daß wir mit der Fertigung spätestens am 12. November anfangen müssen, um den Termin zu halten.

V: Das wird wirklich knapp. Und er hat bisher noch keinen Prototypen der Baugruppe fertig.?

M1: Das ist doch das Problem. Wir haben noch nichts, rein gar nichts.

V: Nun, dann schlage ich vor, Herrn Dr. Schmidt zum Gespräch dazuzubitten.

Zweites Gespräch

V: Guten Tag, Herr Dr. Schmidt. Herr Hübner und ich sitzen hier beisammen und prüfen gerade die Terminlage für die neue Baugruppe. Die Deadline ist nach meinen Unterlagen der 15. Dezember.

M2: Moment, das kann nicht sein. Ich habe hier das Schreiben vom 17. Juli, da wird als Endtermin der 15. Februar genannt.

M1: Aber das Schreiben ist ja uralt. Der Kunde hat uns noch ein Fax mit veränderten Terminen im August geschickt. Bitte sehr.

M2: Das sehe ich zum ersten Mal. Davon hat mir bisher niemand etwas gesagt.

V: Aber ich hatte Herrn Hübner alle Unterlagen rechtzeitig zukommen lassen – mit der Bitte um Weiterleitung.

M1: Das hätte meine Sekretärin auch sofort tun sollen. Ich werde sie gleich darauf ansprechen.

V: Falls sie das tatsächlich vergessen haben sollte, erklärt das allerdings alles.

Checkliste

 Um den Informationsfluß zu gewährleisten, müssen
▶ regelmäßige Meetings abteilungsübergreifend stattfinden,
▶ alle beteiligten Abteilungen wöchentliche Kurzkonferenzen abhalten, um Informationen an alle Mitarbeiter zu verbreiten,
▶ wichtige Informationen per Rundbrief oder E-Mail verschickt werden,
▶ von wichtigen Meetings Protokolle mit genauen Terminangaben angefertigt und verteilt werden,
▶ Protokolle an alle am Rande Beteiligten zur Kenntnis versandt werden.

Siehe auch Betriebsklima, Intrigen, Störungen in der Gruppe.

Intrigen

Intrigen gibt es gelegentlich in jedem Unternehmen, in jeder Behörde, in jeder Organisation. Sie lassen sich nicht per Verordnung oder Betriebsvereinbarung untersagen, denn sie entspringen menschlichen Gefühlen wie Neid, Mißgunst und Angst. Als Faustregel gilt freilich immer: Je offener und ehrlicher der Umgang der Mitarbeiter untereinander und das Verhältnis zwischen Vorgesetzten und Mitarbeitern ist, desto weniger gut gedeiht die Intrige.

Der Gesprächsanlaß

Zwischen zwei Mitarbeitern einer Abteilung gibt es laufend Konflikte. Während Frau Schneider sich ihrem Kollegen Braun gegenüber korrekt, aber distanziert verhält, versucht der Kollege, Initiativen und Vorschläge der Mitarbeiterin zu torpedieren. Der Hintergrund: Die beiden Mitarbeiter arbeiten auf der gleichen Ebene, Frau Schneider ist aber deutlich erfolgreicher als Kollege Braun und zudem fünf Jahre jünger.

Frau Schneider hat ihren Vorgesetzten um ein Gespräch gebeten. Um beide Sichtweisen des Konfliktes zu erfahren, lädt der Vorgesetzte Herrn Braun ebenfalls dazu.

Was wollen Sie erreichen?

Sie wollen zu einer Klärung des Konfliktes beitragen, um die Zusammenarbeit zwischen beiden Mitarbeitern zu verbessern und eine optimale Arbeitsleistung sicherzustellen.

Der Gesprächsleitfaden

V: Frau Schneider, Herr Braun, ich habe gehört, daß es Probleme

195

in Ihrer Zusammenarbeit gibt. Darüber möchte ich mich mit Ihnen unterhalten. Da Sie, Frau Schneider, um dieses Gespräch gebeten haben, legen Sie doch bitte als erste Ihren Standpunkt dar.

M1: *Probleme? Das ist stark untertrieben. Herr Braun intrigiert ganz offensichtlich gegen mich. Wir waren beide zu dem Führungsseminar nächste Woche in Hannover angemeldet. Als ich Herrn Braun gestern darauf ansprach, hat er scheinheilig bedauert, daß ich nicht zu dem Seminar gekommen bin. Der Termin ist nämlich vorverlegt worden, auf letztes Wochenende. Herr Braun hatte die Nachricht davon erhalten, aber nicht an mich weitergegeben. Jedenfalls hat mein Sekretariat nichts davon erfahren. Ich halte das für unkollegial.*

M2: *Das ist eine unerhörte Unterstellung. Sie können mich doch nun wirklich nicht für die Schlamperei Ihres Sekretariats verantwortlich machen!*

V: *Bitte beruhigen Sie sich. Wir sollten uns bemühen, den Sachverhalt zu klären.*

M1: *Da gibt es nichts zu klären. Die Angelegenheit ist sonnenklar. Herr Braun hat mich ganz bewußt nicht informiert. Es wäre doch das Normalste von der Welt gewesen, mit mir über den geänderten Termin zu reden. Aber es kam ihm offensichtlich gar nicht ungelegen, daß die Organisation einen Fehler gemacht hat.*

V: *Frau Schneider, ich kann Ihre Enttäuschung verstehen. Das Seminar wäre wirklich wichtig für Sie gewesen. Allerdings können Sie ja wohl nicht beweisen, daß Herr Braun Sie absichtlich nicht informiert hat. Damit will ich die Sache nicht bagatellisieren. Auch für die Firma ist es sehr ärgerlich, daß Sie nicht an dem Seminar teilgenommen haben.*

Eines zeigt mir dieser Vorfall aber ganz deutlich: Ich habe den Eindruck gewonnen, daß Sie und Herr Braun nicht gut miteinander arbeiten können. Meine erste Frage also an Sie beide: Ist das richtig? Und die zweite Frage: Was können Sie, was kann ich tun, um eine Lösung zu finden?

M1: *Herr Braun wirft mir dauernd Knüppel zwischen die Beine.*

M2: *Frau Schneider versucht schon seit geraumer Zeit, mich auszubooten. Das macht sie sehr geschickt auf die freundliche Art. Aber es ist eine Tatsache, daß sie sich grundsätzlich die interessanteren Aufgaben an Land zieht. Da kann sie doch wirklich nicht erwarten, daß ich auch noch den Babysitter für sie spiele.*

V: *Nun mal langsam, Herr Braun. Ich habe mir vor diesem Gespräch die Aufgabenverteilung in Ihrer Abteilung noch einmal angesehen. Es stimmt, daß Frau Schneider in den letzten Monaten zunehmend wichtige Funktionen übernommen hat. Aber Herr Braun, mal ganz ehrlich: Hätten Sie sich diese Aufgaben denn wirklich zugetraut?*

M2: *Na ja, nicht alle. Aber davon rede ich ja auch nicht. Ich fände es allerdings besser, wenn nicht von vornherein unterstellt würde, daß mich gewisse Aufgaben überfordern.*

V: *Darüber sollten wir in aller Ruhe sprechen. Wir können den Verteilungsplan in den nächsten Tagen zusammen durchgehen. Ob Sie nun wirklich gegen Frau Schneider intrigiert haben, Herr Braun, kann ich nicht entscheiden. Also gilt: In dubio pro reo. Ich bitte Sie beide aber, sich in Zukunft dem Kollegen und der Kollegin gegenüber unbedingt korrekt zu verhalten. Einen Krieg in der Abteilung wollen wir doch alle nicht. – Kommen wir nun zu meiner zweiten Frage: Wie sähe eine Lösung aus?*

Der Vorgesetzte handelt diplomatisch und korrekt, wenn er den Ball an die beiden Konfliktpartner so lange zurückgibt, bis die Mitarbeiter eigene Lösungsvorschläge (klarere Aufgabenverteilung, räumliche Trennung, Versetzung etc.) auf den Tisch legen. Gerade bei unbewiesenen Intrigen zwischen zwei Mitarbeitern sollte der Chef niemals Partei ergreifen, sondern seine Mitarbeiter ermutigen, den Konflikt selbst zu lösen. Nur im Notfall, wenn nachhaltig keine Lösungsbereitschaft signalisiert wird, darf er eingreifen und über den Konflikt mit der Autorität des Vorgesetzten entscheiden.

Checkliste

 Als Schlichter angesichts (vermeintlicher) Intrigen sollte man

▶ sich zuerst um eine möglichst exakte Klärung des Sachverhalts bemühen,
▶ gnadenlos fair sein,
▶ im Notfall den Schwächeren unterstützen,
▶ den Vorfall nicht bagatellisieren,
▶ sich auf keine faulen Kompromisse einlassen,
▶ nach Auslösern für den Konfliktfall suchen,
▶ klare Spielregeln vereinbaren.

Siehe auch Betriebsklima, Ermahnung, Kritikgespräch.

Jahresgespräch
(Jährliches Personalgespräch)

Dieses Gespräch findet (mindestens) einmal im Jahr statt und trägt viele Namen: Jahresgespräch, Personalgespräch, Mitarbeitergespräch, Beurteilungsgespräch, Jahresüberprüfung, Jahreskritik. Immer geht es aber dabei um die Beurteilung der Mitarbeiterleistung im zurückliegenden Zeitraum, also in der Regel im Vorjahr, und merkwürdigerweise ist vielen Führungskräften gerade dieses Gespräch sehr unangenehm. Denn noch stärker als beim Kritikgespräch herrscht hier die Einstellung, daß solche Gespräche zu den eher unangenehmen Pflichten gehören und daß mit Widerstand seitens der Mitarbeiter gerechnet werden muß.

Die Erfahrung zeigt indes, daß Jahresgespräche in der Tat um so unangenehmer sind, je mehr Unterlassungssünden im Laufe des Jahres begangen wurden. Der Widerstand der Mitarbeiter ist begründet, wenn

- zu Beginn des Jahres keine meßbaren Ziele („Soll") mit dem Mitarbeiter vereinbart wurden, anhand derer das „Ist" nun bewertet werden kann,
- er von kritischen Wertungen seitens Vorgesetzter überrascht wird, weil nie vorher darüber gesprochen wurde,
- weniger die Sachleistung als die Person des Mitarbeiters im Vordergrund der Kritik steht,
- nicht im Laufe des zurückliegenden Jahres bei anstehenden Motivations- oder Kritikgesprächen immer wieder bezug auf die Jahresbeurteilung genommen wurde und
- das mit dem Beurteilungssystem gekoppelte Belohnungssystem inkonsistent und unausgewogen ist.

Grundsätzlich gilt: Je besser die leistungs- und ergebnisbezogene Mitarbeiterführung mit all ihren persönlichen und formellen Instrumenten während des Jahres funktioniert, desto weniger Konflikte treten im Jahresgespräch auf. Im Grunde weiß der Mitarbeiter dann schon, was er in diesem Gespräch erwarten kann.

Der Gesprächsanlaß

Einmal im Jahr bittet der Verleger die einzelnen Abteilungsleiter und -leiterinnen des Verlages zu einem Beurteilungsgespräch. Nun ist es wieder so weit.

Was wollen Sie erreichen?

Der Verleger will dem Mitarbeiter seine Sicht der letztjährigen Leistung schildern. Für dieses Jahr hat er sich vorgenommen, zu einem bestimmten Punkt ein besonders aussagefähiges Feedback zu geben.

Der Gesprächsleitfaden

V: Guten Morgen, Frau Schui. Heute steht also das offizielle Jahresgespräch auf dem Programm. Na, viel Neues werden Sie nicht erwarten; wir hatten ja erst letzten Monat ausführlich über Ihre beruflichen Ziele gesprochen. Ich drehe den Spieß einmal um und frage Sie: Wie beurteilen Sie denn Ihre Leistung im vergangenen Jahr?

M: Mein Belletristik-Programm ist gut vom Markt akzeptiert worden, also war unsere Auswahl doch in Ordnung. Drei meiner Titel standen jeweils länger als acht Wochen auf der Bestsellerliste. Das spricht auch für sich. Und die Zahl der Remittenden hält sich noch unterhalb des Normalmaßes. So gesehen bin ich sehr zufrieden. Ich hoffe, daß Sie das genauso sehen.

V: Das sehe ich in der Tat genauso. Ihre Abteilung haben Sie im Griff, die Zahlen stimmen, die Titel laufen gut, und Ihre Mitarbeiter scheinen Ihre Kompetenz anzuerkennen. Darüber hinaus höre ich oft fröhliches Lachen aus dem dritten Stock. Das deutet auf eine gute Stimmung hin. Also, summa summarum, von Ihrem Metier verstehen Sie viel. Mit Ihrer Gesamtleistung im letzten Jahr bin ich zufrieden. Allerdings möchte ich Ihnen auch ein Feedback hinsichtlich Ihres Verhaltens gegenüber den

Nachbarabteilungen geben. Ich weiß natürlich, daß Sie als Germanistin und Literaturwissenschaftlerin Ihr Herz an die schöngeistige Literatur verloren haben. Manchmal habe ich in der letzten Zeit den Eindruck gehabt, als schauten Sie ein wenig verächtlich auf den Kollegen Schirmer vom Sachbuch und auf den neuen Mitarbeiter in der Multimedia-Abteilung herab. Bitte mißverstehen Sie mich nicht: Ich kann Ihnen kein unkollegiales Verhalten vorwerfen – beileibe nicht. Da hat sich nur ein Eindruck, eine Ahnung bei mir eingenistet, und ich möchte einfach wissen, wie Sie dazu stehen.

M: Ist es nicht völlig normal, daß sich die Ressorts immer ein wenig fern stehen? Ich kenne das aus meinem letzten Verlag. Zwischen Sachbuch und Roman liegen nun mal Welten, und die Techniker aus der Multimediaecke bilden eine dritte. Nein, Herr Scholl, ich habe persönlich nichts gegen die Kollegen einzuwenden oder vorzubringen. Ich habe auch keine Vorbehalte. Unser Verhältnis ist kollegial – das werden Ihnen die Herren bestätigen –, wenngleich wir uns zugegebenermaßen immer ein wenig um Abgrenzung bemühen und vor allem den Erfolg der von uns verantworteten Programmteile im Auge haben. Aber Sie sagten neulich selbst: Konkurrenz belebt das Geschäft.

V: Das habe ich aber nicht aufs eigene Haus bezogen. Ich bin der Meinung, daß wir gar nicht so stark miteinander konkurrieren sollten. Hier ist Kooperation angesagt. Bei Schirmer kommen im Frühjahr zwei Titel zum Thema Abteilungsegoismus heraus – ich habe einen mal quergelesen; vielleicht bin ich deshalb so hellhörig und sensibel. Die Folgen dieser Abschottung sind schwerwiegend. Den Konkurrenzkampf heben wir uns bitte für die Konkurrenz auf. Ich möchte Sie vielmehr bitten – und darüber werde ich auch mit Ihren Kollegen sprechen – bei aller Sorge um Ihren schöngeistigen Part immer auch ein Auge auf mögliche Kooperationen mit dem Sachbuch oder mit Multimedia zu haben. Glauben Sie mir: Darin liegt viel Innovatives. Erinnern Sie sich doch bitte an die Einstandsidee des Kollegen Becker: Macchiavellis „Fürst" in der Originalübersetzung auf CD-Rom, kombiniert mit modernem Führungswissen von diesem Professor aus der Harvard Business School. Das war doch *ein glänzendes Zusammenspiel zwischen Ihnen, dem Sachbuch und Becker! Knapp 6000 CD-Roms haben wir verkauft, Spitze. So etwas meine ich, wenn ich von einem Blick über den Tellerrand der Abteilung spreche.*

M: *Ja, das war ein guter Einfall des Kollegen. Ich gebe Ihnen recht: Wir sollten stärker kooperieren und Synergien entdecken. Das ist nun einmal Neuzeit, und da werde ich wohl auch ein wenig umdenken müssen. Danke für den Rat – und das Feedback. Ich merk's mir!*

Checkliste

 Eine qualifizierte Führungskraft ist in der Lage, auch eine sehr differenzierte Beurteilung ihrer Mitarbeiter

▶ sachlogisch zu begründen,

▶ zu konkreten Leistungs- und/oder Verhaltenskomponenten Feedback zu geben,

▶ konfliktarm durchzusprechen und

▶ zur Stabilisierung und zur Steigerung der Leistungsbereitschaft und der Arbeitszufriedenheit einzusetzen.

Siehe auch Coaching, Kritikgespräch, Motivationsgespräch, Zielvereinbarung.

Job Rotation

Der Begriff Job Rotation hat zwei Bedeutungen. Zum einen können sich mehrere Arbeitnehmer, die Teil einer Arbeitsgruppe sind, in der Erledingung bestimmter Aufgaben nach einem vom Betrieb festgelegten oder selbstgewählten Plan abwechseln. Diese aus den Vereinigten Staaten nach Europa gelangte Form der Arbeitsstrukturierung soll dazu beitragen, eintönige, wenig befriedigende oder routiniert gewordene Arbeitsbereiche für die Mitarbeiter attraktiver zu gestalten.

Job Rotation kann aber auch als eine Möglichkeit der betrieblichen Weiterbildung verstanden werden. Das ist dann der Fall, wenn ein Mitarbeiter oder eine Führungskraft in einem bestimmten Turnus verschiedene betriebliche Abteilungen durchläuft, um sämtliche Bereiche kennenzulernen und einen Überblick über alle betrieblichen Funktionen zu gewinnen. Job Rotation wird dann zur Bildungsmaßnahme, wie sie etwa auch bei der beruflichen Ausbildung und bei Trainees eingesetzt wird.

Der Gesprächsanlaß

 Frau Winter arbeitet seit zwei Jahren als Museumspädagogin in einem Landesmuseum, das auch Kurse und Workshops für Kinder anbietet. Ihr Kollege Hansen ist hauptsächlich für die Erwachsenenbildung verantwortlich und bereitet die wechselnden Ausstellungen vor. Nun soll ein neuer Kollege das Team verstärken. Der Verwaltungsleiter hat mit ihm vereinbart, daß er abwechselnd für Frau Winter und Herrn Hansen arbeiten wird. Im Gespräch erläutert er den Pädagogen dieses Modell.

Was wollen Sie erreichen?

Da jeder der beiden Mitarbeiter insgeheim darauf gehofft hat, daß der neue Kollege primär für ihn da sein würde, will der Vorgesetzte mit dem Gespräch seine (kluge!) Entscheidung begründen und Verständnis für sein Handeln erzielen.

Der Gesprächsleitfaden

V: *Frau Winter, Herr Hansen, ich darf Ihnen Ihren neuen Kollegen, Herrn Weiß vorstellen. Er wird im nächsten Monat Ihr Team verstärken und abwechselnd in der Jugend- und in der Erwachsenenbildung arbeiten. Dann kann er Sie notfalls beide vertreten, wenn es nötig sein sollte.*

M1: *Ich dachte, Herr Weiß käme zu mir. Ich brauche unbedingt Verstärkung, wie Sie wissen.*

M2: *Naja, das gilt auch für meinen Bereich. Soll der Kollege Weiß denn halbtags bei mir und halbtags bei Frau Winter arbeiten?*

V: *Nein, so sieht das Modell nicht aus. Herr Weiß wird in den Zeiten, in denen bei Frau Winter viel anfällt – also zum Beispiel im Frühling, wenn wir etwas für die Schulferien planen –, in der Kinderpädagogik arbeiten. In der anderen Zeit – das ist etwa die Hälfte eines Jahres – wird er bei Ihnen, Herr Hansen, sein. So gewinnt er einen guten Überblick über beide Bereiche. Daran liegt mir sehr viel.*

M3: *Auch mir gefällt diese Job Rotation. Ich habe gerade erst meinen Magister abgelegt, und ich möchte ein sehr abwechslungsreiches Betätigungsfeld haben. Ich bin davon überzeugt, daß ich von Ihnen beiden sehr viel lernen kann. Nur einen Bereich zu erleben, wäre mir auch zu einseitig.*

M1: *Das leuchtet mir ein. Ich würde auch gern gelegentlich etwas für Erwachsene konzipieren. Könnten wir nicht alle drei etwas stärker als jetzt zusammenarbeiten? Ich würde zum Beispiel recht gern eine Ausstellung für Senioren vorbereiten.*

M2: *Im Prinzip bin ich damit einverstanden, aber ich möchte bei mir das Sagen haben, so wie Frau Winter eben für die Kleinen verantwortlich ist. Das müssen wir genau klären, ebenso die Zeiten, in denen Herr Weiß bei mir und bei Frau Winter ist.*

V: *Selbstverständlich. Ich finde im übrigen Ihren Anstoß, Frau Winter, sehr gut. Ich begrüße Ihre Bereitschaft, stärker als bisher den Bereich des Kollegen zu betrachten. Und Sie haben durchaus recht, daß klare Vereinbarungen getroffen werden müssen. Aber das regeln Sie unter sich, ja? Dafür brauchen Sie mich gewiß nicht. Wie Sie Ihre Arbeit im einzelnen aufteilen, ist Ihre Sache. Mir wäre allerdings lieb, wenn wir in einigen Monaten noch einmal über das Modell sprechen könnten um zu sehen, wie es läuft und ob jeder zufrieden ist.*

Ein solches Folgegespräch ist immer dann angeraten, wenn neue Arbeitsstrukturen und Arbeitszeitmodelle im Unternehmen eingesetzt werden. Bevor sich mangelhafte oder unbefriedigende Prozesse festsetzen können, kann der Vorgesetzte noch korrigierend eingreifen.

Checkliste

 Was setzt Job Rotation voraus?
► Eine positive Einstellung der Beteiligten zum häufigen Wechsel des Arbeitsgebietes
► Eine vergleichbare Qualifikation der Mitarbeiter
► Kommunikations- und Konfliktfähigkeit
► Selbstverantwortlichkeit und Engagement
► Partizipativer, kollegialer Führungsstil

Siehe auch Auslandseinsatz, Burn-out-Syndrom, Führungsstil, Innere Kündigung, Organisatorische Abläufe, Zeitmanagement.

Jubiläumsgespräch

In der heutigen Zeit, in der leider mehr Arbeitsplätze abgebaut als eingerichtet werden, wird ein Jubiläum vermutlich immer seltener. Wer kann sich schon rühmen, 20, 25 oder 30 Jahre in ein- und demselben Betrieb zu arbeiten? Diesen Anlaß zum Feiern erreichen immer weniger Arbeiter und Angestellte. Und je seltener ein solches Jubiläum vorkommt, um so wichtiger muß es für jeden Vorgesetzten sein, dieses Ereignis auch würdig zu begehen. Denn wer so lange in einem Unternehmen verweilt, gehört vielleicht nicht zu den dynamischen Mitarbeitern – aber mit Sicherheit zu den tüchtigsten und loyalsten.

Der Gesprächsanlaß

Herr Kirsch ist seit 30 Jahren als Schriftsetzermeister bei einer Druckerei beschäftigt. Seine Ausbildung unterschied sich von dem, was heute zu seinen Aufgaben zählt, um einiges: Der Setzkasten ist ein Relikt aus Gutenbergs Zeiten, und der Maschinensatz ist ebenfalls schon Historie. Selbst die Berufsbezeichnung Schriftsetzer gibt es nicht mehr – die jungen Kollegen heißen heute Druckvorlagen- und Druckformhersteller. Doch Herr Kirsch gehört zu den Mitarbeitern, die sich für technische Neuerungen und Veränderungen am Arbeitsplatz immer als erste eingesetzt haben. Er war es auch, der damals die Umstellung auf Computer vorangetrieben hat und Spaß an der neuen Arbeitsform fand. Alles in allem gehört Herr Kirsch zu den innovativsten und kreativsten Mitarbeitern, die das Unternehmen beschäftigt. Grund genug, das jetzt anstehende 30jährige Jubiläum zu feiern.

Was wollen Sie erreichen?

Dieses Gespräch unterscheidet sich von anderen Mitarbeitergesprächen vor allem dadurch, daß es nicht in Dialogform geführt wird. Neben dem Vorgesetzen und dem Jubilar nehmen auch andere Mitarbeiter (als Zuhörer) daran teil. Der Vorgesetzte will eine kleine Ansprache halten mit dem Ziel, dem Mitarbeiter für seine langjährige Betriebszugehörigkeit zu danken, sein Engagement zu loben, ein Geschenk zu überreichen und auf sein Wohl mit einem Glas Sekt anzustoßen.

Der Gesprächsleitfaden

V: *Herr Kirsch, wir kennen uns nun seit drei Jahrzehnten. Vor genau 30 Jahren haben Sie in dieser Firma, die damals noch erheblich kleiner war als heute, angefangen. Wir sind, das kann man mit Fug und Recht behaupten, miteinander durch dick und dünn gegangen. Ich erinnere mich noch gut, wie Sie und ich ganz am Anfang hier die Nächte an den Maschinen verbrachten, um eine unvorhergesehene Krise zu meistern. Erinnern Sie sich noch, Herr Kirsch?*

M: *Und ob, das waren noch Zeiten.*

V: *Seither haben wir uns hier stets gut verstanden. Zwar gab es die eine oder andere Auseinandersetzung zwischen uns, aber sie war immer sachlich – und immer führte sie letztendlich zu neuen und kreativen Anstößen. (Zu den Zuhörern gewandt:) Und das ist es, was mir an Herrn Kirsch immer so imponiert hat. Er gehört zu den Neuerern. Er war nie einer von denen, die sich verzagt zurückziehen oder resignieren, wenn sich in unserem Betrieb etwas geändert hat. Herr Kirsch war der kämpferische Vordenker, der manchmal mit einem solchen Tempo zu Werke ging, daß sich mancher Kollege nur verwundert die Augen rieb. (Zum Jubilar:) Lieber Herr Kirsch, ich glaube, nicht nur ich, sondern auch alle Ihre Kollegen sind stolz darauf, Sie in unserer Mitte zu wissen. Und ich freue mich auf die nächsten Jahre, in denen Sie sicherlich genauso engagiert und mit Elan mit uns zusammenarbeiten werden.*
Und nun sage ich (hebt das Glas): Herr Kirsch, auf weiterhin gute Zusammenarbeit und zu Ihrem Wohle.

M: *Ich danke vielmals für diese lobenden Worte. Ich bin ganz gerührt.*

*V: Alle Kollegen haben sich gemeinsam ein Geschenk für Sie aus-
gedacht. Und von mir kommt noch diese kleine Dreingabe.*

M: Vielen Dank, das ist furchtbar nett.

Checkliste

 Vorbereitung der Jubiläumsfeier

► Kleine Ansprache vorbereiten

► Getränke und eventuell einen Imbiß organisieren lassen

► Kollegen und Mitarbeiter zur Feier einladen

► Geschenk besorgen lassen

► Eventuelle Geldspendensammlung der Kollegen, die gemeinsam ein großes Geschenk machen wollen, organisieren

► Glückwunschkarte von allen unterschreiben lassen

Siehe auch Betriebliche Sozialpolitik, Lob, Motivationsgespräch.

Karriere (Laufbahngespräch)

Die eigene Berufskarriere steht im Mittelpunkt eines jeden Mitarbeiterinteresses. Gespräche mit dem Vorgesetzten darüber haben oft den Hintergrund, die Aufstiegschancen im Betrieb auszuloten und den Vorgesetzten über den Karrierewunsch zu informieren.

Wenn Sie als Vorgesetzter um ein Karriere- oder Laufbahngespräch gebeten werden, sollten Sie darin auch die Gelegenheit sehen, viel über die persönlichen und beruflichen Ziele des Mitarbeiters zu erfahren. Der Wunsch nach einer solchen Unterredung zeugt von einem hohen Maß an Vertrauen Ihnen gegenüber. Lassen Sie Ihrerseits den Mitarbeiter an Ihrer Erfahrung teilhaben.

Der Gesprächsanlaß

Klaus Helm ist Ihnen seit zwei Jahren als Vorstandsassistent zugeordnet. Sie schätzen seine analytische Begabung und sein Formulierungstalent – Helm schreibt auch Ihre Reden. Der junge Mann ist überaus ehrgeizig und bittet Sie um ein Gespräch.

Der Gesprächsleitfaden

V: Ja, Herr Helm, worum geht es denn?

M: Tja, wie Sie wissen, beabsichtige ich in ein paar Monaten zu heiraten. Meine zukünftige Frau und ich wollen natürlich auch Kinder haben. Wir meinen aber beide, daß die Familie geplant werden sollte, denn ich habe – wie Sie wissen – beruflich ehrgeizige Ziele. Ich möchte irgendwann in eines unserer ausländischen Werke gehen, ich möchte möglichst rasch Verantwortung übernehmen – und da wollte ich mit Ihnen einmal darüber reden, wie Sie sich meine Karriere im Konzern vorstellen und zu welchen Schritten Sie mir raten würden.

V: *Es freut mich, daß Sie mit mir darüber sprechen wollen. Sie hätten schließlich auch Dr. Holz aus der Personalentwicklung fragen können. Na ja, dann überlegen wir doch einmal. Sie sind jetzt knapp zwei Jahre bei uns, und laut Personalentwicklungsplan sollten wir in zwölf Monaten über Ihren nächsten Karriereschritt sprechen. Dann tun wir doch mal so, als wäre es heute schon soweit. Wie würden Sie sich denn gern für unser Unternehmen engagieren? In welchem Bereich könnten Sie Ihrer Meinung nach einen wertschöpfenden Beitrag leisten?*

M: *Ich dachte zuerst an die Unternehmensplanung, weil ich gern strategisch denke und Konzeptionen erarbeite. In der Operative habe ich allerdings von Anfang an mehr Verantwortung und kann schneller aufsteigen. Also liegt mir im Moment eine leitende Tätigkeit in einem unserer Werke am Herzen. Wie denken Sie darüber?*

V: *Ich hätte einen dritten Vorschlag für Sie. Wie wäre es, wenn Sie zunächst ein paar Jahre in einem unserer südamerikanischen Werke oder in Manila arbeiten? Sie haben doch auf den Philippinen ein Praktikum absolviert, wenn ich mich recht erinnere? Dann könnten Sie Ihre Spanischkenntnisse und Ihr Wissen über Land und Leute à jour bringen und einen internationalen Background gewinnen. Zweitens wäre es nach den Jahren der konzeptionellen Schreibtischarbeit bei mir für Sie tatsächlich gut, wenn Sie in das operative Geschäft hineinschnuppern würden und vor Ort sähen, wie unsere Autos entwickelt und gebaut werden. Dann macht Ihnen nämlich keiner ein X für ein U vor! Und auch mit Ihrem Privatleben ließe sich dieser frühzeitige Auslandseinsatz bestens vereinbaren – jetzt haben Sie noch keine schulpflichtigen Kinder. Was halten Sie davon?*

M: *Hm … Ihre Argumente leuchten mir sofort ein. Fragt sich nur, ob in einem Jahr, wenn ich wechseln will, eine entsprechende Position im Ausland vakant ist.*

V: *Deshalb ist es ja gerade gut, daß wir so frühzeitig über Ihre Laufbahnplanung sprechen. In dieser Hinsicht will ich mich gerne für Sie verwenden und mal beim Kollegen vom Personalvorstand die Planungen der Auslandstöchter eruieren. Ich möchte*

210

Sie nämlich ungern an die Konkurrenz verlieren, Herr Helm. Mein Vorschlag: Wir sprechen in drei Monaten noch einmal über Ihren Werdegang, bis dahin weiß ich mehr. Einverstanden?

M: *Einverstanden. Und vielen Dank.*

Checklisten

☑ Eine Faustregel für die Laufbahnplanung gibt es leider nicht – dafür sind die Karrierewege viel zu unterschiedlich. Einige grundlegende Tips können Sie aber Ihren Mitarbeitern mit auf den Weg geben – die *Dos und Don'ts bei der Karriere.*

Das sollten Sie tun ...

1. Planen Sie Ihre Karriere langfristig – aber verlieren Sie nicht den Blick für kurzfristige Chancen. Langfristige Karriereplanung setzt voraus, seine beruflichen Ziele zu kennen und den Weg dorthin zumindest skizzieren zu können. Damit fällt eine Entscheidung zwischen zwei Möglichkeiten leichter. Bleiben Sie aber flexibel, wenn sich überraschend ein attraktiver Seitenweg öffnet. Bei vielen Karrieren hat der Zufall mitgeholfen.

2. Bleiben Sie sich und Ihrer Persönlichkeit treu. Übertriebene Anpasser wirken farblos. Klar: In einem Großkonzern herrschen nun mal andere Spielregeln als in einem mittelständischen Betrieb. Aber wer auf allen Hochzeiten in der ersten Reihe tanzen will und glaubt, das Äußere allein genügt, irrt. Man muß eben gut tanzen können.

3. Halten Sie Ausschau nach Promotoren und knüpfen Sie Ihr persönliches Karriere-Netzwerk. Sich auf dem Weg nach oben der Unterstützung durch erfahrene Vorgesetzte und Kollegen zu vergewissern, ist klug. Allein auf die tragende Wirkung interner Seilschaften zu setzen, ist weniger klug. Erweitern Sie ruhig Ihren Aktionsradius über den Tellerrand Ihrer Branche und Ihrer Region hinaus und halten Sie Ausschau nach Menschen, die interessante berufliche Kontakte versprechen.

4. Hören Sie niemals auf zu lernen. Sämtliche Zeitzeichen stehen auf Wandel. Märkte verändern sich in rasantem Tempo, Strukturen geraten ins Wanken, Prozesse werden ständig verbessert. Wenn Sie Karriere machen wollen, sollten Sie den Wandel begrüßen, und dazu müssen Sie bereit sein, immer wieder dazuzulernen – jeden Tag, jede Stunde.

5. Orientieren Sie sich nicht an fremden Karrieremustern. Gehen Sie Ihren eigenen Weg. Wie es Dr. Meier und Dr. Müller in die Direktionsetage geschafft haben, mag durchaus interessant sein. Daraus sollten Sie aber nicht den Trugschluß ziehen, bei Ihnen liefe es ebenso. Für Karriere gibt es keine Standards. Sie müssen schon Ihre eigenen setzen.

... und das sollten Sie nicht tun
1. Setzen Sie nicht alles auf eine Karte. Die Wahrscheinlichkeit, daß Sie befördert werden, weil Sie eine bestimmte Qualifikation, einen geforderten Titel, ausgefallene Fremdsprachenkenntnisse vorweisen können, ist ebenso groß wie die Wahrscheinlichkeit, daß Sie genau deswegen einmal nicht befördert werden. Was letztlich zählt, ist Professionalität: Know-how, Kopf und Kenntnis der Spielregeln.

2. Hecheln Sie der Karriere nicht hinterher. Wenn Sie wirklich gut sind und bereit, etwas für Ihren Aufstieg zu tun, schaffen Sie's auch. Wenn Sie unübersehbar die Botschaft kommunizieren: „Ich will nach oben!", ernten Sie bestenfalls mildes Lächeln. Eher noch werden Ihnen die Kollegen die Unterstützung entziehen. Und kein Vorgesetzter sieht tatenlos zu, wie Sie an seinem Chefsessel sägen. Also: Reden Sie nicht von Ihrer Karriere, sondern machen Sie sie!

3. Umgeben Sie sich nicht nur mit Ja-Sagern. Aus Kritik lernen Sie mehr. Natürlich ist es angenehmer, mit wohlwollenden Menschen zusammenzusein. Aber die mögen Sie doch sowieso, oder? Ihr Ziel sollte es sein, solche Zeitgenossen, die Sie ablehnen, auf Ihre Seite zu ziehen. Das erfordert Kommunikationsgeschick und Frustrationstoleranz. Aber wie heißt es doch so schön: „Mitleid kriegt man geschenkt – Neid muß man sich verdienen."

4. Wechseln Sie nicht allzu häufig die Branche. Wenn Sie sich in einem Wirtschaftszweig schon einen Namen gemacht haben, weil Sie beispielsweise regelmäßig in Fachzeitschriften präsent sind oder in einem Verbandsausschuß mitarbeiten, wäre es unklug, als Newcomer in eine völlig andere Branche zu wechseln. Denn dann müssen Sie sich alle Lorbeeren noch einmal erarbeiten.

5. Übersteuern Sie Ihren beruflichen Ehrgeiz nicht. Es gibt ein Leben neben dem Beruf. Vergessen Sie über allem Karrierestreben nicht das Privatleben. Wenn Ihre Freunde nur Ihre Nähe suchen, weil Sie Herr Direktor sind oder in der Welt herumjetten, haben Sie mit Sicherheit etwas falsch gemacht. Karriere ist nur die äußere Form des Erfolgs. Horchen Sie in sich hinein, ob es eine innere Resonanz gibt: Sind Sie glücklich bei dem, was Sie tun?

Siehe auch Coaching, Motivationsgespräch.

Kompetenzen

Kompetenz bedeutet die Übertragung von Verantwortung und Befugnissen zur Erfüllung bestimmter Aufgaben. Man muß dabei unterscheiden, welche Befugnisse dies im einzelnen sind und in welchem Umfang sie jeweils zugestanden werden. Einem Mitarbeiter kann beispielsweise zugestanden werden, selbständig Kundenkontakte zu pflegen, Rechnungen für das Unternehmen verbindlich abzuzeichnen oder Waren an der Pforte anzunehmen.

Geregelt wird dabei der Umfang der Kompetenzen durch die Hierarchie des Kundenunternehmens (mit der Geschäftsführung darf der Mitarbeiter nicht sprechen), durch die Höhe des Rechnungsbetrages (der Mitarbeiter darf alle Rechnungen bis zu einer Höhe von DM 50000 selbst abzeichnen) oder den Wert der gelieferten Waren (Warenlieferungen über DM 50000 sind vom Vorgesetzten zu akzeptieren).

In der Unternehmenspraxis werden leider häufig Aufgaben delegiert, ohne die zur Erfüllung nötigen Befugnisse oder Kompetenzen mit abzutreten. Dies führt in der Regel zu Konflikten.

Der Begriff „Kompetenz" bedeutet auch Kenntnis, Qualifikation. Dies ist hier jedoch nicht gemeint.

Der Gesprächsanlaß

Zwei Ingenieure arbeiten in einem Projektteam zusammen. Das Team hat eine gemeinsame übergreifende Aufgabe, aber jedes Teammitglied hat daneben noch eine ganze Reihe von Spezialaufgaben. Beide Ingenieure reklamieren – mit guten Gründen – den Zugriff auf mehr Ressourcen für sich: doch Mitarbeiter, Räume und Rechnerzeit sind begrenzt. Jeder der beiden beansprucht für sich die Kompetenz, über die Verteilung der Ressourcen entscheiden zu dürfen. Im Gespräch versucht der Projektleiter zu vermitteln.

Was wollen Sie erreichen?

→ Sie wollen den Kompetenzstreit der beiden Mitarbeiter nicht selbst lösen, sondern den beiden Mitarbeitern einen Weg aufzeigen, wie sie selbst eine Lösung finden können.

Der Gesprächsleitfaden

V: *Herr Mann, Herr Grothe, worum geht es denn genau?*

M1: *Es geht um die Umstellung unseres Kennzahlensystems. Ich habe dabei die Aufgabe übernommen, die neuen Kennzahlen im Konzern zu kommunizieren. Dazu brauche ich aber für ein paar Wochen zwei bis drei Mitarbeiter, die ein Handbuch anfertigen und über unser EDV-System an alle Abteilungen per E-mail verteilen. Herr Grothe plant im Team den Personaleinsatz, und er lehnt es ab, mir die Leute zur Seite zu stellen. Ohne diese Ressourcen kann ich meine Aufgabe aber nicht bis zum Plantermin lösen.*

V: *Herr Grothe, wie sehen Sie den Fall? Läßt sich das Problem lösen?*

M2: *In meiner Funktion als Personalplaner habe ich schon vor Wochen das Projekt komplett durchgeplant. Alle Mitarbeiter, die uns zugeordnet worden sind, haben ihre Aufgabe. Nun kommt Herr Mann und beansprucht aus heiterem Himmel drei Leute. Wo soll ich die hernehmen?*

M1: *Ach was, darum geht es doch gar nicht. So wie ich die Sache sehe, möchten Sie nur nicht, daß ich drei Ihrer Leute abziehe. Sie sagten neulich selbst, daß ich dafür keine Kompetenzen hätte. Aber wir kommen nicht weiter, wenn wir jetzt nur auf Prinzipien herumreiten. Ich wiederhole: Wenn ich die neuen Kennzahlen im ganzen Konzern bekanntmachen soll, dann brauche ich unbedingt mehr Leute, zumindst vorübergehend. Man kann mir nicht nur die Verantwortung für ein Teilprojekt übertragen, ohne mir gleichzeitig die Kompetenzen dafür zu übergeben.*

V: *Der Gedanke ist richtig. Es wäre aber besser gewesen, wenn*
Sie bereits zu Beginn des Projektes über die Lösung Ihrer
Aufgabe und die erforderlichen Kompetenzen nachgedacht
hätten. Ich sehe den Fall so: Sie, Herr Mann, brauchen drei
Mitarbeiter, die Sie, Herr Grothe, nicht mehr verfügbar haben.
Ihr Konflikt bewegt sich jetzt um die Frage: Wer darf über den
Einsatz dieser Mitarbeiter entscheiden? Das ist aus meiner
Warte als Projektleiter aber nicht das Thema. Für mich stellt
sich die Frage so: Was kann die Firma tun, um Ihnen, Herr
Mann, bei der Erfüllung Ihrer Aufgabe zu helfen, ohne Ihren
Personaleinsatzplan, Herr Grothe, über den Haufen zu wer-
fen? Meine Herren, ich bitte Sie, sich in den beiden nächsten
Tagen mit genau dieser Fragestellung zu beschäftigen – und
jedes Kompetenzgerangel beiseite zu lassen. Und wenn Sie
zwei, drei Vorschläge gesammelt haben, dann kommen Sie
bitte wieder zu mir und wir überlegen das weitere Vorgehen
gemeinsam. Einverstanden?

Bei nicht eindeutig lösbaren Kompetenzstreitigkeiten von Mitarbeitern empfiehlt es sich stets, die Streitfrage von den Kompetenzen zu lösen und den Kern des Problems zur Diskussion zu stellen. Indem der Vorgesetzte das Kernproblem artikuliert und die
Mitarbeiter auffordert, selbst nach Lösungsvorschlägen zu suchen, bringt er die Diskussion ein Stück weit der Lösung näher
und umgeht gleichzeitig die gefährliche Falle der Rückdelegation.

Siehe auch Coaching, Delegation, Teamarbeit, Zielorientierung.

„**A**rbeit macht langfristig entweder Spaß oder krank", lautet ein geflügeltes Wort unter Personalchefs. Und es stimmt tatsächlich. Wem seine Arbeit Freude macht, wer gerne morgens an seinen Schreibtisch oder an die Werkbank strebt, der wird nachweislich deutlich seltener krank als andere Arbeitnehmer.

In Deutschland hat sich die durchschnittliche Krankheitsdauer in den 80er Jahren gravierend erhöht. Durch die Einführung von Karenztagen und speziellen Maßnahmen zur Senkung des Krankenstandes – die Adam Opel AG in Rüsselsheim gilt hier als besonders erfolgreich – ist die arbeitende Bevölkerung in den beiden letzten Jahren auf wundersame Art und Weise genesen.

Vielfach entscheidet die Angst vor dem Verlust des Arbeitsplatzes darüber, ob ein kranker oder kränkelnder Mensch den Weg zum Arzt oder zum Büro einschlägt, und das ist langfristig bestimmt teuer erkaufte Anwesenheit. Fachleute behaupten freilich seit langem, daß ein nicht geringer Teil der Krankschreibungen dem Wohlwollen des behandelnden Arztes zu verdanken ist. Wenn solch ein Verdacht besteht, läßt sich dagegen durchaus etwas unternehmen: miteinander reden.

Der Gesprächsanlaß

 Der Krankenstand in der Versandabteilung liegt deutlich über dem Durchschnitt der Belegschaft insgesamt. Der Vorgesetzte vermutet vorgetäuschte Krankheiten.

Was wollen Sie erreichen?

 Sie wollen die dadurch entstehenden hohen Fehlzeiten reduzieren, aber auch mögliche Gründe für den Sachverhalt erfahren.

Arbeitsrechtliche Aspekte

„Krank" und „arbeitsunfähig" wird zwar von den meisten Mitarbeitern als synonym verstanden, ist aber laut Gesetz nicht unbedingt dasselbe. Ein gebrochenes Bein hindert einen Mitarbeiter zum Beispiel nicht wochenlang daran, den Computer zu bedienen. Wer aber arbeitsunfähig ist, hat einen Anspruch darauf, den Heilungsprozeß in Ruhe abzuwarten, ehe er wieder arbeitet.

Ärzte sind dazu aufgefordert, nachzufragen, welche Tätigkeit ein Patient ausübt, bevor sie ihn arbeitsunfähig schreiben. Sollte Ihnen eine Krankmeldung in dieser Hinsicht unverständlich sein, so sprechen Sie Ihren Mitarbeiter darauf an und/oder holen Sie anwaltlichen Rat zum Thema Schadensersatz (Stichwort Entgeltfortzahlungsgesetz) ein. Eventuell haftbar sind Mediziner allerdings auch dann, wenn sie einen Patienten als arbeitsfähig erklären und dieser daraufhin später gesundheitliche Schäden erleidet. Man kann es einem Arzt daher nicht verübeln, wenn er im Zweifelsfall eher krank schreibt, als darauf zu bestehen, daß sein Patient zur Arbeit geht.

Eine Lohnfortzahlungspflicht besteht übrigens nicht bei selbstverschuldeten Unfällen durch sportliche Tätigkeiten oder in der Freizeit.

Ein Gespräch über eine vorgetäuschte Krankheit ist heikel. Als Vorgesetzter dürfen Sie keinen Druck ausüben. Ein Mitarbeiter, dem Sie zu Unrecht Simulation unterstellen, reagiert verständnislos bis beleidigt, zieht sich zurück, macht womöglich in Zukunft nur noch Dienst nach Vorschrift. Auch ein Prozeß ist immer nur das letzte Mittel – und nicht immer das klügste.

Der Gesprächsleitfaden

V: Herr Holthausen, ich habe die Zahlen zum Krankenstand verglichen. Bei Ihnen im Versand liegen sie zwölf Prozent über dem Durchschnittswert der Belegschaft.

M: *Im Lager ist die Grippe ausgebrochen. Ich persönlich glaube allerdings nicht an einen echten Virus. Da sind Berufskranke am Werk, die die Arbeitsmoral der ganzen Truppe verderben. Insofern wirkt da doch ein Virus. Und zwar ein hochgradig ansteckender.*

V: *Sind Sie sicher, daß die Leute nur simulieren?*

M: *Beweisen kann ich das natürlich nicht. Aber seit Meier und Hansen da sind, läuft nichts mehr. Die beiden sind jeden dritten Tag krank. Schon von Anfang an waren sie mit der Bezahlung unzufrieden und wiegelten die übrigen Mitarbeiter gegen den Betrieb auf. Ich vermute, daß sich Meier und Hansen jetzt einen Ausgleich schaffen. Da fragen sich die anderen natürlich, warum sie sich ein Bein ausreißen sollen. Heute sind Meier und Hansen übrigens wieder abwesend. Wegen Grippe, klar.*

V: *Unser Lohngefüge können wir nicht aufbrechen. Erbringen Ihre beiden Mitarbeiter denn – wenn sie im Betrieb sind – herausragende Leistungen?*

M: *Nein. Das bewegt sich absolut im Rahmen des Üblichen.*

V: *Nun, wenn die beiden wieder zur Arbeit erscheinen, sollten Sie mit ihnen reden, und zwar einzeln. Sagen Sie ihnen, daß wir es sehr auffällig finden, wie häufig sie krank sind. Weisen Sie sie darauf hin, daß ihr Fehlen zu Lasten der anderen Kollegen geht und daß wir bei der nächsten telefonischen Krankmeldung schon am ersten Tag eine Arbeitsunfähigkeitsbescheinigung verlangen. Dann warten wir ein paar Wochen lang ab. Bleibt der Krankenstand im Versand so hoch wie jetzt, dann werden wir den Betriebsrat informieren und mit Abmahnung und eventueller Kündigung drohen. Aber es wäre mir natürlich lieber, wir könnten die Sache friedlich bereinigen.*

Eine friedliche Einigung ist in jedem Fall vorzuziehen. In eindeutigen Fällen von Simulation allerdings sollte man schnell und durchaus hart reagieren.

Falsche Krankmeldungen beruhen häufig auf einem schlechten Betriebsklima oder rühren aus einem verbesserungsbedürftigen

Führungsstil des Vorgesetzten. Verständnisvolles Führen schafft ein positives Arbeitsklima. Wenn die Aufgabe Freude macht, wenn der Mitarbeiter Anerkennung für seine Leistung bekommt, wenn er auch als Person Beachtung findet, verfällt er weniger leicht auf den Gedanken, „blau" zu machen.

Ein kollegialer Vorgesetzter kümmert sich um seine Mitarbeiter. Er hält auch den Kontakt zu kranken Mitarbeitern (schon ein Telefonanruf zeugt von Interesse). Wer vorwiegend Druck ausübt, mit Kritik schnell bei der Hand ist, eine allzu harte Sprache spricht, Mitarbeiter lächerlich macht oder anschreit, intolerant und autoritär ist, läßt empfindlicheren Gemütern als Ventil oft nur die Flucht in die echte oder simulierte Krankheit.

Checkliste

✓ Mögliche Ursachen für vermutetes Krankfeiern
► Simulantentum
► Alkohol/Drogen
► Schlechtes Betriebsklima
► Unterbezahlung
► Überforderung
► Mobbing
► Innere Kündigung
► Monotone Aufgaben

Siehe auch Alkohol am Arbeitsplatz, Betriebsklima, Burn-out-Syndrom, Drogen, Ermahnung, Abmahnung, Innere Kündigung, Leistungsschwäche, Störungen in der Gruppe, Workaholismus.

Jeden fünften Diebstahl in der Firma, so ermittelte das Bundesarbeitsgericht 1997, verüben Mitarbeiter und Lieferanten. Häufig machen sie sogar gemeinsame Sache. Mitarbeiter greifen in die Ladenkasse, räumen Lagerhallen leer, überweisen Firmengelder aufs eigene Konto. Die Anzahl der Unternehmen, die sich vorsorglich gegen diese Art Vertrauensmißbrauch versichern läßt, nimmt zu. Aber auch die Zahl der Schadensfälle, die die Versicherungen abwickeln müssen. In der Presse war zu lesen, daß allein die Hamburger Hermes 1996 über 2000 Fälle regeln mußte. Tendenz steigend.

Von solchen Vorfällen wollen Chefs oft nichts wissen. Die schlechte Moral der eigenen Mitarbeiter wird tabuisiert. Ist die Beweislage eindeutig, kann man handeln. Aber welcher Vorgesetzte engagiert schon einen Detektiv, wenn aus dem Lager vier Reifen verschwinden? Es ist heikel, einen Kriminalitätsverdacht zu äußern. Falsche Anschuldigungen vergiften das Betriebsklima und können eine Verleumdungsklage nach sich ziehen.

Der Gesprächsanlaß

 Aus dem Lager einer großen Installationsfirma verschwindet immer wieder Material. In letzter Zeit haben sich die Diebstähle gehäuft. Auffallend dabei ist, daß nicht ganze Paletten gestohlen werden, sondern einzelne, ganz unterschiedliche Artikel. Der Chef der Firma hat einen anonymen Brief erhalten, in dem ein Mitarbeiter des Diebstahls beschuldigt wird. Der Verfasser des Briefes behauptet, der Mitarbeiter „organisiere" sich das Material für sein neues Eigenheim.

Was wollen Sie erreichen?

Sie wenden sich nicht direkt an den Beschuldigten, sondern Sie bitten den Betriebsratsvorsitzenden zu einem Gespräch. Sie wollen mit ihm gemeinsam überlegen, welche Schritte zu unternehmen sind, um die Diebstahlserie aufzuklären und abzustellen.

Der Gesprächsleitfaden

V: Ich habe Sie um ein Gespräch unter vier Augen gebeten. Ich möchte, daß Sie das, was ich Ihnen gleich mitteilen werde, absolut vertraulich behandeln.

M: Natürlich!

V: Seit ungefähr vier Wochen verschwinden regelmäßig Artikel aus dem Lager. Gestern habe ich einen anonymen Brief erhalten. Darin wird einer der Angestellten namentlich denunziert.

M: Das ist ja unerhört. Da soll jemand angeschwärzt werden auf diese miese Art. Ich kann mir nicht vorstellen, daß jemand von uns so etwas macht. Um wen geht es denn?

V: Ich finde anonyme Briefe auch äußerst unsympathisch. Aber in diesem Fall könnte wirklich etwas dran sein. Es sind immer wieder einzelne Artikel aus dem Lager verschwunden. Das ist schon sehr merkwürdig. Wer Material weiterverkaufen will, klaut doch nicht eine einzelne Einhandhebel-Armatur. Der nimmt doch gleich die ganze Palette. In dem Brief wird einer aus der Buchhaltung beschuldigt. Der Herr Schmidt. Der Verfasser des Briefes behauptet, daß Schmidt sich für seinen Hausbau aus unserem Lager bedient. Wissen Sie, ob der Mitarbeiter tatsächlich gerade baut?

M: Er macht einen Umbau.

V: Und was halten Sie von der Anschuldigung?

M: Nur weil jemand gerade sein Haus umbaut? Das ist doch kein Beweis! Und ich habe Schmidt bisher immer für absolut vertrauenswürdig gehalten.

V: Ich auch. Ich kenne den Mann seit fünfzehn Jahren, und ich habe nicht den geringsten Grund, an seiner Ehrlichkeit zu zweifeln. Mir ist allerdings aufgefallen, daß er in letzter Zeit häufig abends noch länger bleibt. Das macht mich jetzt etwas mißtrauisch. Sonst ist er immer pünktlich um fünf gegangen.

M: *Das ist mir auch schon aufgefallen. Aber dafür kann es eine ganze Menge Gründe geben. Das ist kein Beweis dafür, daß er klaut!*

V: *Natürlich nicht! Aber wie gehen wir jetzt vor? Wir müssen die Angelegenheit aufklären, zumindest die Diebstahlserie beenden. Fragt sich nur wie? Die Polizei will ich nicht einschalten. Und Schmidt will ich nicht direkt auf die Sache ansprechen. Wir haben ja keinerlei Beweise. Wenn er unschuldig ist, wovon wir ja ausgehen, wäre er mit Recht empört über eine solche Unterstellung.*

M: *Das ist eine äußerst unangenehme Sache. Wenn wir die Affaire hochspielen, verärgern wir die Leute. Wenn wir nichts unternehmen, wird weiter geklaut. Ich denke, ich sollte als erstes alle Mitarbeiter über die Vorfälle informieren und sie um erhöhte Aufmerksamkeit bitten. Den anonymen Brief erwähne ich nicht. Ich könnte aber andeuten, daß es Gerüchte gibt, daß sich einer von uns aus dem Lager bedient. Das wirkt vielleicht als Abschreckung. Ich habe ein sehr gutes Verhältnis zu Schmidt. Daher könnte ich versuchen, ihm äußerst vorsichtig auf den Zahn zu fühlen. Ich muß mir noch überlegen, wie ich das mache. Vielleicht sage ich, es würde gemunkelt, daß da jemand seinen Eigenbedarf deckt. Schmidt ist nicht der einzige, der gerade baut. Dann sehe ich ja, wie er reagiert. Mehr, denke ich, können wir nicht unternehmen.*

V: *Okay. Lassen Sie uns so vorgehen.*

Siehe auch Auskunftspflicht, Bewerbungsgespräch (zulässige Fragen), Kritikgespräch, Kündigung, Störungen in der Gruppe, Treuepflicht.

Kritikgespräch

Kritik – besser: Feedback – ist ein Instrument der Mitarbeiterführung. Damit soll der Mitarbeiter zu einer Korrektur fehlerhafter Verhaltensweisen veranlaßt werden, um künftige Fehler zu vermeiden.

Der Sinn jedes Feedbacks ist die Förderung der Mitarbeiter. Fehlerquellen sollen aufgedeckt und die Atmosphäre verbessert werden. Nur wenn die Vorgesetzten sich nicht scheuen, auf unzureichende Arbeitsleistungen oder fehlerhaftes Verhalten hinzuweisen, können die Mitarbeiter erkennen, ob und was sie zukünftig anders machen sollen. Dieses Ziel wird mit dem sogenannten Kritikgespräch erreicht. Es sollte in ruhiger, sachlich angemessener Form geführt werden.

Der Gesprächsanlaß

Frau Steinle wäre als Chefsekretärin eine wahre Perle, wenn sie nicht eine große Schwäche für stundenlange Privattelefonate vom Arbeitsplatz aus hätte. Der Vorgesetzte hat bislang zwar alle Augen zugedrückt. Als er aber neulich zwei geschlagene Stunden auf eine wichtige Umsatzstatistik warten mußte – Frau Steinle telefonierte –, beschloß er, demnächst mit der Sekretärin ein Kritikgespräch zu führen. Er terminiert dieses Gespräch auf einen ruhigen Freitagnachmittag, an dem kaum Störungen von außen zu erwarten sind. Um wirklich in Ruhe miteinander reden zu können, bittet er eine andere Sekretärin, Frau Steinle am Telefon zu vertreten.

Was wollen Sie erreichen?

Die Sekretärin soll erfahren, daß ihre langen Telefongespräche nicht mehr länger hingenommen werden. Sie soll sich in Zukunft kurz fassen und ihre Privatgespräche auf das

Nötigste beschränken. Der Vorgesetzte möchte die Kritik allerdings nicht hart vorbringen, sondern sie in Humor verpacken. Schließlich will er seine wichtigste Mitarbeiterin nicht vor den Kopf stoßen.

Der Gesprächsleitfaden

V: *Schön, Frau Steinle, daß wir jetzt eine halbe Stunde Zeit haben, um ungestört miteinander zu reden. Dazu kommen wir in all der Hektik des Tagesgeschäftes viel zu wenig. Sie wissen, daß ich mit Ihren Leistungen sehr zufrieden bin und Ihre Art der Terminorganisation außerordentlich schätze. Eine Sache allerdings stört mich zunehmend, und das ist Ihre Begeisterung für die Kommunikation. Nicht wahr, da sind Sie Feuer und Flamme?*

M: *Ja sicher. Bei mir laufen ja auch ... zig Gespräche am Tag auf – für Sie und für mich. Was stört Sie denn daran?*

V: *Kennen Sie noch den Werbeslogan der Post, der jahrzehntelang an den Telefonhäuschen klebte? „Fasse Dich kurz", stand da. Ja, und genau das ist mein Problem mit Ihnen. Sie fassen sich zu lang.*

M: *Wie meinen Sie das? Wenn Kunden, Mitarbeiter oder sonst jemand anruft, muß ich doch darauf eingehen. Das gehört zu meinen Pflichten als Sekretärin.*

V: *Aber wenn Ihre beste Freundin anruft, dann gehen Sie extrem lange auf sie ein. Wie wär's mit einem Aufkleber auf Ihrem Apparat: „Fasse Dich kurz"?*

M: *?!*

Offenkundig hat dieser – bemüht humorvolle – Gesprächseinstieg nicht den gewünschten Effekt. Man merkt dem Vorgesetzten an, daß er um den „heißen Brei" (die Kritik) herumredet. Er überläßt es der Mitarbeiterin, ob sie ihn verstehen will oder nicht. Besser als diese verpackte Kritik ist ein offenes und ehrliches Gespräch, in dem der Vorgesetzte präzise seine Wünsche äußert.

V: *Liebe Frau Steinle, Ihre Verbindlichkeit am Telefon kommt bei den Kunden und Mitarbeitern sehr gut an. In diesem Punkt bin ich mit Ihnen sehr zufrieden. Mich stören allerdings zunehmend Ihre langen Privatgespräche. Nicht nur, daß Sie die Leitung zu mir damit blockieren – Sie kommen auch nicht immer dazu, eilige Arbeiten für mich zu erledigen. Denken Sie nur an die Umsatzstatistik, die ich gestern dringend um Punkt drei Uhr brauchte, um mit Herrn Bach darüber zu sprechen. Sie legten mir die Akte um fünf Minuten vor drei auf den Schreibtisch, so daß mir kaum Vorbereitungszeit blieb. Gibt es einen Grund für Ihre langen Telefongespräche?*

M: *Ich fühle mich hier im Vorzimmer manchmal recht einsam. Es gibt Tage, da findet niemand den Weg hier hinauf. Und wenn Sie in einer Sitzung sind, dann brauchen Sie mich doch nicht. Dann kann ich doch in Ruhe telefonieren.*

V: *Das Problem ist nur, daß die Leitung dann fortwährend besetzt ist und niemand zu Ihnen durchdringt. Ich schlage vor, eine zweite Leitung installieren zu lassen, damit gewährleistet ist, daß die Geschäftsführung ansprechbar ist. Das schafft Ihnen auch mehr telefonische Außenkontakte, ich weiß ja, daß Sie ein kontaktfreudiger Mensch sind. Ich glaube, das wird Ihnen recht sein. Im Gegenzug möchte ich aber mit Ihnen vereinbaren, daß Sie Ihre Privatgespräche beschränken und vor allem nur dann führen, wenn ich Sie nicht brauche. Wären Sie damit einverstanden?*

M: *Aber sicher.*

Auch in diesem Kritikgespräch hat der Vorgesetzte die Mitarbeiterin weder verletzt noch persönlich angegriffen noch vor den Kopf gestoßen. Er hat seine Kritik sachlich, aber freundlich geäußert und mit der Mitarbeiterin eine Lösung vereinbart.

Checkliste

 Das ideale Kritikgespräch findet unter vier Augen statt und nimmt etwa folgenden Verlauf:

▶ Positive Gesprächseröffnung

▶ Fehlverhalten oder mangelhafte Leistung nennen und Mitarbeiter dazu befragen

▶ Geduldig und ruhig zuhören, Verständnis aufbringen und zeigen

▶ Gemeinsam nach den Gründen für das Felverhalten suchen

▶ Gemeinsam überlegen, was zu tun ist, um die Fehler künftig zu vermeiden

▶ Je nach Anlaß Auswirkungen auf den Betrieb und Kollegen untersuchen

▶ Prüfen, ob der Betrieb oder Vorgesetzte Hilfe leisten können

▶ Sich über das künftige Verhalten/die Leistung des Mitarbeiters verständigen (Vereinbarungen treffen)

▶ Mitarbeiter Mut zusprechen

▶ Auf Kontrolle des künftigen Verhaltens /der Leistung hinweisen

▶ Gute Leistungen nicht vergessen

▶ Positiver Schluß, nicht nachtragend sein

Siehe auch Ermahnung, Geburtstagsfeiern, Organisatorische Abläufe, Gemeinsame Leitung.

Kündigung von seiten des Arbeitgebers

Nicht nur in wirtschaftlich schwierigen Zeiten sind Vorgesetzte immer wieder einmal gezwungen, Kündigungen auszusprechen. Dabei lassen sich mehrere Arten von Kündigungen unterscheiden.

Sowohl die ordentliche, in der Regel fristgerechte Kündigung, als auch die außerordentliche, fristlose Kündigung können Arbeitnehmer und Arbeitgeber aussprechen. Die außerordentliche Kündigung kann ausgesprochen werden, wenn die Fortsetzung des Arbeitsverhältnisses einem der Vertragspartner nicht mehr zuzumuten ist (zum Beispiel bei kriminellen Delikten oder geschäftsschädigendem Verhalten). Wenn die ordentliche Kündigung vom Arbeitgeber ausgeht, so muß einer der folgenden Gründe vorliegen:

- Bei der betriebsbedingten Kündigung ist der Kündigungsgrund im Unternehmen zu suchen (zum Beispiel Auftragsmangel, Umsatzrückgang, Rationalisierungsmaßnahme).
- Bei der verhaltensbedingten Kündigung liegt die Ursache im Verhalten des Mitarbeiters (schlechte Arbeitsleistung, Unfreundlichkeit den Kunden gegenüber etc.).
- Bei der personenbedingten Kündigung muß der Arbeitnehmer objektiv gesehen nicht in der Lage sein, die vereinbarte Arbeitsleistung zu erbringen (aufgrund von Krankheit, Drogenabhängigkeit und ähnlichem).

Zum Inhalt der Kündigung gehört die eindeutige, bedingungslose Erklärung, daß zu einem bestimmten Stichtag gekündigt wird. Bei der ordentlichen Kündigung ist es nicht nötig, die Gründe dafür anzugeben, bei der außerordentlichen Kündigung muß dies nur auf Verlangen des Vertragspartners geschehen.

Der Gesprächsanlaß

 Der Betrieb, ein mittelgroßes Reinigungsunternehmen in einer Großstadt, hat in den vergangenen Monaten erhebliche Umsatzrückgänge zu verzeichnen. Auch die Auftragslage läßt, trotz aller Anstrengungen des Geschäftsführers, zu wünschen übrig. Um den Weiterbestand des Betriebes zu sichern, beschließt der Geschäftsführer, gegen drei Teilzeitmitarbeiter die ordentliche Kündigung auszusprechen.

Was wollen Sie erreichen?

→ Sie wollen die Gründe für Ihre Maßnahme offenlegen. Und: Die gekündigten Mitarbeiter sollen nach Möglichkeit nicht voller Zorn auf das Unternehmen blicken, um nicht dessen Ruf in der Öffentlichkeit zu beschädigen. Auf jeden Fall sollte das Gespräch daher versöhnlich enden.

Arbeitsrechtliche Aspekte

Solange ein Tarifvertrag, eine Betriebsvereinbarung oder der individuelle Arbeitsvertrag nichts Gegenteiliges besagen, ist auch eine mündlich ausgesprochene Kündigung rechtswirksam.

Jede Kündigung erfordert nach § 102 Betriebsverfassungsgesetz die Anhörung des Betriebsrates. In schwierigen Fällen, bei denen beispielsweise ein Sozialplan nötig ist, empfiehlt es sich, einen Arbeitsrechtler hinzuzuziehen.

Der Gesprächsleitfaden

V: *Herr Schmelzer, bedauerlicherweise laufen die Geschäfte nicht so gut, wie wir uns das wünschen. Um die Zukunft des gesamten Betriebs zu sichern, müssen wir uns leider zum Ende des nächsten Monats von drei Mitarbeitern trennen. Es tut mir leid, daß ich Ihnen diese schlechte Nachricht überbringen muß. Wie ich bereits auf der Betriebsversammlung sagte, haben meine Kollegen und ich sorgfältig überlegt, welche Mitarbeiter von der Kündigung weniger als andere betroffen sind. In Ihrem Fall sind wir davon ausgegangen, daß Ihre Frau als Beamtin in einer guten Position ist. Sie verlieren nur ein Einkommen. Außerdem ist für Sie als Teilzeitmitarbeiter der Verlust nicht so gravierend wie für die Vollzeitmitarbeiter im Haus. Und Sie haben – im Gegensatz zu vielen anderen Mitarbeitern hier – keine Kinder, die zu versorgen sind.*

M: *Ich habe mir schon so etwas gedacht.*

V: *Herr Schmelzer, Sie können mir glauben, daß uns dieser Schritt nicht leicht gefallen ist. In jedem einzelnen Fall haben wir mit uns gerungen.*

M: *Für mich ist es trotzdem schwer. So schnell finde ich bestimmt keine neue Stelle.*

Daß Arbeitnehmer im Kündigungsgespräch zunächst mit Verbitterung, Trauer und zuweilen auch Wut reagieren, ist verständlich und normal. Der Vorgesetzte sollte – obgleich dies sehr schwer fällt – über diese Emotion nicht rasch hinweggehen. Der Mitarbeiter muß in diesem Moment seine Betroffenheit zum Ausdruck bringen, um die Nachricht innerlich zu verarbeiten.

V: *Uns fällt das auch nicht leicht. Wir waren recht zufrieden mit Ihnen und werden Ihnen ein gutes Zeugnis ausstellen. Wir haben bei diesem Schritt aber auch an die Betriebszugehörigkeit gedacht und an die Mitarbeiter, die schon einige Jahre bei uns sind. Sie hingegen sind erst ein knappes Jahr bei uns. Und vor allem sind Sie noch jung genug, um eine andere Stelle zu finden. Die Kollegen über 50 hätten da ganz andere Probleme.*
Ich weiß, daß Ihnen die Kündigung Sorgen macht. Aber ich möchte Sie bitten, unsere Beweggründe zu verstehen.

M: *Mir bleibt ja nichts anderes übrig, als diese Entscheidung zu akzeptieren.*

V: *Zum Schluß habe ich aber noch eine gute Botschaft für Sie. Damit Sie sich in Ruhe einen neuen Arbeitsplatz suchen können, gewähren wir Ihnen bei Ihrem Ausscheiden, also Ende Oktober, ein weiteres Monatsgehalt. Sie hatten ja bestimmt auch schon mit dem Weihnachtsgeld gerechnet. Betrachten Sie diese freiwillige Abfindung als Dankeschön für Ihre Mitarbeit. Ich wünsche Ihnen für Ihre Zukunft alles Gute.*

Checkliste

✓ Kündigungsfristen von Arbeitsverhältnissen

Die gesetzliche Regelung sieht für Arbeiter zwei Wochen zu jedem Termin (beidseitig, § 622 Abs. 2 BGB) vor. Arbeitgeber dürfen Arbeitern, die nach der Vollendung des 35. Lebensjahres mindestens 5 Jahre im Unternehmen beschäftigt sind, nur mit folgenden Fristen kündigen:

Arbeiter	
Beschäftigungsdauer	Frist
5 Jahre	1 Monat zum Monatsende
10 Jahre	2 Monate zum Monatsende
20 Jahre	3 Monate zum Ende des Quartals

Eine Verkürzung dieser Fristen ist durch Tarif- oder Arbeitsvertrag sowie bei Aushilfskräften unter drei Monaten Beschäftigungsdauer möglich.

Bei Angestellten beträgt die gesetzliche Kündigungsfrist für beide Parteien 6 Wochen zum Quartalsende. Arbeitgeber dürfen Angestellte, die nach der Vollendung des 25. Lebensjahres mindestens 5 Jahre im Unternehmen beschäftigt waren, nur zum Quartalsende mit folgenden Fristen kündigen:

Angestellte	
Beschäftigungsdauer	Frist
5 Jahre	3 Monate zum Quartalsende
8 Jahre	4 Monate zum Quartalsende
10 Jahre	5 Monate zum Quartalsende
12 Jahre und länger	6 Monate zum Quartalsende

Siehe auch Abfindungen, Abmahnung, Kriminalitätsverdacht, Kritikgespräch, Leistungsschwäche, Nebentätigkeit (unerlaubte), Zeugnis.

Kündigung von seiten des Mitarbeiters

Die Fluktuation hat in vielen Betrieben zugenommen. Nicht nur, daß viele Unternehmen Stellen abbauen – auch Arbeitnehmer orientieren sich zunehmend nicht mehr ausschließlich an den Karrieremöglichkeiten in *einem* Unternehmen, sondern streben ungeduldiger nach dem beruflichen Aufstieg, egal, in welcher Firma. Die Loyalität zum Unternehmen schwindet. Jeder ist sich selbst der nächste. Das hat zur Folge, daß viele qualifizierte Mitarbeiter schon nach zwei, drei Jahren Betriebszugehörigkeit den Arbeitgeber wechseln, um eine höhere Position zu erklimmen. Mit nachweisbaren Erfolgen in mehreren Unternehmen läßt sich hervorragend reüssieren. Karrierebewußte Mitarbeiter haben vielfach auch weit offene Ohren für die Lockrufe der Headhunter.

Der Gesprächsanlaß

 Der Produktmanager eines mittelständischen Lebensmittelherstellers hat sich mit der Betreuung und Neupositionierung einer bekannten Suppenmarke in neuen Märkten etliche Meriten erworben. Nach vier Jahren im Unternehmen hat er begonnen, sich vorsichtig in der Branche umzusehen und nach einer höher angesiedelten Position Ausschau zu halten. Der Zufall kommt ihm zu Hilfe, als er eines Tages von einem Headhunter angesprochen wird, der für ein großes Unternehmen einen Markendirektor sucht. Nach einigen Verhandlungen steht fest: Der Produktmanager will zum neuen Unternehmen wechseln. Fristgerecht schreibt er seine Kündigung und reicht sie dem Vorgesetzten.

Was wollen Sie ereichen?

Der Produktmanager ist nicht nur ein beliebter, sondern auch ein sehr erfolgreicher und in Fachkreisen anerkannter Mitarbeiter. Das Ziel des Gespräches ist es, einen letzten Versuch zu unternehmen, um den Mitarbeiter zu halten. Dazu muß der Vorgesetzte die tatsächlichen Wechselgründe – und das heißt, die persönliche Karriereplanung des Mitarbeiters, erfahren.

Arbeitsrechtliche Aspekte

Wenn leitende Mitarbeiter zu einem Mitbewerber wechseln, empfiehlt sich grundsätzlich das Gespräch mit einem Anwalt, um mögliche Wettbewerbsnachteile zu vermeiden. Oft beinhaltet der Arbeitsvertrag schon vorsorglich vereinbarte Wettbewerbsklauseln.

Der Gesprächsleitfaden

V: Herr Müller, Sie haben uns zum Jahresende gekündigt. Ich muß ehrlich sagen, daß ich Ihre Entscheidung sehr bedaure. Mir wäre es lieber, wenn Sie Ihr Know-how weiter unserem Unternehmen zur Verfügung stellen würden.

M: Ich fürchte, meine Entscheidung steht fest. Ich werde zum Jahresende aus diesem Unternehmen ausscheiden.

V: Was könnte Sie denn davon abhalten, zu gehen?

M: Nun, ich hätte gern einen größeren Karrieresprung gemacht. Aber die Chance gibt es hier im Unternehmen ja nicht. Die Firma ist zu klein. Und ich möchte gern etwas leisten, etwas bewegen, mehr anstoßen, mehr Verantwortung tragen. In dieser Firma komme ich nicht weiter. Mein künftiger Arbeitgeber bietet mir die Position eines Markendirektors. Da bin ich für ein ganzes Brand-Sortiment verantwortlich. Das reizt mich sehr.

V: Waren Sie denn mit Ihrem Gehalt zufrieden?

M: Das ist auch so ein Punkt. Im Prinzip war das Gehalt gut, aber ich hätte mich gern verbessert.

V: Nun, wenn ich Ihnen vorschlagen würde, zur Mitte des näch-

sten Jahres die Leitung der Marketingabteilung zu übernehmen – würden Sie dann noch einmal Ihre Entscheidung überdenken? Ich wollte eigentlich erst in drei Monaten mit Ihnen darüber sprechen, aber Ihre Kündigung zwingt mich da zur Eile. Herr Maier wird uns zum 30. September nächsten Jahres verlassen – er hat sich für den vorgezogenen Ruhestand entschieden. Ich hatte bei dieser Neubesetzung sowieso an Sie gedacht. Es würde sich für Sie auch finanziell lohnen.

M: *Ein interessantes Angebot. Wie lange kann ich darüber nachdenken?*

V: *Reicht Ihnen eine Woche? Bis dahin können Sie sich den Vorschlag durch den Kopf gehen lassen. Sie sollten sich auch im eigenen Interesse schnell entscheiden; es macht keinen guten Eindruck, allzu lange mit der Absage zu warten. Das sage ich Ihnen nur in meiner Funktion als Mentor und Coach – als Vorgesetzter würde ich so etwas nicht sagen.*

M: *Ich denke über Ihren Vorschlag nach und gebe Ihnen nächste Woche Bescheid. Aber meine Kündigung erhalte ich erst einmal aufrecht.*

Checkliste

 Bei jeder Kündigung von seiten eines Mitarbeiters sollten folgende Punkte systematisch abgeklärt werden:

▶ Über welches Know-how verfügt der Mitarbeiter?

▶ Wieviel sind dieses Fachwissen und die Kenntnisse auf seinem speziellen Gebiet dem Unternehmen wert?

▶ Wie leicht oder auch schwer ist es, Ersatz zu beschaffen?

▶ Wie wichtig für die Aufgabe sind bestimmte Fähigkeiten des Mitarbeiters, etwa Kommunikations- oder Organisationstalent, Sprachkenntnisse, Kontakte in der Branche, Teambereitschaft oder Motivationsfähigkeit?

▶ Wie wichtig sind seine Fachkenntnisse und sein Spezialistenwissen für die Konkurrenz?

▶ Je nach Gewichtung der einzelnen Punkte sollte entschieden werden, ob sie ihn

▶ um jeden Preis halten,

▶ bis zu einem gewissen Preis (welchem?) halten oder

▶ gehen lassen.

▶ Muß der Mitarber unbedingt gehalten werden, weil sein Ersatz schwierig wird, sollte über finanzielle Anreize und Beförderung nachgedacht werden.

▶ Können alle Punkte ohne Bedenken mit „nicht wichtig für unser Unternehmen" beantwortet werden, lautet die Devise für das Gespräch: „Reisende soll man nicht aufhalten."

Siehe auch Coaching, Karriere (Laufbahngespräch), Motivationsgespräch, Zielvereinbarung.

Kundenorientierung

„König Kunde" sitzt längst noch nicht fest auf dem Thron, der ihm eigentlich zusteht. Da ist die Telefonistin in der Zentrale unfreundlich zu den Anrufern, da schickt der Verkaufsmitarbeiter die versprochenen Prospekte erst eine Woche später an den Kunden in spe, da vergißt der Vertriebsleiter die mündlich zugesagten Lieferkonditionen – derartige Situationen sind leider in Unternehmen jeglicher Größenordnung an der Tagesordnung.

In den letzten Jahren ist die Forderung nach größerer Kundenorientierung daher zu einem zentralen Thema in vielen Unternehmen geworden. Denn der Kunde hat in den allermeisten Fällen stets die Wahl zwischen mehreren Anbietern, und er wird sich für denjenigen entscheiden, der ihm die beste Leistung bietet. Und beste Leistung – das ist das zufriedenstellende Zusammenspiel von guter Qualität, interessantem Preis und erstklassigem Service.

**Das wissen Kunden besonders zu schätzen –
10 Qualitätsdimensionen für Dienstleistungen**

1. Materielles (die „anfaßbare" Leistung)
2. Entgegenkommen
3. Zuverlässigkeit
4. Kompetenz
5. Glaubwürdigkeit
6. Zuvorkommenheit
7. Sicherheit
8. Erreichbarkeit
9. Kommunikation
10. Kundenverständnis

Der Gesprächsanlaß

Der Filialleiter einer Bäckereikette kommt in den Verkaufsraum und hört gerade noch die barschen Worte des Auszubildenden zu einer Kundin: „Haben wir nicht mehr. Ist aus." Die Kundin ist ebenso enttäuscht wie offensichtlich pikiert über den Ton, in dem ihr geantwortet wurde. Entschlossen greift der Filialleiter ein: „Frau Huber, unser Hafervollkornbrot ist leider heute ausverkauft. Darf ich Ihnen eines für morgen zurücklegen?", fragt er höflich. Damit gelingt es ihm, die Kundin zu beruhigen. Doch er selbst ist aufgebracht über das unhöfliche Verhalten seines Azubis der Kundin gegenüber. Er beschließt, mit dem jungen Mann darüber zu sprechen, was Kundenorientierung bedeutet.

Was wollen Sie erreichen?

Das Ziel des Gespräches ist es, dem Auszubildenden nachdrücklich klarzumachen, was Kundenorientierung bedeutet und welche Folgen sein Verhalten für die wirtschaftliche Situation der Filiale und damit langfristig für die Sicherheit des Arbeitsplatzes hat.

Ein Hinweis: Wenn der Vorgesetzte unter einer emotionalen Spannung steht, ist es empfehlenswert, das Gespräch mit dem Mitarbeiter nicht gleich im Anschluß an den Vorfall zu führen. Besser ist es, er kündigt dem Mitarbeiter an, in der nächsten Pause mit ihm sprechen zu wollen. Bis dahin hat sich der Zorn des Vorgesetzten gelegt, und das Gespräch findet in einer entspannteren Atmosphäre statt.

Der Gesprächsleitfaden

V: Herr Krause, Sie haben sich doch vor kurzem ein Mofa zugelegt. Haben Sie das im ersten Geschäft gekauft, in dem Sie waren?

M: *Natürlich nicht. Ich war in drei Geschäften und habe die Preise und die Leistung verglichen. Es ist unglaublich, welche unterschiedlichen Teile man für die gleiche Geldsumme bekommen kann.*

V: *Na, ich denke, Sie wußten genau, welches Mofa Sie haben wollten, oder?*

M: *Das schon. Aber im ersten Laden hätte ich nur das Mofa für mein Gespartes bekommen, und im zweiten wollte mir der Verkäufer noch einen Packsack dazugeben. Ohne Aufpreis!*

V: *Und in welchem Geschäft haben Sie nun gekauft?*

M: *Sie werden lachen: Beim Motorradhändler in der Vorstadt. Das war der dritte Laden, in dem ich gefragt habe. Und da habe ich auch den Packsack und dazu eine super Beratung bekommen. Der Verkäufer hatte viel Ahnung von der Technik, war freundlich und hat mir sogar zugesagt, daß er mir bei eventuellen Reparaturen ein Leih-Mofa zur Verfügung stellt. Da habe ich natürlich zugeschlagen – aber warum interessiert Sie das? Wollen Sie etwa auch ein Mofa kaufen?*

V: *Nein, Herr Krause. Ich habe mir nur heute vormittag überlegt, wie ich mit Ihnen auf das Thema Kundenorientierung zu sprechen kommen kann. Sie erinnern sich gewiß an den Vorfall mit Frau Huber. Glauben Sie, daß Sie zu ihr freundlich gewesen sind?*

M: *Naja. Nicht besonders, da haben Sie recht*

V: *Kundenorientierung heißt vor allem, freundlich zu sein. Unsere Kunden honorieren unsere Freundlichkeit und kaufen gerne bei uns – genau wie Sie eben Ihr Mofa bei dem freundlichen Händler gekauft haben. Glauben Sie mir: Wenn ein Kunde unzufrieden ist, dann erzählt er das jedem Bekannten. Und dann kommen weniger Kunden zu uns, und das Geschäft läuft schlecht. Das können Sie auch nicht wollen. Ich erwarte deshalb, daß Sie zu allen Kunden, besonders aber zu unseren Stammkunden, höflich sind. Sie fragen höflich nach deren Wünschen, Sie beantworten höflich ihre Fragen. Und wenn wir* *etwas nicht haben oder Sie sich in irgendeiner Sache unsicher sind, dann sagen Sie bitte dem Kunden: Moment, ich frage mal eben nach. Und dann kommen Sie bitte zu mir oder gehen zu einer Kollegin und erkundigen sich.*

M: *Geht klar, Chef.*

Gerade wenn es um den Kunden und das Verhalten ihm gegenüber geht, kann der Vorgesetzte durch die geschickte Wahl von Beispielen aus dem Alltagsleben den Mitarbeiter gedanklich in die Kundenrolle schlüpfen und sein eigenes Fehlverhalten aus der Sicht eines anderen Menschen selbst erkennen lassen.

Faktoren einer Kundenbeziehung

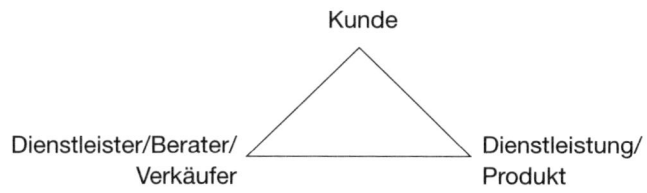

Kunde

Dienstleister/Berater/
Verkäufer

Dienstleistung/
Produkt

Eine Kundenbeziehung ist nur dann gut, wenn zwischen allen drei Eckpunkten des Dreiecks eine gute Beziehung besteht.

Der *Dienstleister*
▷ muß von seiner Leistung (Produkt) überzeugt sein,
▷ muß seinen Kunden und dessen Bedürfnisse ernstnehmen.

Der *Kunde* bleibt nur dann Kunde,
▷ wenn er die Dienstleistung (das Produkt) wertschätzt,
▷ wenn sich sein Dienstleister (Verkäufer, Berater) um Kundenzufriedenheit bemüht.

Checkliste

| ✓ | ▶ Kritik am Verhalten des Mitarbeiters wird grundsätz-
lich unter *vier Augen* geäußert, niemals im Beisein anderer Mitarbeiter.

▶ Wertschätzung, Akzeptanz und Solidarität am Arbeitsplatz unter den Mitarbeitern wird durch *partnerschaftliche Kommunikation* gefördert.

▶ Jeder muß die Chance erhalten, seine Sicht, Veränderungen und Vorschläge einzubringen. Damit ist die Basis geschaffen, Probleme anzugehen und zu lösen.

▶ Innerbetriebliche Informationen, die *alle Mitarbeiter eines Unternehmensbereiches* betreffen, sollten im Rahmen einer Dienstbesprechung oder eines Abteilungsmeetings bekanntgegeben werden.

Siehe auch Kritikgespräch, Motivationsgespräch.

Leistungsschwäche

Die Leistungen eines Mitarbeiters können im Laufe eines Jahres zuweilen beträchtlich schwanken. Manchmal liegt es an der psychischen oder körperlichen Verfassung oder eventuell an durchstandenen Krankheiten. Doch nicht immer sind die Ursachen für Leistungsschwankungen so offensichtlich. Darüber hinaus können mannigfaltige Umstände dazu beitragen, daß ein Mitarbeiter in seiner Leistung nachläßt – oder sie auch gewaltig zu steigern vermag.

Der Gesprächsanlaß

Der Chirurg Dr. Sommer, der sonst zu den eher energiegeladenen und aktiven Mitarbeitern gehört, ist seit einiger Zeit merklich stiller geworden. Auch seine Leistungen sind nicht mehr so zufriedenstellend wie noch in den vergangenen Monaten. Vor zwei Wochen wäre ihm beinahe ein gravierender Fehler unterlaufen, wenn nicht der Oberarzt in letzter Sekunde eingegriffen hätte, um das Schlimmste zu verhindern. Auch dem Chefarzt ist bereits aufgefallen, daß Dr. Sommer abgespannt und müde aussieht. Sommers dunkle Augenringe verraten einen deutlichen Erschöpfungszustand. All das läßt sich nicht mit dem hohen Maß an Verantwortung im medizinischen Beruf vereinbaren. Der Oberarzt sucht deshalb das Gespräch mit seinem Mitarbeiter.

Der Gesprächsleitfaden

V: Herr Kollege, Sie sehen seit einiger Zeit so besorgniserregend abgekämpft aus. Was machen Sie eigentlich in Ihrer Freizeit? Bäume fällen? Oder den Acker pflügen?

M: Das nicht gerade, aber so etwas Ähnliches.

V: Ich werde den Eindruck nicht los, daß Sie eine Menge Schlaf nachzuholen haben. Sie schlafen ja schon beinahe im Stehen ein. Nun, rücken Sie schon raus. Was ist es, das Sie so beschäftigt?

M: *Mein Schwiegervater hatte vor einiger Zeit eine Malaria durchzustehen. Um ihn wieder auf die Beine zu bringen, hat meine Familie beschlossen, ihn für einige Zeit bei uns aufzunehmen. Nach dem Motto: „Der Arzt im Haus ersetzt den Zimmermann." Und der alte Herr ist sehr anspruchsvoll. Meine Frau springt schon den halben Tag und die halbe Nacht. Und mich beschäftigt er dann die übrige Zeit. Mal dies, mal das. Sie kennen das sicher: Patienten in der eigenen Familie sind halt anstrengend.*

V: *Ist er denn wenigstes auf dem Weg der Besserung:*

M: *Eigentlich ist er schon wieder ganz fidel, wenn auch noch schwach. Ihm gefällt es bei uns so gut, habe ich den Eindruck, daß er gar nicht mehr weg will.*

V: *Ihr Schwiegervater bringt Sie um den wohlverdienten Schlaf. Das ist ja heiter. Ganz besonders für Ihre anderen Patienten. Sie kämpfen jetzt an zwei Fronten, hier und zu Hause. Kein Wunder, daß Sie so erschöpft sind. Aber, jetzt mal im Ernst, Herr Kollege, als Ihr Vorgesetzter kann ich das nicht länger tolerieren. Ihre Leistung in der Klinik hat stark gelitten. Ich muß jetzt die Notbremse ziehen. Wie sehen Sie Ihre Möglichkeiten, möglichst bald zu Ihrem gewohnten Leistungsniveau zurückzukehren?*

M: *Ich denke, daß mein Schwiegervater in spätestens drei Wochen wieder hergestellt ist und zu sich nach Hause zurückkehren kann. Danach wird es sicher wieder besser. In der Zwischenzeit werde ich mich durch den Kollegen Wulff entlasten lassen, wenn es Ihnen recht ist. Ich habe schon mit ihm gesprochen, ob er die Wochenenddienste in diesem Monat für mich übernehmen kann. Er ist einverstanden. Ich übernehme dann nächsten Monat seine.*

V: *Das halte ich für eine gute Lösung – aber in vier Wochen sind Sie wieder ganz auf dem Damm und mit voller Kraft in der Klinik. Vereinbart?*

Checkliste

 ▶ Forschen Sie bei nachlassender Leistung zunächst nach den Ursachen.

▶ Bieten Sie eventuell Entlastung, personelle Verstärkung oder andere konkrete Hilfe an.

▶ Während des Gespräches wirken Sie aufbauend und motiviert, nicht aber anschuldigend und destruktiv.

▶ Bitten Sie den Mitarbeiter vor allem um eigene Lösungsvorschläge!

Siehe auch Coaching, Kritikgespräch, Job Rotation, Beförderung, Motivationsgespräch.

Leistungsabhängige Vergütung

Immer mehr Unternehmen besetzen die rar gewordenen Jobs nur noch mit Bewerbern, die mit besonderen Vorleistungen, Selbstbeschränkungen und Risikobereitschaft auftrumpfen können. Auslandserfahrung, Urlaubsverzicht und erfolgsabhängige Vergütung sind heute die Vokabeln, mit denen Personalchefs Einsteiger und Aufsteiger konfrontieren. Der internationale Wettbewerb und das Shareholder-Value-Prinzip fordern ihren Tribut. Längst nicht mehr nur die Top-Verantwortlichen in den Unternehmen müssen es sich gefallen lassen, daß ihre Leistungen kritisch unter die Lupe genommen werden und bei Mißerfolg gegebenenfalls Einkommenseinbußen hinzunehmen sind. Auch Prokuristen, Abteilungsleiter oder Spezialisten, die früher schon am Jahresanfang ausrechnen konnten, um welchen Betrag sich ihr Gehaltskonto am Jahresende nach oben bewegt haben wird, müssen jetzt beweisen, daß sie ihr Geld wert sind. Die umsatz- und ertragsabhängige Vergütung für alle Hierarchieebenen und Unternehmensbereiche, vom Hamburger Vergütungsexperten Prof. Ernst Zander schon seit Anfang der 80er Jahre gefordert, hält Einzug in die deutsche Wirtschaft. In den USA und in Japan bekommt bereits jeder zweite Mitarbeiter Barausschüttungen, Aktien und festverzinsliche Anleihen zusätzlich zum Gehalt. In Deutschland ist es noch eine verschwindend kleine Minderheit.

Das Hauptursache: Selbst Personalchefs sind oft überfordert, wenn sie die verschiedenen Entgeltmodelle erklären sollen. Fachkongresse mit Referaten über Cafeteria-System, Deferred Compensation, Bonus, Incentive, Allgemeine Vergütungsanteile, Aktienoption, Fringe Benefits oder Tantieme haben einen enormen Zulauf. Unterm Strich steht für Vergütungsexperten inzwischen aber fest, daß die leistungsabhängige Vergütung Unternehmen, Anteilseignern und Mitarbeitern gleichermaßen nutzt.

Absoluter Spitzenreiter aller bisher eingesetzten Instrumente ist die Prämie, die nach Überzeugung des Frankfurter Unternehmensberaters Dr. Uwe Fenner „das feste Grundeinkommen durchaus auch überschreiten können sollte." Auch Michael Lezius, Geschäftsführer der Arbeitsgemeinschaft Partnerschaft in der Wirtschaft (AGP) in Kassel sieht, daß eine Beteiligung am Unternehmenserfolg „zu unternehmerischer Initiative führt und dem Auffinden unternehmerischer Talente." Innerhalb von zwei Jahren könne durch Beteiligungsmodelle die Produktivität um bis zu elf Prozent gesteigert und der Krankenstand um bis zu einem Prozentpunkt gesenkt werden. Eine AGP-Untersuchung hat ergeben, daß Unternehmen mit leistungsorientierter Vergütung innerhalb von zwei Jahren bis zu 30 Prozent zusätzliche Arbeitsplätze geschaffen haben.

Der Gesprächsanlaß

Ein mittelständisches Dialog-Marketing-Unternehmen in Frankfurt sucht neue Operatoren. Das bislang starre Tarifsystem soll erneuert werden. Ziel ist es, die Mitarbeiter in der Akquiseabteilung leistungsgerecht zu honorieren. Wer für den Kunden bereits am Telefon einen sicheren Auftrag hereinholen kann, soll eine Prämie erhalten. Am festen Stundensatz ändert sich nichts. Es sei denn, es häufen sich Beschwerden. Gruppenleiter Thomas Gierschke ist angehalten, den Mitarbeitern das neue Entgeltsystem zu erläutern.

Was wollen Sie erreichen?

Das neue Entgeltsystem soll erklärt werden. Die zu erwartende Ablehnung der Mitarbeiter soll in Zustimmung umgewandelt werden.

Der Gesprächsleitfaden

V: *Guten Tag, meine Damen und Herren. Sie haben wahrscheinlich schon gehört, daß wir unser Entgeltsystem umstellen wollen. Bislang wurden Sie mit festen Stundensätzen honoriert.*

245

Wer besonders gute Leistung zeigte, bekam dafür Lob. Jetzt wollen wir auf Anerkennung umstellen.

M1: *Wir hören.*

V: *Sie haben ja mitbekommen, daß unser Unternehmen stark expandiert. Das haben wir der allgemeinen Entwicklung zu verdanken. Die gesamte Telefon-Marketing-Branche wächst. Aber wir wachsen überproportional. Warum? Weil wir die besten Mitarbeiter haben.*

M2: *Und die billigsten.*

V: *Das stimmt zwar nicht, Herr Meier, aber niemand hindert Sie daran, sich woanders teurer anzubieten. Auf Ihren Job warten mindestens zehn andere.*

M2: *Ist ja schon gut. Wie also soll die Anerkennung aussehen?*

V: *Wir wollen auf ein leistungsabhängiges Entgeltsystem umstellen. Das heißt: Je erfolgreicher das Unternehmen ist, desto mehr werden Sie in Zukunft verdienen.*

M1: *Das hört sich gut an. Aber wo ist der Pferdefuß?*

V: *Den gibt es nicht, solange jeder einzelne von Ihnen seinen Beitrag zur Verbesserung des Betriebsergebnisses leistet. Einen Spitzenbeitrag, versteht sich.*

M3: *Der zeichnet sich wodurch aus? Ich kann für mich behaupten, daß ich auch bislang voll bei der Sache war. Mehr als freundlich und zuvorkommend sein und die Anrufer mit den Daten und Fakten versorgen, die für ihre Kaufentscheidung relevant sind, kann ich mir beim besten Willen nicht vorstellen.*

V: *Vielleicht geht's ja manchmal auch etwas schneller?*

M3: *Sie haben gut reden. Haben Sie mal einen Senior an der Strippe und erklären ihm, weshalb die Entscheidung für das teurere Produkt unterm Strich für ihn günstiger ist. Der weiß doch manchmal gar nicht, was Amortisation heißt. Da muß man bei Adam und Eva anfangen. Das kostet Zeit.*

V: *Ja, ja. So ist das. Und seien Sie froh darüber. Wenn es anders*

wäre, würden unsere Auftraggeber diese Arbeit selbst erledi-
gen und Sie hätten keinen Job. Können wir jetzt weiter über
die leistungsgerechte Vergütung sprechen?

M1: *Das hört sich ganz anders als vorhin an. Da sprachen Sie von*
leistungsabhängiger Vergütung. Gibt es da einen Unterschied?

V: *Nein. Wir wollen unsere Mitarbeiter in Zukunft am Erfolg des*
Unternehmens beteiligen. Und zwar jeden einzelnen für sei-
nen individuellen Beitrag. Wir wollen es mit einem ganz einfa-
chen Modell versuchen und denken an ein Fixum von 50 Pro-
zent des bisherigen Einkommens plus einer Prämie. Wer den
Durchschnitt der Gruppe erreicht, bekommt die andere Hälfte
als Prämie. Wer mehr schafft, kann sein Einkommen deutlich
erhöhen.

M2: *Oder im Keller landen.*

V: *So kann es auch ausgehen. Wir halten es nicht für unanständig,*
die Mitarbeiter einen Teil des unternehmerischen Risikos mit-
tragen zu lassen. Schließlich gilt ja auch der Umkehrschluß:
überdurchschnittliche Leistung wird überdurchschnittlich ent-
lohnt. Wir halten das für sehr viel gerechter als die bisherige
Praxis. Oder hatten Sie etwa Spaß daran, die trägen Kollegen
mit durchzufüttern?

M1: *Natürlich nicht. Aber jeder wird mal krank oder kann nicht so,*
wie er gerne möchte.

V: *Dafür gibt's ja das Fixum. Und wer krank ist, ist krank. Be-*
fürchten Sie etwa, daß wir die sozialen Errungenschaften aus-
hebeln wollen? Diese Annahme wäre völlig falsch. Was wir
wollen, ist zum einen Leistungsgerechtigkeit, zum anderen
Leistungsanreiz. Wer gut ist und motiviert, wird die Vorteile
des neuen Systems bald in Mark und Pfennig spüren. Wer
meint, daß wir hier eine Arbeitsbeschaffungsstelle haben, hat
sich in der Adresse geirrt. Wir bieten Chancen. Sie, meine Da-
men und Herren, brauchen nur zuzugreifen. Ich denke, daß
damit alles gesagt ist. Nur eins vielleicht noch. Ganz Schlaue
werden vielleicht auf die Idee kommen, daß es jetzt klug wäre,
die Leistung kollektiv herunterzufahren. Daß das nicht funk-

tionieren wird, können Sie sich denken. Als Unternehmen, das sich seiner Verantwortung für seine Mitarbeiter bewußt ist, haben wir Vergleichswerte aus der Vergangenheit und von anderen Teams zusammengestellt. Niemand soll überfordert werden, aber es geht auch nicht an, daß wir mit dem Kapital unserer Anteilseigner verschwenderisch umgehen. Gibt es noch weitere Fragen? Nein? Dann wünsche ich frohes Schaffen.

Siehe auch Gehaltszusatzleistungen, Kritikgespräch, Motivationsgespräch, Zielvereinbarung.

Ein Mitarbeiter hat eine hervorragende Leistung vollbracht. Er verdient ein Lob. Besser: Er verdient eine Anerkennung seitens des Vorgesetzten. Das klingt selbstverständlich, ist es aber nicht. Vielen Vorgesetzten fällt es sehr viel leichter zu kritisieren als zu loben. Das mag an ihrer Erziehung liegen: Wenn im Elternhaus mit positiver Verstärkung gegeizt wurde, hat man im späteren Leben kein Repertoire zur Verfügung. Zuweilen trägt auch eingeübtes „Chefgebaren" die Schuld. Mit Kritik sind viele Vorgesetzte schnell bei der Hand. Mitarbeiter haben allzu oft den Eindruck, daß sie überhaupt nur dann ein Feedback bekommen, wenn etwas schiefläuft. Das kann fatale Auswirkungen haben, denn Resonanz, die erst erfolgt, wenn der Schadensfall schon eingetreten ist, trägt nicht zur Verbesserung der Lage bei, sondern frustriert den Mitarbeiter. Mangelndes Feedback bei guter Leistung demotiviert erheblich und verschlechtert das Arbeitsklima zusätzlich.

Denn warum soll sich ein Mitarbeiter besonders anstrengen und auch in Zukunft Überstunden machen, wenn sein Einsatz für den Betrieb anscheinend unbemerkt bleibt?

Der Gesprächsanlaß

Ein Mitarbeiter hat sich mit besonderem Engagement um die Gewinnung eines neuen Kundenauftrages bemüht. Er hat selbständiges Denken und Einsatz unter Beweis gestellt und diesen Auftrag für die Firma schließlich auch gewonnen.

Was wollen Sie erreichen?

Sie wollen ehrlich gemeintes Lob zollen und eine gute Leistung anerkennen. Der Mitarbeiter soll aber nicht den Eindruck gewinnen, er könne sich jetzt erst einmal auf seinen Lorbeeren ausruhen. Er soll auch nicht das Gefühl haben, ihm werde nun noch mehr Arbeit aufgebürdet. Er soll wissen, daß er gut gearbeitet hat. Mehr nicht, aber auch nicht weniger.

Der Gesprächsleitfaden

V: *Ich bin sehr erfreut, daß Sie diesen Auftrag für uns an Land gezogen haben. Mir ist völlig klar, wie schwierig das war. Der Kunde ist äußerst anspruchsvoll, und die Konkurrenz schläft auch nicht. Ich bin wirklich beeindruckt. Wie Sie hoffentlich wissen, halte ich schon immer viel von Ihnen. Ihre Leistung hat mich daher nicht wirklich überrascht, denn zugetraut habe ich Ihnen ja auch schon bisher sehr viel. Aber ich glaube, daß man es auch mal offen aussprechen soll, wenn die eigenen Erwartungen erfüllt oder sogar noch übertroffen werden.*

M: *Es freut mich, daß Sie das so sehen. Ich habe mich auch wirklich besonders angestrengt. Und ich hatte hervorragende Unterstützung von meinen Kollegen.*

V: *Das ist auch ein Punkt, über den ich mit Ihnen reden wollte. Natürlich konnte das Projekt nur deshalb so gut laufen, weil Ihre ganze Gruppe dahinter gestanden hat. Offensichtlich haben Sie Ihre Mitarbeiter ordentlich unterstützt. Aber Sie persönlich haben auch sehr viel Eigeninitiative entwickelt. Und ohne Ihren geschickten Schachzug hätten wir den Auftrag mit Sicherheit nicht zu diesen Konditionen erhalten. Ihre Idee mit dem moderierten Servicepaket war wirklich gut. Das hätten wir sowieso in Kürze anbieten müssen, und jetzt sind wir dazu gezwungen, einen Schritt nach vorn zu wagen. Das Ganze kommt genau zum richtigen Zeitpunkt. Wie sind Sie eigentlich auf diese Lösung verfallen?*

M: *Ich habe bemerkt, daß es eine Lücke gab in der nachfolgenden Betreuung, die sich aber ohne großen Aufwand schließen ließ. Das kann ein sehr marktgängiges Produkt werden!*

V: *Nachdem Sie in diese Sache so viel Arbeit hineingesteckt haben, könnte ich mir vorstellen, daß Sie dafür eine Gratifikation erwarten.*

M: Nun ja, ablehnen würde ich die ganz bestimmt nicht.

V: Im Moment kann ich noch nicht verbindlich sagen, ob sich das einrichten läßt. Aber ich wollte den Punkt in jedem Falle einmal ansprechen. Auch über die Perspektiven, die sich für Sie bei uns eröffnen, müssen wir uns gelegentlich einmal unterhalten. Und noch etwas: Ich habe gehört, daß Ihre Frau krank ist. Geht es ihr inzwischen wieder besser?

Der alte Spruch ist immer noch gültig: Ein Lob wirkt mehr als tausend Tadel.

Checkliste

 Damit Anerkennung richtig ankommt,
- ► muß sie begründet sein,
- ► muß sie ehrlich sein,
- ► muß sie Interesse an der Person zeigen,
- ► muß deutlich werden, daß Sie sich detailliert mit der Aufgabe des Mitarbeiters beschäftigt haben,
- ► sollte Lob nicht nur beiläufig erteilt werden,
- ► darf ein Lob nicht aus Floskeln bestehen,
- ► darf sie kein verkappter Tadel sein,
- ► sollte sie keine Herabsetzung anderer Mitarbeiter enthalten,
- ► darf sie nicht dazu mißbraucht werden, dem Gelobten noch mehr Arbeit aufzuhalsen,
- ► sollte die Möglichkeit finanzieller Belohnung zumindest angesprochen werden.

Siehe auch Coaching, Führungsstil, Gewinnbeteiligung/Gratifikation, Leistungsabhängige Vergütung, Motivationsgespräch.

Mobbing

In wirtschaftlich schwierigen Zeiten, in denen sich viele Menschen um ihren Arbeitsplatz sorgen, hat das Mobbing (übersetzt etwa: anpöbeln, schikanieren) Hochkonjunktur. Mobbing ist kein Einzelphänomen. Die Zunahme von Streß und Leistungsdruck, unterbesetzte Abteilungen, besonders die Verknappung der Arbeitsplätze führen zu einer Verhärtung des Arbeitsklimas. Besonders Menschen, die dem Konkurrenzdruck nicht gewachsen sind, suchen im Psychoterror – und nichts anderes ist Mobbing – ein Ventil, um ihre negativen Gefühle gegenüber einzelnen Kollegen oder Mitarbeitergruppen auszuleben. Starke Hierarchien erleichtern das Mobbing, die Arbeit im Team behindert es eher. Auffallend ist, daß die Mehrzahl der Opfer von Vorgesetzten „gemobbt" werden.

Der Gesprächsanlaß

 Eine Mitarbeiterin hat sich vor ein paar Tagen an ihren Vorgesetzten gewandt mit der Bitte um Hilfe: Gegen sie werde seit langem intrigiert, es fällt der Begriff Mobbing. Kurz darauf hört dieser Vorgesetzte zufällig mit, wie sich zwei Mitarbeiter über diese Kollegin lustig machen. Im folgenden verabreden die beiden, auf dem nächsten Abteilungsmeeting die Wortbeiträge der Kollegin herabzusetzen und sie dem Spott der Abteilung preiszugeben. Der Vorgesetzte geht in das Büro der betroffenen Mitarbeiterin und spricht mit ihr. Er bittet sie *nicht* zu sich ins Büro, um den Anschein einer vorzeitigen Parteinahme zu vermeiden. Danach ruft er die beiden Mitarbeiter zu sich.

Was wollen Sie erreichen?

Sie führen zwei Gespräche. Zuerst versichern Sie der Mitarbeiterin, daß Sie das Verhalten ihrer Kollegen nicht tolerieren. Anschließend drohen Sie den beiden Mitarbeitern mit Konsequenzen, wenn sie ihr Verhalten nicht sofort ändern.

Arbeitsrechtliche Gesichtspunkte:

Mobbing ist ein Verhalten, das den Betriebsfrieden dauerhaft stört. Daher ist es als Grund für eine außerordentliche (das heißt fristlose) Kündigung ausreichend. Allerdings muß eine gesetzlich vorgeschriebene Frist eingehalten werden: Die Kündigung muß innerhalb von zwei Wochen nach Auftreten des Kündigungsgrundes ausgesprochen werden.

Der Gesprächsleitfaden

Erstes Gespräch

V: Ich habe soeben zufällig die Bestätigung für Ihre Beschuldigungen von neulich bekommen. Ich bin wirklich empört über dieses Verhalten und ich werde es in keinem Fall tolerieren.

M: Herr Naumann und Herr Wingenfeld machen mir schon seit längerem das Leben schwer. Sie haben schon die ganze Abteilung angesteckt, niemand setzt sich mehr zu mir an den Tisch in der Mittagspause.

V: Warum haben Sie sich eigentlich nicht schon zu Beginn der Aktionen direkt an die beiden Herren gewandt und um Unterlassung gebeten? Sie sagten ja, das ginge schon längere Zeit so.

M: Ich habe mich einfach nicht getraut. Ich habe gedacht, daß es die Sache nur schlimmer macht, wenn ich mich beschwere.

V: Aber warum denn? Das, was die beiden Herren betreiben, ist Mobbing. Und dagegen muß man etwas unternehmen. Und genau das werde ich jetzt tun. Verlassen Sie sich auf mich. Aber wenn das noch einmal vorkommen sollte, dann sprechen Sie bitte die Beteiligten selbst darauf an. Seien Sie doch ein bißchen selbstbewußter! Erst wenn dieses Gespräch nichts fruchtet, kommen Sie zu mir. In Ordnung?

Zweites Gespräch

V: Meine Herren, ich habe gehört, wie Sie sich in der Cafeteria über Frau Beyer lustig gemacht haben. Ich habe auch gehört, was Sie da für die nächste Besprechung planen. Ihr Verhalten ist völlig inakzeptabel. Wenn damit nicht augenblicklich Schluß ist, werde ich über Konsequenzen nachdenken. Ihr Verhalten stört den Betriebsfrieden. Was werfen Sie Ihrer Kollegin eigentlich vor?

M: Gar nichts. Da liegt sicher ein Mißverständnis vor. Frau Beyer ist sehr empfindlich und läuft immer gleich rot an.

V: Das ist keine Begründung für Ihr Verhalten. Ich erwarte, daß Sie sich bei der Kollegin entschuldigen und daß so etwas nicht mehr vorkommt.

Checkliste

 Keine Toleranz für Mobber

▶ Stellen Sie sich bedingungslos auf die Seite des Opfers.
▶ Drohen Sie sofort mit Konsequenzen (Abmahnung, Versetzung, Kündigung).
▶ Informieren Sie den Betriebsrat.
▶ Schalten Sie eine Vertrauensperson als Vermittler ein.
▶ Organisieren Sie Unterstützung.
▶ Achten Sie besonders sorgfältig darauf, wie das Mobbingopfer in Zukunft von Mitarbeitern behandelt wird.

Symptome des Mobbing
▶ Ausgrenzung (Mitarbeiter sitzt allein beim Essen)
▶ Schweigen bei Besprechungen
▶ Beiträge oder Leistungen werden auffallend hart kritisiert
▶ plötzliche Verhaltensauffälligkeiten wie gestiegene Nervosität, Vermeidung des Blickkontaktes, sehr leises Sprechen etc.
▶ häufige Krankheiten

Siehe auch Kündigung, Abmahnung.

Tausende von Arbeitnehmern starten mit Unlust, schlechter Laune und ohne jede Motivation an jedem Montagmorgen in die neue Woche, weil sie an ihrem Arbeitsplatz für sich keine beruflichen Perspektiven erkennen können. Dieses Schicksal trifft diejenigen um so härter, die ihre Identität allein in ihrer Arbeit finden – und das sind leider immer mehr Menschen. Doch nur darauf zu vertrauen, daß sich schon „irgendwie" ein Ausweg aus der Misere eröffnen wird, hilft nicht über die aktuelle Frustration hinweg. Besser als die Haltung „Augen zu und durch" zu vertreten ist es, sich die eigene Situation klar vor Augen zu führen und über mögliche Alternativen nachzudenken.

Doch längst nicht jeder Mitarbeiter ist so einsichtig und verfügt über das Talent, sich selbst am eigenen Schopf aus dem Frustrationssumpf zu ziehen. Kluge Vorgesetzte erkennen bereits an „schwachen Signalen", wenn die Arbeitsmotivation bei einem Mitarbeiter nachläßt – und versuchen, durch ein Gespräch gegenzusteuern. Wer freilich glaubt, man müsse nur an der großen „Motivationsschraube" im Rücken der Mitarbeiter drehen, um sie wieder voller Begeisterung und Elan an den Arbeitsplatz stürmen zu sehen, der irrt. Nach der These des deutschen „Motivationspapstes" Reinhard K. Sprenger kann kein Mensch einen anderen Menschen zu irgendetwas motivieren. Motivation, so Sprenger, kommt von innen heraus und kann nicht vom Vorgesetzten wie eine Medizin verabreicht werden. Eines kann der Vorgesetzte allerdings tun: Er kann den Mitarbeiter fragen, wo die demotivierenden Faktoren seiner Arbeit liegen – und versuchen, diese auszuräumen.

Der Gesprächsanlaß

Der Personalchef eines Warenhauses hört und liest in letzter Zeit immer häufiger von unzufriedenen Kunden. Die Bedienung sei unaufmerksam, unhöflich, desinteressiert und lustlos. „In diesem Haus will man wohl gar nicht verkaufen!", schrieb ihm erst neulich eine aufgebrachte Kundin. Rückfragen bei den Abteilungsleitern ergaben, daß das Verkaufspersonal mehrheitlich höchst unmotiviert ist. Die Abteilungsleiter selbst waren ratlos, was sie denn tun könnten, um die Motivation ihrer Mitarbeiter zu steigern. Aus der Tatsache aber, daß es erst der eingehenden Nachfrage bedurfte, um den Grund für die sich häufenden Kundenbeschwerden zu erfahren, schließt der Personalchef, daß vermutlich auch die Abteilungsleiter im Verkauf nicht besonders engagiert bei der Sache seien. Auf dem nächsten Monatsmeeting der Abteilungsleiter bringt der Personalchef dieses Thema zur Sprache.

Der Gesprächsleitfaden

V: *Meine Damen, meine Herren, wie Sie wissen, häufen sich die Beschwerden über das Verkaufspersonal. Viele Verkäufer und Verkäuferinnen seien desinteressiert, bisweilen unhöflich und gelangweilt. Anstatt auf die suchenden Kunden zuzugehen, stünden die Verkäufer in einer Ecke zusammen und unterhielten sich. Eine Kundin hat uns sogar folgendes geschrieben: „In diesem Haus will man wohl gar nicht verkaufen!" All das deutet darauf hin, daß unser Verkaufspersonal ziemlich demotiviert ist. Wie denken Sie darüber?*

M1: *Moment – nicht alle. In meiner DOB-Abteilung gibt es keine Beschwerden – ich habe meine Leute im Griff.*

M2: *Sie sagen denen ja auch ständig, daß es jede Menge arbeitslose Verkäufer gibt, die sich freuen würden, bei uns arbeiten zu dürfen. Kein Wunder, daß bei Ihnen keine Beschwerden vorkommen. Ihre Mitarbeiter haben einfach Angst, gefeuert zu werden.*

V: *Zugegeben, über die DOB habe ich noch keine Beschwerden bekommen. Allerdings gehen gerade hier seit Monaten auch die Verkaufszahlen deutlich zurück. Das liegt sicher nicht allein an der schlechten Wirtschaftslage, sondern auch am Willen unserer Verkäufer, ein gutes Ergebnis zu bringen. Mal eine*

Frage an alle: Wie gehen Sie mit der gesunkenen Arbeitsmotivation der Leute um? Oder noch besser: Wie wirken Sie dieser entgegen?

M2: *Darüber grübele ich seit einigen Wochen nach, und ehrlich, wir haben doch keine Motivationsinstrumente. Die Gehälter bestimmt der Tarifvertrag, Sonderzulagen sind seit 1996 gestrichen, Bildungsurlaub wird von den Verkäufern nicht als Motivation, sondern als Strafe betrachtet – ja, was soll man denn da machen? Mehr als gut zureden können wir doch nicht.*

M1: *Gut zureden – wohin kommen wir denn da? Es gibt fast fünf Millionen Arbeitslose – sollen die Leute doch froh sein, bei uns einen Arbeitsplatz zu haben. Nein, ich halte von Motivation nichts. Wer sich nicht selbst motiviert, fliegt.*

Die Diskussion zwischen den beiden Abteilungsleitern zeigt, daß sich Motivation für manche Führungskräfte immer noch auf die Alternative „carrot or stick" – die Möhre vor der Nase oder der Tritt von hinten – beschränkt. Dieses gedankliche Modell funktioniert aber langfristig nicht, denn Mitarbeiter sind keine Esel. Sie sind Menschen mit eigenen, individuellen Bedürfnissen, auf die Vorgesetzte eingehen sollten, wenn sie die Leistung verbessern wollen.

V: *Bitte, so geht das aber nicht. Mit Druck und Angst erzeugt man nur Lähmung – und das beweisen ja auch die Umsatzzahlen. Und die Möhrenmethode – mehr Geld, mehr Urlaub, mehr Freizeit – wirkt auch nur beschränkt. Wir müssen uns etwas anderes einfallen lassen, um die Motivation unserer Verkäufer zu heben. Ich habe dazu einen Vorschlag. Sprechen Sie doch in den nächsten Tagen mit allen Ihren Mitarbeitern über das, was ihnen an ihrer Arbeit gefällt und was ihnen nicht gefällt. Sagen Sie ihnen wahrheitsgemäß, daß sich die Geschäftsleitung über die zunehmenden Kundenbeschwerden und die sinkenden Verkaufszahlen sorge und daß wir die Gründe dafür herausfinden müssen. Fragen Sie Ihre Mitarbeiter, was nach ihrer Meinung die Ursachen sind. Und beim nächsten*

Meeting tragen wir dann die Resultate zusammen und disku-
tieren über Maßnahmen. Vergessen Sie aber bitte nicht, auch
Ihre persönliche Meinung darüber zu notieren.

Auf diese Weise erhalten Sie – wenn alle ehrlich antworten – eine
Liste der motivierenden und der demotivierenden Faktoren im
Betrieb. Auf dieser Basis können Sie darangehen, die als schlecht
oder belastend empfundenen Abläufe oder Strukturen zu optimieren oder auszuräumen.

Checklisten

 Motivationsfaktoren
- Ein angstfreies, kollegiales Betriebsklima
- Realistische Aufstiegschancen
- Interessante Aufgaben
- Leistungsgerechte Vergütung
- Anerkennung durch Vorgesetzte
- Erfolg
- Verantwortung
- Vertrauen seitens des Vorgesetzten
- Entscheidungsfreiheit in angemessenem Rahmen

Demotivationsfaktoren
- Schwacher Informationsfluß
- Übertriebene Kontrollen
- Delegationsfeindliche Vorgesetzte
- Mangelndes Feedback seitens der Vorgesetzten
- Keine oder der Aufgabe unangemessene Kompetenzen
- Mißtrauen
- Schlechte Ausstattung des Arbeitsplatzes
- Keine oder geringe Weiterbildungsmöglichkeiten

Siehe auch Betriebsklima, Coaching, Führungsstil, Kritikgespräch, Leistungsschwäche, Training (off the job).

Nebentätigkeiten führen in der Praxis häufig zu Problemen. Dabei muß man nicht nur an Schwarzarbeit nach Feierabend denken, um sich das Ausmaß der Konflikte vorstellen zu können. Arbeitgeber legen auch Wert darauf, daß Mitarbeiter ihnen ihre Arbeitskraft voll zur Verfügung stellen. Sie haben ein Interesse daran, daß Mitarbeiter ihre Freizeit und die Urlaubstage zur Erholung nutzen.

Aus der Sicht des Mitarbeiters sieht die Sache anders aus: Er stellt seine Arbeitskraft nur für die im Arbeitsvertrag geregelte Zeitspanne zur Verfügung. Über die übrige Zeit möchte er frei verfügen können. Ein kleiner Nebenjob am Wochenende wird zuweilen überhaupt nicht als Verletzung der Arbeitnehmerpflichten verstanden.

Konflikte entstehen insbesondere dann, wenn zu befürchten ist, daß dem Unternehmen durch die Nebentätigkeit wirtschaftlicher Schaden entsteht.

Der Gesprächsanlaß

Ein auf Projektbasis teilzeitbeschäftigter Mitarbeiter will eine weitere Teilzeittätigkeit bei einem anderen Unternehmen übernehmen, das mit Ihrem Betrieb im unmittelbaren Wettbewerb steht.

Was wollen Sie erreichen?

Sie befürchten eine mögliche Geschäftsschädigung und wollen die Tätigkeit Ihres Mitarbeiters für den Mitbewerber verhindern. Sie könnten die Nebentätigkeit nun einfach untersagen. Damit würden Sie jedoch das Risiko eingehen, den Mitarbeiter ganz zu verlieren. Bisher sind Sie sehr zufrieden mit der

Arbeitsleistung des Mitarbeiters. Sie entscheiden sich dafür, die Sache möglichst diplomatisch zu regeln.

Arbeitsrechtliche Aspekte

 Eine Nebentätigkeit ist zulässig,

- wenn die Gesamtarbeitszeit die Höchstarbeitszeit (täglich 10 Stunden, wöchentlich 48 Stunden) nicht bzw. nicht erheblich überschreitet,
- wenn sie nicht dem Zweck des Urlaubs (Erholung) entgegensteht,
- wenn sie nicht als Ordnungswidrigkeit geahndet werden kann (Schwarzarbeit)
- und wenn sie nicht gegen das Wettbewerbsverbot verstößt.

Nur für Beamte und Mitarbeiter des öffentlichen Dienstes gibt es eine allgemeine gesetzliche Regelung über die Zulässigkeit von Nebentätigkeiten. Für alle anderen Arbeitsverhältnisse schreiben verschiedene Gesetze und Arbeitsverträge vor, welche Nebentätigkeiten unzulässig sind. Da das Thema sehr komplex ist, sollte im Einzelfall der Rat eines Arbeitsrechtlers eingeholt werden.

Der Gesprächsleitfaden

V: Herr Franke, Sie haben mir ein Memo geschickt und mir darin mitgeteilt, daß Sie für Wertmann & Co. tätig werden möchten. Und zwar im gleichen Arbeitsbereich wie bei uns. Ich habe da starke Bedenken. Wie Sie sicher wissen, kämpft auch Wertmann gerade um den großen Auftrag unseres langjährigen Kunden Schneider. Nun ist das Projekt, an dem Sie zur Zeit bei uns mitarbeiten, gerade Teil der Offerte, die wir Schneider machen werden. Wie wichtig es für uns ist, diesen Auftrag zu bekommen, muß ich wohl nicht extra betonen. Wertmann ist ein sehr aggressiver Mitbewerber. Ihm traue ich zu, daß er auch mit etwas unsanften Bandagen kämpft. Er will unbedingt in den Markt.

Sie kennen die Konditionen, die wir Schneider angeboten haben. Darüber hinaus haben Sie weitere relevante Insider-Informationen, an denen man bei Wertmann bestimmt brennend interessiert wäre. Ich sehe da einen ernsthaften Loyalitätskonflikt auf Sie zukommen.

M: *Ja, aber ich würde doch niemals irgendwelche Informationen weitergeben. Ich muß schon sagen, es wundert mich, daß Sie mir so etwas zutrauen. Und diese Anstellung bei Wertmann ist für mich eine Riesenchance. Da habe ich echte Aufstiegsmöglichkeiten.*

V: *Selbstverständlich unterstelle ich Ihnen nicht, daß Sie beabsichtigen, unsere Betriebsgeheimnisse zu verraten. Ich halte Sie wirklich für integer. Und für Ihre Situation habe ich durchaus Verständnis. Sie hätten bei Wertmann vermutlich gute Aufstiegsmöglichkeiten. Aber ich muß die Interessen unserer Firma wahren. Und so sehr ich Ihnen persönlich diese Chance gönnen würde, muß ich doch in diesem Fall leider hart bleiben. Ich kann Ihrer Tätigkeit nicht zustimmen.*

M: *Das hatte ich schon befürchtet. Ich habe mich auch gefragt, warum Wertmann mir so ein besonders großzügiges Angebot macht.*

V: *Wir hatten ja schon letzte Woche über Ihre eventuelle Festeinstellung bei uns gesprochen. Die Entscheidung ist immer noch nicht gefallen, da sie stark von zwei weiteren Aufträgen abhängt, die wir noch nicht unter Dach und Fach haben. Denken Sie nicht, daß ich Sie jetzt ködern will, aber ich wollte Ihnen nur noch einmal ausdrücklich bestätigen, daß wir sehr daran interessiert sind, Sie an unsere Firma zu binden. Aber wie gesagt: Eine Garantie kann ich Ihnen zur Zeit nicht geben.*

Hoffentlich wird der Mitarbeiter jetzt Verständnis zeigen und Ihre (schriftliche!) Ablehnung akzeptieren. Falls er nicht dazu bereit ist, müssen Sie abwägen, was Ihnen mehr wert ist: Die Leistung Ihres Mitarbeiters für Ihr Unternehmen oder die Abwehr des Risikos, Know-how und Geschäftsgeheimnisse an den Mitbewerber zu verlieren.

Falls Sie entdecken, daß der Mitarbeiter doch die Nebentätigkeit gegen Ihre Entscheidung – also unerlaubt – ausübt, haben Sie ein Recht zur außerordentlichen Kündigung und Anspruch auf eventuellen Schadenersatz.

Siehe auch Auskunftspflicht, Ermahnung, Abmahnung, Kritikgespräch, Kündigung, Teilzeitkräfte.

Daß sich einzelne Abläufe und Prozeßschritte in Betrieben verändern, kommt immer wieder vor. Hier wird ein neues Abrechnungsverfahren im Personalwesen eingeführt, dort ein Zeiterfassungsystem für die Arbeitszeitermittlung, und in einem anderen Unternehmen wird die Lagerwirtschaft von Grund auf umgestaltet. Insbesondere für langjährige Mitarbeiter bedeutet die Veränderung organisatorischer Abläufe oft einen tiefen Einschnitt in den Arbeitsalltag.

Um die Mitarbeiter für einen positiven Umgang mit der Veränderung zu gewinnen, ist neben der schriftlichen Information über die neuen Abläufe ein persönliches Gespräch angeraten. In diesem Gespräch hat der Vorgesetzte die Möglichkeit, auf die geäußerten Vorbehalte des Mitarbeiters eingehen und sie ausräumen oder abschwächen.

Der Gesprächsanlaß

In einem großen Kreditinstitut soll ein Zeiterfassungssystem eingeführt werden, um die Anwesenheitszeiten der Mitarbeiter korrekt ermitteln zu können. Mit dem Betriebsrat wurde eine entsprechende Betriebsvereinbarung geschlossen; alle Direktoren sind informiert und sollen mit ihren unmittelbar nachgeordneten Führungskräften darüber sprechen, wie die Mitarbeiter auf diese Neuerung am besten vorbereitet werden können.

Was wollen Sie erreichen?

Die mittleren Führungskräfte sollen erkennen, daß es Widerstand aus der Belegschaft gegen die Zeiterfassung geben könnte, und sie sollen lernen, wie sie mit den Vorbehalten ihrer Mitarbeiter richtig umgehen.

V: *Frau Wagner, Ihre Auslandsabteilung sitzt ja nicht in der Zentrale, sondern in einem separaten Gebäude in der Königsstraße. Die Technik wird die neuen Zeiterfassungsgeräte in der nächsten Woche dort anbringen. Sie sind ja schon schriftlich darüber informiert worden. Haben Sie Ihren Mitarbeitern bereits gesagt, was auf sie zukommt?*

M: *Ja, ich habe die schriftliche Information verteilen lassen. Manche grummeln natürlich, weil sie sich kontrolliert fühlen. Mit dem einen und anderen werde ich deshalb auch noch ein persönliches Gespräch führen.*

V: *Tun Sie das bitte. Sie wissen, daß der Betriebsrat unseren Überlegungen zugestimmt hat und auch von sich aus noch einmal auf die Leute zugeht. Wir wollen die Mitarbeiter natürlich nicht kontrollieren, sondern einfach größere Transparenz in unser Gleitzeitsystem bringen. Kontrolle ist sowieso nicht möglich, denn wer sagt denn, daß ein Mitarbeiter nicht an seinem Schreibtisch Däumchen dreht? Die reine Anwesenheit im Büro besagt überhaupt nichts.*

M: *Naja, erklären Sie das mal den Gruppenleitern. Die sagen: Wir sind jahrelang ohne Stempeluhr ausgekommen – was soll das? Da regt sich schon Unmut. Das Schlimme ist, daß die verärgerten Mitarbeiter die neutralen beeinflussen. Wer die Sache dagegen wertfrei sieht, spricht kaum darüber. Das alte Spiel: Only bad news are goods news.*

V: *Dann sollten Sie unbedingt mit den verärgerten Mitarbeitern sprechen und ihnen unsere Argumente vorlegen. Der Begriff Stempeluhr sagt ja schon alles. Damit verbinde ich Arbeiter im Blaukittel, Schweißgeruch und schwarze Gesichter. Das ist völliger Unsinn. Unsere Geräte zeichnen auf, wann jemand kommt und wann er das Haus verläßt. Unser Gleitzeitsystem ist so flexibel, daß ein Mitarbeiter bis zu 30 Minusstunden im Monat haben kann. Er muß die Zeit eben nacharbeiten, das ist klar. Wir wollten aber vorrangig erreichen, daß es nicht immer dieselben Mitarbeiter sind, die regelmäßig nachmittags um drei*

Uhr zu Kundenbesuchen aufbrechen. Und die anderen erledigen dann die Arbeit für sie mit. Das ist ungerecht, und das werden wir mit Hilfe des neuen Systems ändern.

M: *Nun gut, so werde ich das den Kollegen mitteilen. Gilt die Zeiterfassung eigentlich auch für Sie und den Vorstand?*

V: *Ja sicher. Der Betriebsrat bestand darauf, und aus Gründen der Gleichbehandlung ist das auch angemessen.*

M: *Das werde ich meinen Mitarbeitern natürlich auch erzählen – um das Thema Gerechtigkeit bildhaft darzustellen.*

Checkliste

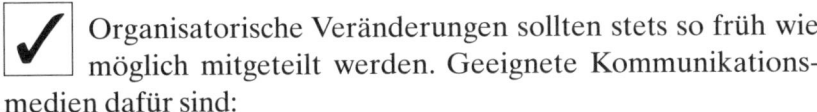 Organisatorische Veränderungen sollten stets so früh wie möglich mitgeteilt werden. Geeignete Kommunikationsmedien dafür sind:

► Schriftliche Hausmitteilungen
► Veröffentlichungen am Schwarzen Brett
► Memos über das interne E-Mail-System
► Ankündigungen in der Mitarbeiterzeitschrift
► Betriebsversammlung mit Rede des Chefs
► Persönliche Gespräche mit den Führungskräften

Siehe auch Geburtstagsfeiern, Interne Kommunikation, Reorganisation/Umstrukturierung.

Outsourcing

Outsourcing ist zu einem Schlüsselbegriff der 90er Jahre avanciert. Die Kombination aus „outside" (außen oder von außen) und „sourcing" (Beschaffung) steht für die Auslagerung von Unternehmensbereichen an fremde Dienstleister. In den allermeisten Fällen von Outsourcing wird die betriebseigene EDV an einen externen Datenverarbeitungsdienstleister ausgegliedert, der den Rechenzentrumsbetrieb dann gegen Rechnung übernimmt. Ausgelagert werden können freilich prinzipiell alle nicht für das Kerngeschäft wichtigen Funktionsbereiche wie die Personalabteilung, die Grafik, der Fuhrpark, die Kantine und anderes mehr. Durch das Outsourcing lassen sich erhebliche Kostenvorteile erzielen.

Der personalwirtschaftliche Aspekt des Outsourcing liegt darin begründet, daß häufig nicht nur die Maschinen und Betriebsmittel an ein externes Unternehmen ausgelagert werden. Vielfach wechseln auch die Mitarbeiter der betreffenden Bereiche mit dem Outsourcing ihren Arbeitgeber. Inhaltlich ändert sich für sie nichts: Sie sitzen nach wie vor am selben Schreibtisch und erledigen dieselben Aufgaben wie zuvor. Formal sind sie nach dem „Outsourcing" bei einem anderen Unternehmen beschäftigt – und die einstigen Kollegen sind ab sofort Kunden.

Der Gesprächsanlaß

Die Geschäftsführung der Otto Schmied AG hat aus betriebswirtschaftlichen Gründen beschlossen, das hauseigene Rechenzentrum an den internationalen Computerkonzern IBX auszulagern. Zwei Großrechner, rund 100 PCs, Drucker, Netze, Software und 75 Mitarbeiter gehören ab 1. März nicht mehr zur Schmied AG, sondern zur IBX. Der Leiter des Rechenzentrums war von Anfang an in die Entscheidung eingebunden und informiert nun in Einzelgesprächen seine leitenden Mitarbeiter.

Was wollen Sie erreichen?

Der Mitarbeiter soll über das anstehende Outsourcing und die nicht vertraulichen Vertragsinhalte informiert werden. Ihm soll die Angst vor einem unfreiwilligen Arbeitgeberwechsel genommen werden. Gleichzeitig bemüht sich der Vorgesetzte beim Mitarbeiter um Verständnis für die Entscheidung der Schmied AG. Er darf keinesfalls den Eindruck gewinnen, man habe ihn „verkauft".

Arbeitsrechtliche Aspekte

Nach § 613a BGB muß der Outsourcinggeber (die übernehmende Firma) die Mitarbeiter des Kunden zu den arbeitsvertraglich vereinbarten Konditionen übernehmen und weiterbeschäftigen. Erst frühestens nach Ablauf eines Jahres darf der Outsourcinggeber den Arbeitsvertrag fristgerecht kündigen und mit dem Mitarbeiter neue Bedingungen vereinbaren.

Der Gesprächsleitfaden

V: Wahrscheinlich haben Sie auch schon von den Gerüchten gehört, nach denen unser Rechenzentrum outgesourct werden soll. Ich kann Ihnen heute bestätigen, daß sich der Vorstand tatsächlich dazu entschlossen hat. Der Vertrag mit der IBX wurde gestern unterzeichnet. Ab 1. März übernimmt die IBX das Rechenzentrum mit der gesamten Hardware, Software und – jetzt komme ich zum Anlaß meines Gespräches mit Ihnen – möglichst auch allen Mitarbeitern.

M: Das könnte denen so passen. Ich gehe nicht mit. Wenn ich bei einem Computerkonzern hätte arbeiten wollen, dann hätte ich mich dort beworben. Aber von Schmied einfach so zur IBX weitergeschoben zu werden – das gefällt mir nicht. Da mache ich nicht mit. Welche anderen Möglichkeiten stehen mir offen?

V: Bitte regen Sie sich doch nicht auf. Nichts wird so heiß gegessen,

*wie es gekocht wird. Für Sie ändert sich eigentlich nicht viel.
Nach § 613 a BGB muß die IBX Ihren Arbeitsvertrag übernehmen und darf ihn nicht vor Ablauf eines Jahres kündigen. Sie
werden also nicht weniger verdienen und den gleichen Job
behalten, den Sie jetzt haben. Möglicherweise plant das Management der IBX irgendwann einmal eine Reorganisation des
Rechenzentrums. Dann müssen Sie aber gefragt werden und –
falls Ihr Arbeitsplatz betroffen ist – Ihr Einverständnis geben.
Also: Ohne Ihr O.K. läuft nichts. Zweitens: Wenn Sie partout
nicht in die IBX wechseln wollen, steht es Ihnen durchaus frei,
zu kündigen und sich einen anderen Arbeitsplatz zu suchen.
Gute Informatiker sind ja Mangelware; da werden Sie keine
Probleme haben. Ihr Arbeitsplatz bei der Schmied AG entfällt
aber definitiv, weil der Konzern weder das Rechenzentrum
noch die Anwendungsentwicklung behält. Das geht alles zur
IBX.*

M: *Also habe ich die Alternative, zu kündigen oder zur IBX zu
gehen. Na fein. Bekomme ich im Falle einer Kündigung eine
Abfindung?*

V: *Nein, dazu besteht aus Sicht der Firma kein Anlaß. Sie könnten
ja denselben Arbeitsplatz bei der IBX erhalten – also wofür
dann eine Abfindung? Ich verstehe, daß Sie im Moment überrascht sind. Möglicherweise fühlen Sie sich auch persönlich
getroffen und haben das Gefühl, „verkauft" zu werden. Das ist
überhaupt nicht der Fall. Für die Entscheidung zum Outsourcing gab es gute ökonomische Gründe, und wenn ich Ihnen
gleich die Details des Vertrages mitteile, werden Sie das gewiß
verstehen.*

M: *Ich bin jetzt zehn Jahre bei der Schmied AG, und noch nie hat
sich jemand über meine Arbeit beschwert. Und jetzt lagern die
einfach aus. Als ob die IBX das alles besser machen könnte –
lachhaft.*

V: *Vielleicht besser, vielleicht nicht besser, aber auf jeden Fall billiger. Das hat überhaupt nichts mit Ihnen zu tun. Die IBX ist ein
Riesenkonzern und kann einfach manche Dinge billiger anbieten als wir es aus eigener Kraft tun könnten. Denken Sie nur an*

die Kosten für die Softwarelizenzen. Schmied muß jede einzelne teuer bezahlen. Die IBX hat dagegen einen Rahmenvertrag mit Microsoft, zahlt einmal, und alle Kunden weltweit bekommen das neue Betriebssystem kostenlos. Unter anderem deshalb können die unser Rechenzentrum billiger betreiben als die Schmied AG selbst. Verstehen Sie?

M: *Das sehe ich schon ein. Aber in einem Konzern fühle ich mich nicht wohl. Unser 75-Mann Rechenzentrum hatte für mich eine übersichtliche Größe, da habe ich gern gearbeitet.*

V: *Auch daran wird sich vorerst nichts ändern. Falls Ihre Kollegen zustimmen, bleibt die Mannschaft komplett bestehen. Die IBX will möglichst alle Mitarbeiter übernehmen. Und sehen Sie bitte auch mal die Chancen dieses Outsourcing. In einem internationalen Konzern haben gerade junge Informatiker wie Sie viel bessere Weiterbildungs- und Karrieremöglichkeiten. Wer sagt denn, daß Sie hier noch lange bei Schmied arbeiten wollen? Die IBX hat neun Standorte in Deutschland, und über den internationalen Konzern könnten Sie – wenn Sie wollen – weltweit arbeiten. Ich finde, Sie sollten der Fairness halber nicht nur die Risiken sehen, sondern auch die Möglichkeit zur Verbesserung betrachten.*

M: *Ich werde mal nachdenken. Aber, sagen Sie, auf welche Zeit ist der Outsourcingvertrag denn abgeschlossen? Und welche Leistungen sind vereinbart? Jetzt möchte ich gerne die Einzelheiten kennenlernen.*

Checkliste

 Diese Faktoren bestimmen das Klima in einem Outsourcinggespräch

▶ Beginnen Sie das Gespräch positiv.

▶ Schildern Sie die Tatsachen sachlich.

▶ Gehen Sie auf die Ängste und Befürchtungen des Mitarbeiters ein (auch auf die unausgesprochenen!).

▶ Lenken Sie sein Augenmerk von den Risiken zu den Chancen.

▶ Informieren Sie ihn konkret über die anstehenden Veränderungen und seine Handlungsmöglichkeiten.

Siehe auch Abfindungen, Freistellung nach Kündigung, Innere Kündigung, Job Rotation, Motivationsgespräch, Reorganisation/ Umstrukturierung, Teamarbeit.

Pannen im Betrieb

Pannen lassen sich in keinem Betrieb vermeiden. Auch die besten Unternehmen können verspätete Flüge, verdorbenes Essen oder Fehllieferungen nicht immer verhindern. Doch entscheidend ist letztlich, wie man mit diesen Problemen umgeht. Denn daß die Kunden unzufrieden sind und den Anbieter wechseln, wenn der Schaden nicht rasch beseitigt wird, leuchtet jedem ein. Außerdem – und das ist vielleicht noch entscheidender – kostet die Wiedergutmachung für Pannen Geld. Und es wird erheblich teurer, durch aufwendige Werbung neue Kunden zu gewinnen. Die Kosten dafür sind, so fanden Fachleute heraus, sechsmal so hoch wie das Halten zufriedener Stammkunden.

Unternehmen können lernen, so argumentiert Christopher W. Hart, Präsident der TQM-Group in Cambridge (TQM steht für „Total Qualitity Management", Umfassendes Qualitätsmanagement), entstandene Schäden wiedergutzumachen. Und wenn sie es geschickt anstellen, kann das dem Ruf des Unternehmens nur förderlich sein – dann nämlich, wenn sich herumspricht, mit welchen Methoden Reklamationen behandelt werden. So zahlt zum Beispiel die amerikanische Bank of Maine jedem Kunden einen Dollar, der schriftlich seine Meinung zum Service der Bank mitteilt. Und American Express bietet kostenlose Rufnummern an, um den Kunden den Kontakt zu erleichtern. Doch in der Regel sind die Reaktionen der Firmen auf Beschwerden der Kunden eher kontraproduktiv und verstärken die Verärgerung, zumal, wenn berechtigte Klagen als unwichtig abgetan werden oder überhaupt keine Reaktion erfolgt.

Die meisten Unternehmen lehren ihre Angestellten nicht, eigenverantwortlich zu handeln. Sie erwarten diese Eigenschaft schon beim Eintritt ins Unternehmen – oft zu Unrecht. Die typische Antwort bei Kundenklagen hat sicher schon jeder gehört: „Das ist nicht meine Schuld, das macht der Computer." Oder: „Da muß ich erst meinen Vorgesetzten fragen." Aber gerade der Mitarbeiter vor Ort bildet das Sprachrohr zum Kunden, die Angestellten sind es, die unmittelbar Kontakt zu den Kunden haben und daher das Problem analysieren und beheben könnten. Mitarbeiter, die selbstständig Entscheidungen treffen? Manchen Vorgesetzten mag diese Vorstellung begeistern. Andere dürfte sie erschrecken – untergräbt das doch scheinbar ihre Autorität.

Pannen – Stolperfallen für alle Unternehmen

Viele Manager unterschätzen den Verlust, den ein unzufriedener Kunde verursachen kann. Sie konzentrieren ihre Energien zu sehr auf die Gewinnung neuer Kunden, von denen sie nicht einmal abschätzen können, wie wichtig oder unwichtig sie für die Ertragslage des Unternehmens sein werden.

Wenn die Mitarbeiter, die direkt mit dem Kunden zu tun haben, auch die Befugnis und Kompetenz erhalten, um Probleme oder Schäden, mit denen sie konfrontiert werden, eigenverantwortlich und vor allem rasch zu beseitigen, ist der Kundenservice gut. Mit Kundenbedürfnissen sensibel umzugehen läßt sich lernen. Den Mitarbeitern muß also sorgfältig vermittelt werden, wie sie mit Kunden umgehen sollen.

Der Gesprächsanlaß

Hans Heinrich ist Kunde einer Bank in Düsseldorf und parkt auf deren Kundenparkplatz, um einige Besorgungen in der Stadt zu erledigen. Der Parkplatzwächter, Harry Schwan, macht ihn darauf aufmerksam, daß er nur parken dürfe, wenn er Geschäfte in der Bank zu erledigen hätte. Heinrich löst also einen Scheck ein – doch selbst dann wird ihm das Parken nicht gestattet. Selbst als er erklärt, er sei langjähriger Kunde der Bank und hätte fast eine Million Mark auf verschiedenen Konten dieser Bank, besteht Schwan auf Begleichung der Parkgebühren. Einen Tag später beschwert sich der Kunde direkt bei der Zentrale. Der Kundendienstleiter bittet Harry Schwan daraufhin zu einem klärenden Gespräch.

Der Gesprächsleitfaden

V: *Herr Schwan, ich bekam vor einer Stunde den Anruf eines wirklich guten Kunden der Bank. Er beschwerte sich, daß er auf unserem Kundenparkplatz nicht kostenlos parken durfte, obwohl er bei uns einen Scheck eingelöst hat. Sie hätten von ihm die Parkgebühr trotzdem verlangt. Und er sagt, er habe bezahlt.*

M: *Das muß der Kunde mit dem Mercedes gewesen sein. Der gab mächtig an, er sei hier Großkunde.*

V: *Das stimmt in diesem Fall, und wir wollen solche Kunden nicht verlieren.*

M: *Aber wir haben doch Vorschriften, daß wir nur Kurzparker zulassen dürfen, nicht Leute, die dann stundenlang den Parkplatz blockieren.*

V: *Das ist sicherlich im großen und ganzen auch vernünftig, aber Sie können durchaus Ausnahmen machen, wenn Ihnen der Parkende ein wichtiger Kunde zu sein scheint – und selbst wenn er es nicht wäre. Kunden behalten solche Freundlichkeiten im Gedächtnis. Das stärkt die Kundenbindung. Und die Bank lebt vom Geschäft der Kunden, nicht von den Parkgebühren.*

M: *Ach so, ich verstehe. Ja, aber wie soll ich denn in Zukunft so etwas entscheiden? Ich kann den Leuten doch nicht ansehen, wie wichtig sie für uns sind.*

V: *Ich schlage vor, daß Sie durchaus nach Ihrem Gefühl vorgehen. Erstens kennen Sie bereits sehr viele unserer Stammkunden und wissen, wie lange sie in der Regel parken. Und wenn wirklich ein Ihnen unbekannter Fahrer kommt, der länger parken möchte oder vielleicht nur rasch zur Apotheke will, dann lassen Sie es zu. Uns tut es nicht weh – und der Kunde freut sich.*

M: *Und wenn das dann alle ausnutzen und unseren Parkplatz als öffentlichen Platz betrachten?*

V: *Falls wirklich jemand stundenlang einen Parkplatz besetzt hält, machen Sie ihn beim Wegfahren freundlich darauf aufmerk-*

sam, daß auch andere einen Parkplatz suchen. Ich denke, das werden die meisten verstehen.

M: *Gut, dann entscheide ich je nach Situation und Wellenschlag.*

V: *Ganz genau. Überlegen Sie einfach, ob es momentan aus Platzgründen möglich ist, und entscheiden Sie dann selbständig.*

Siehe auch Beschwerde, Ermahnung, Führungsstil, Kritikgespräch, Kundenorientierung.

Personalabbau

Das Gespräch mit dem Betriebsrat über die Notwendigkeit eines Personalabbaus gehört zu den unangenehmsten Gesprächen überhaupt. Gleich wie die Worte lauten – Personalfreisetzung, Personaleinschränkung, Personaleinsparung oder Personalfreistellung –, meist geht es um eine Reduzierung des Personalbestandes aus betriebswirtschaftlichen Gründen. Die Mittel dazu sind gezielte Entlassungen und in begrenztem Ausmaß Einstellungssperren, Aufhebungsverträge und vorzeitige Pensionierung.

Der Gesprächsanlaß

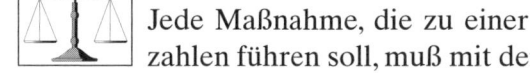 Das noch selbständige Möbelhaus verzeichnet seit Monaten anhaltende Umsatz- und Gewinnrückgänge. Der Eigentümer, gleichzeitig der Geschäftsführer, fürchtet sich vor der Aufgabe der Selbständigkeit: Er will nicht Teil einer Möbelhauskette werden. Der einzige Ausweg scheint ihm die Verringerung des Personals. Er will mit dem Betriebsratsvorsitzenden die Möglichkeit besprechen, auf sozialverträgliche Art und Weise den Personalbestand um fünf Prozent zu reduzieren.

Was wollen Sie erreichen?

→ Der Betriebsrat soll die Alternative „Verkauf oder Personalabbau" kennenlernen sowie die Konsequenzen daraus. Der Gesprächspartner will für den zweiten Lösungsweg, Personalabbau, werben und die Zustimmung des Betriebsrates einholen.

Arbeitsrechtliche Aspekte

Jede Maßnahme, die zu einer Senkung der Personalzahlen führen soll, muß mit dem Betriebsrat diskutiert werden und bedarf einer schriftlichen Vereinbarung mit der Arbeitnehmervertretung.

Der Gesprächsleitfaden

V: *Guten Morgen, Herr Wagner. Ich hoffe, daß Sie den Bericht unseres Steuerberaters und die Umsatzprognosen für die nächsten zwölf Monate, die ich Ihnen am Freitag gegeben habe, gründlich studiert haben. Zu welchem Schluß sind Sie daraufhin gekommen?*

Mit dieser Eröffnung wirft der Vorgesetzte dem Betriebsrat den Ball des unternehmerischen Sachverstandes zu. Er bringt ihn dazu, sich in seine – des Unternehmers – Lage zu versetzen.

M: *Ja, Herr Backhaus, das sieht ja gar nicht gut aus. Neun Prozent minus im nächsten Jahr – ja, da müssen wir jetzt ganz schnell überlegen, was zu tun ist. Welche Vorschläge haben Sie?*

Ein kluger Mitarbeiter. Wo ist der Ball nämlich jetzt?

V: *Nach meiner Ansicht stehen wir mit dem Rücken zur Wand. Wir haben nur zwei Möglichkeiten, nämlich an Möbel-Momm zu verkaufen – Sie wissen, daß die sehr an unserem Haus interessiert sind – oder drastisch unser Personal zu reduzieren. Ich denke da vor allem an den Verkauf und an die Auslieferung. Wir haben dreizehn Vollzeit- und vier Halbtagskräfte im Verkauf. In der Auslieferung beschäftigen wir elf Mitarbeiter. Der Steuerberater rät zu einer Verringerung des Personalbestandes um zehn Prozent. Dann, so schreibt er, hätten wir einigermaßen die Chance, uns wieder zu erholen. Tja, die Alternative bei Möbel-Momm . . .*

M: *Mit zehn Prozent weniger Personal kann die Firma nicht auskommen, das ist unmöglich. Außerdem haben wir überwiegend ältere Mitarbeiter, die können Sie nicht auf die Straße setzen. Und letztlich macht sich die Personalverringerung in der Bilanz auch nicht sofort bemerkbar.*

V: *Ich hatte natürlich nicht einfach an Entlassungen gedacht, sondern an einen sozialverträglichen Abbau. Sehen Sie, Frau Junker und Frau Voigt gehen im nächsten Jahr in Rente. Ich wollte den Damen vorschlagen, schon in drei Monaten bei uns aufzuhören. Wir bezahlen bis zum normalen Rentenbeginn die Differenz zwischen Vorruhestand und bisherigem Gehalt. Und bei den Auslieferungsfahrern nutzen wir die natürliche Fluktuation aus. 15 Prozent der Fahrer kündigen im Jahresdurchschnitt von sich aus. Diese Stellen besetzen wir nicht wieder neu. Also wird kein einziger Beschäftigter entlassen. Können Sie diesem Vorhaben zustimmen?*

M: *Wenn Sie eine Beschäftigungsgarantie für die übrigen Mitarbeiter geben, und wenn die Damen aus dem Verkauf mit dieser Regelung einverstanden sind und wenn Sie im kommenden Herbst einen Ausbildungsplatz für einen Einzelhandelslehrling einrichten, dann können Sie mit meiner Zustimmung rechnen.*

Siehe auch Reorganisation/Umstrukturierung, Teilzeitkräfte, Telearbeit, Vorruhestandsregelung.

Persönlichkeitstest

Psychologische Tests oder Persönlichkeitstests werden von vielen Bewerbern gefürchtet und auch von zahlreichen Personalchefs abgelehnt. In der Presse und in den sogenannten Testknackern kursieren Berichte über absurde Fangfragen, mit denen die Verblüffungsfestigkeit der Testpersonen ermittelt werden soll. Die neckische Frage „Sind Sie Jungfrau?" (gemeint ist „natürlich" das Sternbild) wurde allen Ernstes schon gestellt. Da mit Tests ganz offensichtlich ziemlicher Unfug getrieben werden kann, ist es ratsam, sie von Psychologen, Medizinern oder Personalexperten ausarbeiten zu lassen.

Der Gesprächsanlaß

Nach einer Vorauswahl aufgrund der schriftlichen Bewerbung und einer Interviewrunde hat der Personalchef eine kleine Gruppe von Bewerbern gebeten, sich einem Persönlichkeitstest zu unterziehen.

Was wollen Sie erreichen?

Vor dem Test soll den Teilnehmern die Angst vor der Prüfungssituation genommen werden, Vorurteile sollen wenn möglich abgebaut werden.

Arbeitsrechtliche Aspekte

Ein Bewerber muß rechtzeitig vorher darüber informiert werden, daß er sich einem psychologischen Test unterziehen soll. Er muß sich mit dem Test einverstanden erklären. Bei Minderjährigen muß die Erlaubnis der Eltern eingeholt werden. Dieses Einverständnis sollte sich der Arbeitgeber immer schriftlich geben lassen.

Wenn ein Bewerber nicht eingestellt wird, hat er Anspruch darauf, daß seine Testbögen vernichtet werden.

Die Testfragen dürfen die im Grundgesetz garantierte Menschenwürde und die Persönlichkeitsrechte des einzelnen nicht verletzen. Ganz private Fragen nach dem Lebensstil dürfen nur gestellt werden, wenn sie für die angestrebte Position relevant sind. (siehe Bewerbergespräch)

Wenn bei firmeninternen Auswahlverfahren psychologische Tests eingesetzt werden, muß der Betriebsrat zustimmen.

Der Gesprächsleitfaden

V: Meine Damen und Herren, Sie werden gleich mit einer ganzen Reihe von Fragebögen konfrontiert sein. Ich kann mir vorstellen, daß Sie reichlich nervös sind. Dazu besteht aber überhaupt kein Anlaß. Wir sind uns bewußt, daß jeder Test den Probanden vor eine schwierige Aufgabe stellt. Schwierig ist allerdings auch die Auswertung. Daher können Sie sich darauf verlassen, daß wir sie mit größter Sorgfalt vornehmen werden.

M: Es wird ja auch ein Intelligenztest dabei sein. Welchen Stellenwert räumen Sie den Ergebnissen ein?

V: Wir sind uns darüber klar, daß der Intelligenzquotient nur ein Faktor unter mehreren ist im Persönlichkeitsbild eines Menschen. Wir wissen, daß er zum Beispiel wenig aussagt über die soziale Kompetenz, auf die es heute immer mehr ankommt. Sie sind alle in der Vorauswahl schon sehr erfolgreich gewesen, machen Sie sich daher keine Sorgen.

M: Was passiert, wenn ich eine Frage nicht beantworten möchte?

V: Grundsätzlich zwingen wir niemanden. Wir wollen auch keinen Druck ausüben. Wenn Sie meinen, daß eine Frage mit Ihren Persönlichkeitsrechten nicht zu vereinbaren ist, dann sollten Sie uns das wissen lassen. Wenn Sie auf die Frage stoßen: „Sie sitzen mit zwei anderen Personen im Rettungsboot. Das Trink-

wasser wird knapp. Wen stoßen Sie als erstes über Bord: die hübsche Blondine oder den kleinen Jungen?" – dann wissen Sie, daß Sie sich bei dem falschen Unternehmen beworben haben. Ich versichere Ihnen, daß unser Test in dieser Hinsicht keine Probleme aufwerfen wird. Wir wenden keine Tricks an. Uns geht es darum, möglichst viel über Ihre Leistung und Ihre Motivation zu erfahren. Wir wollen herausbekommen, wo genau Ihre Stärken liegen, damit wir Sie sinnvoll einsetzen können.

M: *Welchen Stellenwert hat der Test im gesamten Auswahlverfahren?*

V: *Er ist nur ein Element in unserer Beurteilung Ihrer Fähigkeiten. Wir werden mit Ihnen anschließend noch ein strukturiertes Einstellungsgespräch führen, wir haben Ihre Arbeitsproben beurteilt und wir werten den biographischen Fragebogen aus, den Sie schon ausgefüllt haben. Bitte gehen Sie ganz locker an den Test heran. Einen guten Rat möchte ich Ihnen noch geben: Seien Sie nicht zu bescheiden! Wenn Sie glauben, daß Sie über natürliche Autorität verfügen, dann machen Sie bei der entsprechenden Frage ruhig ein Kreuzchen. Stellen Sie Ihr Licht nie unter den Scheffel!*

Checkliste

 Eigenschaften des Bewerbers, die ein Persönlichkeitstest offenlegen sollte

- ▶ Kommunikationsfähigkeit
- ▶ Beharrlichkeit
- ▶ Durchsetzungsfähigkeit
- ▶ Erfolgszuversicht
- ▶ Selbständigkeit
- ▶ Lernbereitschaft
- ▶ Leistungsstolz
- ▶ Engagement
- ▶ Flexibilität
- ▶ Furchtlosigkeit

- ▶ Motivierbarkeit durch Konkurrenz
- ▶ Selbstkontrolle
- ▶ Karrierestreben
- ▶ Freude an der Arbeit
- ▶ Frustrationstoleranz
- ▶ Veränderungsbereitschaft
- ▶ Risikobereitschaft

Siehe auch Ausbildung (Beginn), Bewerbungsgespräch, Einstellungsgespräch, Karriere (Laufbahngespräch).

Private Probleme des Mitarbeiters

Wenn im Unternehmen ein Klima des gegenseitigen Vertrauens besteht, wenden sich Mitarbeiter gelegentlich auch mit einem persönlichen Problem an Ihren Vorgesetzten. Mal geht es darum, den Beginn der Arbeitszeit besser an veränderte Bedingungen im Privatleben des Mitarbeiters anzupassen, mal wird um Verständnis gebeten für eine besonders gravierende persönliche Belastung. Wenn der Vorgesetzte mit einem privat begründeten Gesprächswunsch konfrontiert wird, sollte er diesem entsprechen – und sich über das Vertrauen seines Mitarbeiters freuen. Denn Führung ist, wie Reinhard Degen im Vorwort zu diesem Buch schreibt, tatsächlich vor allem „Beziehungsarbeit".

Selbstverständlich können Vorgesetzte nicht in allen Fällen ein positves Feedback geben. Auch ein klares „Nein" ist, wie in dem hier geschilderten Fall, zuweilen unumgänglich.

Der Gesprächsanlaß

 Der Pressechef bittet seinen Vorgesetzten um ein Darlehen der Firma. Das ist absolut unüblich. Es besteht eine klare Vereinbarung zwischen der Geschäftsleitung und den Gesellschaftern, daß ein diesbezüglicher Mitarbeiterwunsch abgelehnt werden muß.

Was wollen Sie erreichen?

→ Sie können und wollen der Bitte nicht stattgeben.

282

V: *Herr Windecker, Sie möchten mit mir über ein persönliches Problem sprechen? Worum geht es denn?*

M: *Ja; es ist mir sehr unangenehm, Sie auf mein Problem anzusprechen. Also ich bin in einer sehr schwierigen Lage. Es geht um meine finanzielle Situation. Vor fünf Jahren haben meine Frau und ich eine Eigentumswohnung gekauft. Dafür haben wir einen hohen Kredit aufgenommen. Mit der Bank haben wir eine Abzahlung auf zwanzig Jahre vereinbart. Das bedeutet, daß die monatliche Belastung ziemlich hoch ist. Aber unser Steuerberater meinte, daß wir als Doppelverdiener viel zu hohe Steuern zahlen und drängte uns zu dem Kauf. Es war auch wirklich sinnvoll, den Steuervorteil zu nutzen. Zu der Zeit haben wir beide ganz gut verdient, und wir konnten uns die Wohnung leisten. Meine Frau arbeitete in einer Werbeagentur. Vor einem halben Jahr hat sie völlig überraschend ihren Job verloren, weil die Firma aufgelöst wurde. Und sie hat bis heute nichts anderes gefunden. Damit ist unsere ganze Kalkulation zusammengebrochen.*

V: *Das tut mit sehr leid. Haben Sie in Ihrer Verwandtschaft oder im Freundeskreis niemanden, der Ihnen helfen könnte?*

M: *Leider nein. Seit letzter Woche drängt die Bank. Sie droht mit einer Zwangsversteigerung der Wohnung. Wenn es dazu kommt, verlieren wir nicht nur die Wohnung, sondern auch viel Geld. Die Bank hat die Wohnung taxieren lassen. Momentan bekommen wir noch nicht einmal den Kaufpreis zurück. Von einer Wertsteigerung ganz zu schweigen. Wir sind wirklich verzweifelt.*

V: *Das kann ich mir vorstellen. Das ist ja wirklich sehr bedauerlich. Aber worüber genau wollten Sie mit mir sprechen?*

M: *Über ein Darlehen. Wenn ich von Ihnen, das heißt vom Unter-*

nehmen, ein Darlehen bekäme, dann könnten wir die Durst-
strecke überwinden. Meine Frau wird bestimmt wieder eine
Stelle finden. Mit einem Darlehen von 50000 DM könnten wir
die Wohnung retten.

V: *Ich bewundere Ihren Optimismus. In doppelter Hinsicht. Als*
Arbeitsloser kann man nur hoffen, eine andere Anstellung zu
finden – davon ausgehen kann man heute nicht mehr. Und ein
Darlehen von unserer Firma? Wie stellen Sie sich das vor? Ein
Mitarbeiter, der einen Kredit abarbeiten muß, ist in besonderem
Maße abhängig vom Arbeitgeber. Dadurch würde seine Frei-
heit, den Arbeitsplatz zu wechseln, beschränkt. Und wir hätten
im Falle einer Kündigung unsererseits auch ein Problem.

Ich bedaure sehr, Herr Windecker, aber es besteht eine Ver-
einbarung zwischen unseren Gesellschaftern und der Ge-
schäftsleitung, nach der wir niemals einem Mitarbeiter ein
Darlehen geben dürfen. Ausnahmen können wir da nicht ma-
chen. Diese Anweisung gilt sowohl für unseren guten Presse-
chef wie selbst für mich als Geschäftsführer.

M: *Ich weiß, daß meine Bitte ungewöhnlich ist. Aber der Firma*
geht es doch sehr gut seit der Fusion im letzten Jahr. Da sind
50000 Mark doch ziemliche Peanuts.

V: *Um Gewinne zu erzielen, müssen wir ständig investieren. Aber*
in die Entwicklung von Produkten, nicht in die Realisierung
privater Träume. Es geht gar nicht darum, ob wir Ihnen das
Darlehen geben könnten, sondern es geht ums Prinzip. Wir ver-
leihen grundsätzlich kein Geld an Mitarbeiter. Und ich wieder-
hole: Wir machen keine einzige Ausnahme. Ich bedaure zwar
Ihre persönliche Situation, aber ich kann Ihnen nicht helfen.

M: *Und was soll ich jetzt machen?*

V: *Die Wohnung zu kaufen war aus heutiger Sicht ein Fehler. Die-*
ser Realität müssen Sie ins Auge sehen. Und wenn Sie keine an-
dere Lösung finden, werden Sie sich mit Ihrer Bank einigen
müssen. Auch wenn Sie dabei gewisse Verluste machen. Es tut
mir leid! Aber sprechen Sie doch mal mit unserem Controller.
Der hat doch gute Beziehungen zu unseren Hausbanken. Viel-
leicht hat er einen Tip für Sie.

Checkliste

 ► Bemühen Sie sich zunächst, gemeinsam mit dem Mitarbeiter eine Lösung für dessen Problem zu finden.

► Begründen Sie die eventuelle Ablehnung eines privaten Wunsches sachlich und machen Sie dem Mitarbeiter klar, daß mit der Ablehnung keine persönliche Abwertung verbunden ist.

► Achten Sie im Umgang mit privaten Problemen strikt auf die Gleichbehandlung aller Mitarbeiter.

► Zeigen Sie sich um eine Lösung bemüht, geben Sie eventuell Hinweise oder bahnen Sie hilfreiche Kontakte an.

Siehe auch Alkohol am Arbeitsplatz, Beschwerde, Burn-out-Syndrom, Coaching, Drogen, Ermahnung, Fehlzeiten, Führungsstil, Gehalt, Innere Kündigung, Intrigen, Krankheit, Kriminalitätsverdacht, Leistungsschwäche, Querulanten, Störungen in der Gruppe, Workaholismus.

Probezeit (Abschluß der Probezeit)

In fast allen Fällen vereinbaren Arbeitgeber und Arbeitnehmer für den Beginn des Arbeitsverhältnisses eine Probezeit, innerhalb derer beide Parteien den Vertrag einfach und schnell kündigen können. Der Arbeitgeber wird sich darum bemühen, in dieser ersten Zeit die Arbeitsleistung und den Arbeitseinsatz des Mitarbeiters zu prüfen. Er will sich ein Urteil darüber bilden, ob er den neuen Mitarbeiter tatsächlich auf Dauer in seiner Firma behalten möchte.

Die Probezeit ist auch für den neuen Mitarbeiter sinnvoll. Er oder sie kann sich in diesen Anfangswochen ein genaueres Bild von dem Unternehmen machen, lernt Vorgesetzte, Kollegen und seine Aufgaben kennen und kann dann die Entscheidung, ob er weiter in der Firma bleiben möchte, auf einer sicheren Grundlage treffen.

Für den Vorgesetzten bedeutet das Ende der Probezeit, sich für oder gegen den weiteren Verbleib des Mitarbeiters im Betrieb entscheiden zu müssen. Während das positive Gespräch, in dem die Probezeit als abgeschlossen erklärt und in ein normales Mitarbeiterverhältnis überführt wird, meist keine Schwierigkeit aufwirft, scheuen nicht wenige Führungskräfte das negative Gespräch, in dem sie dem Mitarbeiter mitteilen müssen, daß die Firma nicht an einer Mitarbeit auf Dauer interessiert ist.

Die Konsequenz: Aus Furcht, etwas Negatives mitteilen zu müssen, oder auch nur, um einer unangenehmen Situation aus dem Weg zu gehen, setzt der Vorgesetzte auf das „Prinzip Hoffnung". Er redet sich ein, daß das Verhalten oder die Leistung des Mitarbeiters schon mit der Zeit besser werden und beendet die Probezeit nur mit dem laschen Hinweis, daß der Mitarbeiter noch an sich arbeiten müsse. Damit überläßt der Vorgesetzte die Entscheidung, ob er Leistung oder Verhalten optimieren will, freilich dem Mitarbeiter. Der Vorgesetzte hat die Chance, die die Probezeit bietet, nicht genutzt.

Der Gesprächsanlaß

 Kurz vor Ablauf der Probezeit soll einem Mitarbeiter mitgeteilt werden, daß das Unternehmen an einer Festeinstellung interessiert ist. Ein anderer Mitarbeiter soll hingegen nach Beendigung der Probezeit nicht eingestellt werden.

Was wollen Sie erreichen?

Sie möchten die Gründe für Ihre Entscheidung deutlich machen.

Arbeitsrechtliche Aspekte

Im Regelfall beträgt die Probezeit sechs Monate. Kürzere oder längere Zeiträume sind zulässig, wenn sie von vornherein vereinbart wurden. Da der nach einer sechsmonatigen Beschäftigung einsetzende Kündigungsschutz nicht ausgehöhlt werden darf, erlaubt die Rechtsprechung die Verlängerung der Probezeit nur unter sehr strengen Voraussetzungen. Wenden Sie sich gegebenenfalls an Ihren Rechtsanwalt oder juristischen Berater.

Der Gesprächsleitfaden

Fall 1: Der neue Mitarbeiter wird übernommen

V: Ihre Probezeit ist mit Ablauf dieses Monates beendet. Ich denke, es wird Sie nicht überraschen, wenn ich Ihnen heute eine feste Anstellung anbieten möchte. Mit Ihrer Arbeitsleistung waren wir stets äußerst zufrieden. Sie haben sich mit sehr großem Engagement Ihrer neuen Aufgabe gewidmet und sich auch sehr schnell eingearbeitet. Wir haben Sie als belastbar, außergewöhnlich selbständig und kreativ kennengelernt. Die Zusammenarbeit mit den Kollegen klappt auch gut. Kurz: Wir möchten Sie bitten, bei uns zu bleiben.

M: *Das freut mich. Auch ich habe das Unternehmen ausreichend kennengelernt, und mir gefällt die Arbeit. Ich denke, daß mir der Einarbeitungsplan, den wir zu Beginn meiner Tätigkeit vereinbart haben, sehr geholfen hat. Und die Unterstützung durch die Kollegen in der Abteilung war auch sehr erfreulich. An einem festen Vertrag bin ich sehr interessiert.*

V: *Dann sollten wir uns jetzt über Ihre Zukunft bei uns unterhalten. Welche Perspektiven sehen Sie für sich bei uns? Welches sind Ihre Langzeitziele?*

Fall 2: Der neue Mitarbeiter hat die Probezeit nicht bestanden

V: *Ihre Probezeit ist demnächst beendet. Ich möchte heute mit Ihnen darüber sprechen, wie wir anschließend vorgehen. Welchen Eindruck haben Sie selbst in den vergangenen sechs Monaten gewonnen?*

M: *Ich muß zugeben, daß ich mir manches etwas leichter vorgestellt habe. Den Unterschied zwischen Theorie und Praxis hatte ich wohl etwas unterschätzt. Anderes fiel mir dagegen ziemlich leicht.*

V: *Dafür gibt es ja Probezeiten. Es sind Testphasen, in denen sich klären soll, ob der neue Arbeitnehmer grundsätzlich für die Tätigkeit geeignet ist. Er seinerseits kann entscheiden, ob er bereit ist, sich an bestehende Strukturen anzupassen und ob er meint, den Anforderungen zu entsprechen. Für uns sind Probezeiten besonders wichtig. In einem so kleinen Betrieb muß jeder sich auf den andern voll verlassen können. Da gab es in Ihrem Fall leider das eine oder andere Problem.*

M: *Nun ja, es war ja auch alles noch völlig neu für mich.*

V: *Sicherlich. Mit einigen Pannen zu Beginn muß man immer rechnen. Sie arbeiten sorgfältig und genau. Sie sind fleißig und Sie haben eine schnelle Auffassungsgabe. Mit den Kollegen sind Sie auch ganz gut zurechtgekommen. Im großen und ganzen haben Sie sich recht gut eingearbeitet. Sorgen bereitet hat mir allerdings Ihre gelegentlich doch etwas unselbständige Arbeitsweise. Auch nach zwei Monaten haben Sie immer noch* *auf direkte Anweisungen gewartet. Freiwillig haben Sie nicht über den Tellerrand hinaus geblickt. Das soll kein Vorwurf sein. Aber es ist nun einmal so, daß wir in einer sehr schwierigen Zeit leben und daß gerade unsere Branche gewaltige Probleme hat. Im Grunde haben wir überhaupt nur eine Chance am Markt, wenn wir jederzeit optimale Leistung bringen und uns zusätzlich um Innovationen bemühen. Da ist es unumgänglich, daß jeder Mitarbeiter auch mal eigene Ideen entwickelt und einbringt. Das habe ich bei Ihnen leider vermißt.*

M: *Dazu hatte ich überhaupt keine Zeit. Ich hatte schon Mühe, das Pensum überhaupt zu erledigen. Und dann kamen immer noch irgendwelche Sonderwünsche aus dem Lager.*

V: *Damit muß man leben. In solch einem kleinen Betrieb läuft einfach nichts nach Schema F. Wenn ein Kollege krank ist, müssen die anderen für ihn einspringen können. Und in Stoßzeiten müssen wir alle Übersoll leisten.*

M: *Ich denke, daß ich mir mit dieser Aufgabe etwas zuviel zugemutet habe. Mir wäre eine weniger anspruchsvolle Position vermutlich lieber. Aber die gibt es hier ja nicht.*

V: *Ja, das ist richtig. Ich bedaure es, aber ich möchte es bei der Probezeit bewenden lassen. Ich hoffe aber für Sie, daß Sie die Erfahrungen, die Sie bei uns gesammelt haben, in einem anderen Betrieb nutzen können. Und ich wünsche Ihnen alles Gute für Ihre Zukunft.*

Checkliste

 Bei Nichtübernahme nach Ablauf der Probezeit
▶ Gestalten Sie die Ablehnung nicht als persönliche Kritik
▶ Vermeiden Sie Generalisierungen
▶ Vermeiden Sie globale Abwertungen
▶ Formulieren Sie Ihre Ablehungsgründe sachlich und so präzise wie möglich, damit der Arbeitnehmer daraus lernen kann

So bitte nicht

▶ „Für diese Position sind Sie völlig ungeeignet."

▶ „Dieser Aufgabe sind Sie einfach nicht gewachsen."

▶ „Ihre Arbeitseinstellung ist wirklich nicht überzeugend."

▶ „Sie haben sich immer viel zu wenig durchgesetzt."

▶ „Es lag an Ihnen, daß die Kollegen nicht mit Ihnen zurechtkamen."

▶ „Ich habe Sie immer wieder gewarnt, daß es so nicht geht."

Siehe auch Ablehnung (Beförderung), Auftreten (Umgangsformen), Coaching, Gehalt, Jahresgespräch (Jährliches Personalgespräch, Kritikgespräch, Leistungsschwäche, Lob, Motivationsgespräch.

Querulanten

Menschen dieses Typs werden niemals verstehen, daß ihre Mitmenschen sie als das bezeichnen, was sie sind. Blickt ein Querulant in den Spiegel, so sieht er einen couragierten Bürger, der sich nicht einschüchtern läßt von den Widrigkeiten des Lebens oder den Widerständen anderer; einen verantwortungsbewußten Menschen, der die andernorts übliche Schlamperei nicht toleriert. Daß andere ihn für streitsüchtig halten, in ihm den Prozeßhansel sehen, den ewigen Zänker und Rechthaber oder den pessimistischen Nörgler, ist ihm völlig unbegreiflich.

Das Schlimmste, was einem echten Querulanten passieren kann, ist, wenn alles nach seinem Geschmack verläuft. Dann muß er mit viel Erfindungsgeist einen Nebenschauplatz eröffnen. Ist eine Abteilung mit Querulanten gestraft, kann sie nur eins tun: sie ins Leere laufen lassen.

Der Gesprächsanlaß

Ein neuer Mitarbeiter der Firma klagt über Herrn Quer. Der Kollege mache ihm das Leben schwer. Er nörgele den ganzen Tag, der Mitarbeiter könne ihm nichts recht machen. Der junge Mann ist sehr pflichtbewußt. Er leidet aber sichtlich unter der ungerechtfertigten Kritik des älteren Kollegen. Jetzt hat er seinen Vorgesetzten um ein Gespräch gebeten.

Was wollen Sie erreichen?

Sie gehen mit dieser Beschwerde anders um als mit den üblichen Klagen. Sie versuchen nicht zu vermitteln oder den Streit mit einem klugen Kompromiß aus der Welt zu schaffen. Das würde Ihnen sowieso nicht gelingen. Sie wollen auch nicht um Verständnis für Herrn Quer bitten, sondern Sie wollen versuchen, dem neuen Mitarbeiter praktische Überlebenshilfe zu geben.

Vielleicht gelingt es Ihnen, die Angelegenheit mit Humor zu entschärfen.

Der Gesprächsleitfaden

V: Es geht also um Herrn Quer!

M: Genau. Nichts kann ich ihm recht machen. Er findet wirklich immer einen Grund, um zu nörgeln. Das war schon vom ersten Tag an so. Ich könnte Ihnen endlose Beispiele nennen. Gestern habe ich zum Beispiel mit dem Sekretariat besprochen, daß die Mappe, die ich zusammengestellt habe, sofort getippt und an die Kollegen in der Abteilung verteilt wird. Also ich habe genau das gemacht, was Sie mit mir vereinbart hatten. Herr Quer war sehr ärgerlich, daß ich ihn „übergangen" hatte, wie er das nannte. Er hat eine Riesenszene gemacht. Er habe eine andere dringende Aufgabe für das Sekretariat. Er sei der Senior – darauf hätte ich Rücksicht zu nehmen. Gleich anschließend hat er Frau Wiegand angebrüllt. Sie hätte erst seine Erlaubnis einholen müssen, ehe sie für mich etwas tippt. Dabei war seine Vorlage noch gar nicht fertig. Das Ganze war sehr unerfreulich.

V: In diesem Fall haben Sie meine volle Unterstützung. Ich finde es auch richtig, daß Sie mit diesem Problem gleich zu mir kommen. Ich werde Herrn Quer darauf ansprechen. Allerdings gibt es da ein Problem. Als Sie bei uns anfingen, habe ich Ihnen ja schon von den Eigenheiten dieses Kollegen erzählt. Er ist nun einmal ein besonders schwieriger Mensch. Wenn Sie wüßten, was er alles schon fertiggebracht hat! Frau Wiegand hat mal vorgeschlagen, eine Selbsthilfegruppe für „Quer-Opfer" zu gründen. Er hat davon erfahren, aber er war nicht beleidigt.

M: Dieser Gruppe könnte ich mich ja auch anschließen.

V: Wissen Sie, ich glaube der Kollege merkt gar nicht, was er anrichtet. Er ist einfach zänkisch vom Naturell her. Vermutlich ist er ein kreuzunglücklicher Mensch. Als ich vor zwei Jahren diese Position übernommen habe, hatte ich noch die Hoffnung, sein Verhalten ändern zu können. Ich hatte sogar die Illusion, ihn in ein Team integrieren zu können. Also habe ich es mit Diplomatie versucht, mit Lob, ich habe immer besonders sorgfältig darauf geachtet, daß er präzises Feedback bekommt. Als das alles nichts nutzte, hab ich sogar externe Hilfe engagiert. Aber das Ergebnis war gleich Null. Seitdem betraue ich ihn nur noch mit Einzelaufgaben, die er übrigens ausgezeichnet erfüllt. Wir können und wir wollen Herrn Quer nicht kündigen. In seinem Alter würde er keine andere Stelle mehr bekommen. Es gibt auch noch andere Gründe, die ich aber jetzt nicht erörtern möchte. Immerhin geht er ja in zwei Jahren in Pension. Die Zeit bis dahin müssen wir durchstehen. Die einzigen Tips, die ich Ihnen geben kann, sind folgende: Ruhe bewahren. Lassen Sie sich nicht unnötig provozieren. Und bleiben Sie sachlich und höflich. Sie sind für Ihre Aufgabe selbst verantwortlich. Auch Herr Quer kritisiert nicht immer grundlos. Tappen Sie nicht in die Falle, alles, was er vorbringt, abzulehnen. In seinem Bereich ist er sehr tüchtig. Sie können tatsächlich viel von ihm lernen.

M: *Die Idee mit der Selbsthilfe gefällt mir. Und ein Gutes hat er ja wirklich, der Kollege: Er sorgt für Unterhaltung!*

V: *Genau. Und das sollte man nicht unterschätzen. Ich sage Ihnen, wir werden ihn in ein paar Jahren sehr vermissen, unseren guten Herrn Quer!*

Checkliste

 ► Nicht alle Konflikte sind lösbar.
► Die Ursachen sind zuweilen nicht offen sichtbar.
► Unterstützen Sie das „Opfer".
► Gestatten Sie aber keinesfalls, daß der schwierige Kollege zum Sündenbock für alles gemacht wird.

Siehe auch Kritikgespräch, Leistungsschwäche, Störungen in der Gruppe.

Rauchen

Die Diskussion um das Für und Wider des Tabakgenusses wird in Deutschland seit den frühen 60er Jahren geführt. Alle bisherigen Initiativen zur Schaffung eines Nichtrauchergesetzes scheiterten. Aber auch ohne eine gesetzliche Regelung entbrennen immer wieder Streitigkeiten um das Rauchen am Arbeitsplatz. Die Freunde des Tabakgenusses und die Gegner stehen sich oft unversöhnlich gegenüber. Viele Unternehmen haben in Betriebsvereinbarungen eine Regelung festgelegt. Wo dies allerdings (noch) nicht der Fall ist, muß häufig der Vorgesetzte eine Entscheidung treffen.

Ende 1977 wurde im Deutschen Bundestag eine Gesetzesvorlage diskutiert, die eine parteienübergreifende Initiative ausgearbeitet und vorgeschlagen hat. Dieses Gesetz sah unter anderem ein generelles Rauchverbot in allen öffentlichen Gebäuden sowie am Arbeitsplatz vor. Bei der Abstimmung im Frühjahr 1998 siegten jedoch die Gegner des Gesetzes: Der Deutsche Bundestag lehnte das Gesetz zum Schutz der Nichtraucher mehrheitliche ab. Es hätte bedeutet, daß alle Unternehmen gesetzlich dazu verpflichtet gewesen wären, für die Durchsetzung des Rauchvberbotes am Arbeitsplatz zu sorgen und unter Umständen spezielle Raucherräume einzurichten.

Der Gesprächsanlaß

Die beiden Sekretärinnen Frau Flick und Frau Grau sitzen zusammen mit zwei weiteren Mitarbeiterinnen in einem gemeinsamen Büro. Frau Flick und Frau Grau rauchen, die anderen beiden Mitarbeiterinnen nicht. Es ist deshalb des öfteren schon zu Auseinandersetzungen gekommen. Schließlich hat eine der beiden Nichtraucherinnen die Qualmerei satt. Sie geht zu ihrem Chef und beklagt sich bitterlich über die Rauchbelästigung. Der Vorgesetzte bittet alle vier Damen zum Gespräch in sein Büro an den runden Konferenztisch.

Was wollen Sie erreichen?

➡️ Ziel dieses Gesprächs ist es, eine Regelung über das Rauchen (oder eben Nichtrauchen) an diesen vier konkreten Arbeitsplätzen herbeizuführen. Vorzugsweise soll eine Lösung gefunden werden, von der die Zusammenarbeit zwischen Raucherinnen und Nichtraucherinnen profitiert, ohne die Arbeitsabläufe zu stören. Leider gestatten es die räumlichen Kapazitäten nicht, zwei getrennte Arbeitsbereiche einzurichten.

Der Gesprächsleitfaden

V: *Frau Kling und Frau Koch fühlen sich durch den Zigarettenrauch stark beeinträchtigt. Wie Ihnen bekannt ist, leidet besonders Frau Kling immer wieder an Kopfschmerzen. Beide Damen sehen ihre Gesundheit durch das passive Rauchen gefährdet. Ich kann die Sorge um die eigene Gesundheit verstehen. Wir haben uns heute hier zusammengesetzt, um eine Lösung für dieses Problem zu finden, mit der nach Möglichkeit alle einverstanden sind. Haben Sie konstruktive Vorschläge?*

M1: *Ich finde, das Rauchen im Büro sollte gänzlich untersagt werden. Abends stinken meine Kostüme immer nach Rauch. Ich mag das einfach nicht mehr.*

M2: *Mir wäre es lieber, wenn Frau Flick nicht mehr rauchen würde, wenn sie neben mir am Computer sitzt. Ich bekomme immer wieder Kopfschmerzen davon.*

M3: *Ich kann mich aber besser konzentrieren, wenn ich hin und wieder eine Zigarette rauchen kann.*

M4: *Können wir nicht einen Teil der Kaffeküche zur Raucherzone umfunktionieren?*

M2: *Nein, bitte nicht die Küche einräuchern. Der Raum läßt sich ja noch nicht einmal richtig lüften. Der ganze Qualm steht dann im Raum.*

M3: *Und wenn immer nur eine von uns rauchen würde?*

M1: *Der Vorschlag ist schon besser.*

V: *Sehen Sie denn vielleicht auch eine Möglichkeit, das Rauchen im Büro überhaupt einzuschränken?*

M3: *Im Sommer würde es mir nichts ausmachen, nach draußen zu gehen. Aber im Winter...?*

M4: *Das fände ich sehr hart. Mit den Füßen im Schnee und mit klammen Fingern rauchen... Dann würde ich eher vorschlagen, jede Raucherin darf pro Stunde eine Zigarette rauchen.*

M1: *Der Vorschlag ist nicht schlecht. Aber ich würde darum bitten, daß jede Raucherin nur alle zwei Stunden eine Zigarette raucht. Das könnte ich aushalten.*

M2: *Damit wäre ich einverstanden, wenn danach gleich gelüftet wird.*

M3: *Mit dieser Lösung kann ich leben.*

M4: *O.k., und im Sommer können wir ja wirklich nach draußen gehen.*

M2: *Das wäre prima. Ich finde diese Regelung gut.*

V: *Wenn alle damit einverstanden sind, machen wir ein kleines Protokoll. Das wird hier im Büro öffentlich ausgehängt, damit niemand diese Regelung vergißt.*

Checkliste

 Nur wenige Kompromißlösungen sind beim Thema Rauchen möglich:

▶ Zeitliche oder mengenmäßige Beschränkung des Rauchens (nur eine Zigarette je Stunde; erst nach dem Mittagessen etc.)
▶ Einrichtung einer Raucherzone und Verbot des Rauchens am Arbeitsplatz
▶ Raucher und Nichtraucher in separaten Büros

Siehe auch Kritikgespräch, Störungen in der Gruppe.

Reorganisation/Umstrukturierung

Jedes zweite Unternehmen in Deutschland hat seit Beginn der 80er Jahre eine oder mehrere Veränderungen der Aufbauorganisation vorgenommen. Oberstes Ziel ist dabei stets die Erhöhung der Leistungsfähigkeit der Organisation durch Weiterentwicklung. Neben der Verschlankung voluminöser Unternehmensapparate konzentrieren sich die Betriebe verstärkt auf ihre Kernkompetenzen und streben eine größere Flexibilität der Arbeitskräfte an.

Freilich sind die langfristigen Erfolge des Reengineerings, der Reorganisationsmethode der 80er und 90er Jahre, häufig weit hinter den Erwartungen von Managern und Unternehmensberatern zurückgeblieben. Die Hauptursache für das Scheitern: Es wird zu wenig auf die Mitarbeiter und auf die Unternehmenskultur geachtet. Was kann man daraus lernen? Veränderungen und Reorganisationen gehen nur mit dem Willen der Mitarbeiter – aber nicht *gegen* ihren Willen.

Der Gesprächsanlaß

 Ein mittelständischer Hersteller von Hebebühnen will die Teile seines Unternehmens abstoßen, die nicht zum Kerngeschäft gehören. So soll beispielsweise die Auslieferung an ein externes Unternehmen gegeben werden. Gleichzeitig soll die bisherige divisionale Organisationsstruktur in eine Matrixorganisation mit geographischer Verantwortung umgewandelt werden. Der Geschäftsführer weiß, daß diese Veränderung auf den Widerstand einiger Bereichsleiter stoßen wird.

Was wollen Sie erreichen?

Im Gespräch mit Bereichsleiter Hagen versucht der Geschäftsführer, seine Argumente für die Reorganisation verständlich zu machen und dem Manager die Furcht vor der anstehenden Veränderung zu nehmen.

Der Gesprächsleitfaden

V: *Ihnen liegt der Abschlußbericht der Unternehmensberater sowie die daraus resultierenden Empfehlungen für unsere Umstrukturierung vor. Mich interessiert Ihre Ansicht darüber.*

M: *Wir haben ja schon zu Beginn der Analyse darüber gesprochen, daß ich das für völlig überzogen halte. Den ganzen Betrieb umzukrempeln – das macht für mich keinen Sinn. Einzelne Veränderungen, ja gewiß, das wird notwendig sein. Aber die komplette Organisation umzustellen – das wirft uns um Jahre hinter den Wettbewerb zurück. Das haben die Consultants übrigens auch angemerkt.*

V: *Natürlich kostet eine Reorganisation Kraft und Ressourcen, und sicher wird uns das einige Zeit im Tagesgeschäft behindern. Das schreiben die Berater auch, da haben Sie recht. Aber – und hierin folge ich der Argumentation der Berater – wenn wir die Umstrukturierung unterlassen, dann zieht der Wettbewerb ganz schnell an uns vorbei und wir haben das Nachsehen. Unser gesamtes Umfeld verändert sich in rasantem Tempo. Deutschland als Stammmarkt ist gut, aber ich bin davon überzeugt, daß wir auch außerhalb Deutschlands antreten können und sogar müssen. Unser Hauptkonkurrent ist schon in Großbritannien, Frankreich und Benelux vertreten. Wenn wir nichts unternehmen, steigen wir in die Bezirksliga ab. Denken Sie doch nur an Mayer & Co. – die haben den Binnenmarkt doch glatt verschlafen, und eines Tages sind die Briten führend, und zwar in Deutschland! Wir kommen einfach nicht umhin, uns mit dem Markt zu verändern.*

M: *In gewissem Maße sehe ich das ja auch so wie Sie. Aber diese Matrixorganisation, in der die Bereichsleiter nicht allein für eine Produktsparte wie bisher, sondern gleichzeitig für einen Auslandsmarkt verantwortlich sein sollen, ist überdimensioniert. Da verzetteln wir uns.*

V: Was schlagen Sie denn alternativ dazu vor?

M: Ich denke, wir sollten die Auslandsmärkte mit einem lokalen Management vor Ort bearbeiten. Die wissen doch am besten, was die Kunden dort wollen. Und in Deutschland behalten wir unsere bisherige Organisation erst einmal bei. Glauben Sie mir: Ich habe überhaupt nichts gegen mehr Verantwortung einzuwenden, und ich übernehme auch gerne mehr Mitarbeiter – aber bis ich mich in einen Auslandsmarkt eingearbeitet habe, vergeht zu viel Zeit. Ich muß ja mindestens zwei Wochen pro Monat vor Ort sein. In dieser Zeit läuft mir hier alles aus dem Ruder, und meine Familie ist auch überhaupt nicht begeistert, daß ich künftig so viel unterwegs sein soll.

Aha. Nun ahnt der Vorgesetzte, was hinter der scheinbar sachlichen Argumentation steckt.

V: Ich stimme Ihnen auch in diesem Punkt zu: Wir brauchen vor Ort ein lokales Management, ganz klar. Nur kann ich mich nicht auch noch um alle Auslandsmärkte kümmern. Wenn ich die Lokalchefs direkt an mich berichten lasse, bin ich total zu und kann mich hier um nichts mehr kümmern. Genau deshalb brauche ich Sie doch: Wenn jeder Bereichsleiter neben seiner Produktsparte einen der neuen Auslandsmärkte betreut – und damit meine ich nicht, das operative Tagesgeschäft in Wien, Zürich und Rom zu steuern! –, also die Kontrolle der jeweiligen Auslandstochter übernimmt, dann habe ich den Rücken frei, um die notwendigen Veränderungen hier durchzusetzen. Sie sollen doch nicht dem Auslandschef auf dem Schoß sitzen. Es reicht, wenn Sie einmal im Monat regulär vor Ort sind – zwei Tage dürften reichen –, und wenn Sie bei dringenden Fragen oder Terminen mit Neukunden ins Ausland fahren. Das Tagesgeschäft soll vor Ort erledigt werden. Da braucht sich Ihre Familie überhaupt nicht zu sorgen. Wie wäre es, wenn Sie sich mit Herrn Füsseli in Zürich einigen, wann er zu Ihnen in die Zentrale kommt und wann Sie ihn besuchen? Legen Sie doch gemeinsam einen Halbjahresplan fest. Dann weiß Ihre Familie genau, wann Sie in der Schweiz sein werden und kann sich darauf einstellen.

M: *Ich treffe Herrn Füsseli sowieso übermorgen. Also gut, wenn Sie ihm auch die Grenzen der Verantwortlichkeit genau aufzeigen, dann kann ich es mal versuchen. Aber bitte nehmen Sie meine Bedenken gegen die Reorganisation trotzdem zur Kenntnis.*

V: *Das ist mir klar. Ich freue mich um so mehr, daß Sie mitziehen werden.*

Lassen Sie den Mitarbeiter ruhig sein Gesicht wahren! Sie können nicht immer erwarten, daß sich Mitarbeiter sofort Ihrer Argumentation anschließen werden.

Siehe auch Coaching, Karriere (Laufbahngespräch), Motivationsgespräch, Zielvereinbarung.

Vor allem Mütter, die eine mehr oder weniger lange Pause im Berufsleben einlegen, um ihre Kinder in den ersten Lebensjahren selbst zu betreuen, stehen mit Mitte oder Ende 30 vor der Frage, wie sie wieder in ihren früheren Beruf zurückkehren können.

Die wenigsten Frauen haben sich in dieser Zeit der Kindererziehung weiterqualifiziert. Ihre Chancen, nahtlos wieder einsteigen zu können, stehen daher schlecht. Oft genügen schon wenige Jahre – und der Anschluß ist verpaßt, weil die technische Entwicklung, vor allem an Arbeitsplätzen mit Computern, in rasantem Tempo voranschreitet.

Der Gesprächsanlaß

Frau Schulz hat sich als Sachbearbeiterin bei einer Versicherungsgesellschaft, ihrem ehemaligen Arbeitgeber, beworben. Vor zehn Jahren war sie dort zuletzt als Gruppenleiterin tätig gewesen. Nachdem sie ihre Stelle aufgegeben hatte, bekam Frau Schulz in rascher Folge zwei Kinder.

Mittlerweile sind diese Arbeitsplätze vollständig mit Computern ausgerüstet. Die Ausbildung von Frau Schulz liegt bereits fünfzehn Jahre zurück. Aus ihrer Personalakte ist erkennbar, daß ihre Fähigkeit, mit neuen Anforderungen umzugehen, nicht sehr ausgeprägt ist. Kurz: Frau Schulz kann nach Ansicht des Vorgesetzten für diese Stelle eigentlich nicht mehr ausreichend qualifiziert sein.

Was wollen Sie erreichen?

Weil der Gebietsfilialleiter Frau Schulz von früher gut kennt, möchte er ihr gerne eine Chance geben und zumindest ausloten, wie flexibel Frau Schulz ist und ob sie zu einer Weiterqualifizierung bereit wäre.

Der Gesprächsleitfaden

V: *Frau Schulz, Sie haben sich nach einer zehnjährigen Berufs-pause wieder in unserem Betrieb um die Stellung als Sachbear-beiterin beworben. Ich freue mich sehr darüber, zumal ich Sie ja auch noch aus Ihrer damaligen Tätigkeit kenne und zu schät-zen weiß. Mich interessiert natürlich, wie Sie nun diese mittler-weile technisch anspruchsvollere Arbeit mit Ihrer Familie ver-einbaren wollen. Wenn ich recht informiert bin, haben Sie zwei Kinder im Alter von elf und neun Jahren.*

M: *Herr Schmidt, das ist richtig. Wir haben es uns aber gut über-legt. Die Kinder sind beide recht selbständig. Außerdem gehen beide zur Schule, der Älteste ist im Gymnasium. Es ist uns klar, daß jeder jetzt mehr Verantwortung übernehmen muß.*
Der Haushalt und die Kinder füllen mich einfach nicht mehr aus. Die Arbeit hat mir damals so gut gefallen. Mein Mann sagt auch: „Du mußt raus, sonst fällt Dir die Decke auf den Kopf."

V: *Das hört sich sehr vernünftig an. Allerdings muß ich Ihnen gleich sagen, daß sich bei uns sehr viel geändert hat. Nicht nur, daß wir hier mit Computern arbeiten – unsere Filialen und die Zentrale sind mittlerweile auch vernetzt. Das bedeutet für die Sachbearbeiter vor allem, daß sie ständig dazulernen müssen. Wenn ich mich recht erinnere, sind Sie in Ihrer Ausbildung nicht an Computern geschult worden.*

M: *Da haben Sie recht. Mein Mann hat sich aber vor drei Jahren einen Computer gekauft, und ich habe damals einen Anfänger-kurs bei der Volkshochschule besucht, um die Grundzüge zu lernen. Mittlerweile beherrsche ich diese Geräte ganz gut. Mit Windows und Word kenne ich mich aus.*

V: *Das hört sich gut an. Aber natürlich kennen Sie unsere speziel-len Programme und auch unsere Konfigurationen nicht. Wir müßten Sie also einlernen.*

M: *Ich habe mir nicht erst gestern überlegt, wieder zu arbeiten. Mo-mentan habe ich noch zwei Kurse, über Tabellenkalkulation und Datenbanksoftware, belegt, die ich in zwei Monaten ab-*

schließen werde. Grundkenntnisse sind bei mir also vorhanden. Ich denke auch, daß ich mit Ihren speziellen Programmen gut zurechtkommen werde. Und ich will wirklich lernen, das ist heute ganz anders als früher.

V: *Könnten Sie vor Beginn Ihrer Tätigkeit – selbstverständlich bei vollem Gehalt – an einem zweiwöchigen Einführungskurs in Berlin teilnehmen? Was sagt Ihre Familie wohl dazu?*

M: *Mein Mann und die Kinder wissen, was auf sie zukommt. An dem Kurs kann ich gewiß teilnehmen.*

V: *Dann versuchen wir es doch mit Ihnen. Ich kann mir vorstellen, daß Sie nach weiteren vier bis sechs Wochen Einarbeitung wieder ganz bei uns sein werden. Ihre Familie ist auf die Umstellung vorbereitet?*

M: *Ich sehe meine Situation realistisch. Selbstverständlich rechne ich mit Anfangsschwierigkeiten in unserer Familie. Die Belastung wird in den ersten Wochen bestimmt recht groß sein. Doch ich habe mir überlegt, daß jetzt genau der richtige Zeitpunkt ist, um wieder berufstätig zu werden. Meine Familie steht hinter mir. Wir werden diesen Neubeginn meistern.*

V: *Dann freue ich mich auf die erneute Zusammenarbeit mit Ihnen. Viel Erfolg – und wenn es irgendwelche Probleme geben sollte, kommen Sie bitte zu mir. Wir suchen dann gemeinsam nach Lösungen.*

Checkliste

 Je qualifizierter der Abschluß, desto wichtiger ist die ununterbrochene Weiterbildung:

▶ Wurden freiwillig Weiterbildungskurse während der Kindererziehungszeit absolviert?

▶ Welcher Art war die Weiterbildung?

▶ Welche spezifischen Computer-/Technikkenntnisse kann der/die Wiedereinsteiger/in vorweisen?

▶ Welche praktischen und theoretischen Kenntnisse hat sich

der/die Wiedereinsteiger/in in der Zwischenzeit sonst noch an-
geeignet, die für den Beruf wichtig sein könnten?
▶ Wurde in der Berufspause kurzfristig zwischendurch gearbeitet? Falls ja, in welcher Branche, welche Tätigkeit?

Siehe auch Bewerbungsgespräch, Bildungsurlaub, Coaching, Einarbeitung neuer Mitarbeiter, Freie Mitarbeit, Job Rotation, Karriere (Laufbahngespräch), Motivationsgespräch, Teilzeitkräfte,
Versetzungsgespräch.

Sexuelle Belästigung am Arbeitsplatz

Das unerfreuliche Thema ist nicht nur Stoff für TV-Dramen; sexuelle Belästigung gehört zu den alltäglichen Erfahrungen vieler Mitarbeiterinnen. Oft finden Frauen nicht den Mut, um sich bei einem Vorgesetzten oder dem Betriebsrat über Belästigung oder den Übergriff eines Kollegen zu beschweren. Sie fürchten den Spott anderer Mitarbeiter, sie haben Angst vor der Behauptung der Gegenseite, sie selber hätten den sexuellen Übergriff durch aufreizendes Verhalten provoziert, sie befürchten als Problemmitarbeiterin eingestuft zu werden. Nicht zuletzt haben sie Sorge um ihren Arbeitsplatz. Auch ist das Risiko, daß solchen Vorwürfen nicht geglaubt wird, nicht gerade unerheblich. Nur in Ausnahmefällen können die Opfer sexueller Belästigung einen Zeugen vorweisen.

Der Gesprächsanlaß

Eine 22jährige Sekretärin aus der Einkaufsabteilung bittet Sie, den Geschäftsführer des Unternehmens, um ein Gespräch. Sie behauptet, von Ihrem direkten Vorgesetzten sexuell belästigt worden zu sein.

Was wollen Sie erreichen?

Sie wollen sich die Vorwürfe in Ruhe anhören. Wenn sie berechtigt scheinen und wenn die Mitarbeiterin glaubwürdig wirkt, wollen Sie zusammen mit ihr über das weitere Vorgehen entscheiden. Gegebenenfalls wollen Sie den Beschuldigten zur Rede stellen.

Sie bitten ein Betriebsratsmitglied – nach Möglichkeit eine Frau – bei dem Gespräch mit der Mitarbeiterin anwesend zu sein. Sie wählen für dieses Gespräch einen Zeitpunkt, der am Rande der üblichen Kernarbeitszeit liegt, um möglichst ungestört reden zu können. Ihre Sekretärin bitten Sie überdies, sämtliche telefonischen Unterbrechungen fernzuhalten.

Der Gesprächsleitfaden

V: *Ich freue mich über Ihr Vertrauen, Frau Weber. Und ich hoffe, Sie haben nichts dagegen, daß ich Frau Schulte zu Ihrer Unterstützung hinzugezogen habe. Nehmen Sie doch bitte Platz.*

M: *Nein, ich habe nichts dagegen, im Gegenteil. Es gehört ja zu den Aufgaben des Betriebsrats, bei Beschwerden der Mitarbeiter zu vermitteln. In diesem Fall kann ich wirklich jede Unterstützung brauchen.*

V: *Ich habe sichergestellt, daß wir bei diesem Gespräch nicht gestört werden. Wir haben auch Zeit, über alles in Ruhe zu sprechen.*

M2: *Bisher habe ich nur ganz pauschal von den Vorwürfen gehört, die Sie gegen Herrn Müller erheben. Sprechen Sie bitte ganz offen. Sie können sich auf unsere Diskretion verlassen.*

M: *Mir ist diese Sache wirklich äußerst unangenehm. Sehen Sie, jetzt bekomme ich schon einen roten Kopf! Ich habe versucht, meinen Chef davon abzubringen, mich am Busen anzufassen, wenn er mich zum Diktat in sein Zimmer bestellt. Mehrfach. Ich habe ihn dringend aufgefordert, dieses Verhalten zu unterlassen. Da hat er nur gelacht. „Sie sind doch keine alte Jungfer", hat er gesagt „und Sie können doch ruhig zugeben, daß es Ihnen Spaß macht!" Das ist eine absolute Unverschämtheit. Er meint wohl, ich wäre Freiwild für ihn. Inzwischen bin ich so wütend, daß es mir ganz egal ist, welche Konsequenzen meine Anschuldigung haben könnte.*

V: *Was meinen Sie damit?*

M: *Herr Müller hat mir gestern damit gedroht, daß ich meine Stelle verliere, wenn ich weiter so „zickig" bin, wie er es nennt. Er hat betont, daß er es schließlich ist, der meine Leistung beurteilt.*

M2: *Das ist ja ungeheuerlich.*

V: *Frau Weber, sind Sie bereit, Ihre Vorwürfe in Anwesenheit von Herrn Müller zu wiederholen?*

M: *Mir wäre es peinlich. Und er wird es doch abstreiten. Was für einen Sinn soll eine solche Konfrontation denn haben? Aber andererseits kann ich ja auch nichts beweisen.*

V: *Vielleicht können wir ja auch anders vorgehen. Wenn ich Sie, Frau Schulte, in Ihrer Funktion als Betriebsrätin bitte, mit Herrn Müller zu reden, dann könnten Sie ihn mit den Anschuldigungen Frau Webers konfrontieren und ihn um eine Stellungnahme bitten. Wenn er den Tatbestand abstreitet, steht Aussage gegen Aussage. Falls die Vorwürfe zutreffen, ist er dann aber gewarnt und weiß, daß Frau Weber sich nicht einschüchtern läßt. Selbst wenn er nicht zugibt, daß er sie angefaßt und unter Druck gesetzt hat, wird er mit ziemlicher Sicherheit sein Verhalten ändern.*

M2: *Das halte ich für eine gute Idee. Sind Sie einverstanden, Frau Weber?*

M: *Ja. Ich habe auch eine Idee. Ich könnte ganz unabsichtlich den falschen Knopf der Sprechanlage drücken beim nächsten Mal. Dann hört das Vorzimmer mit.*

Dieser Einfall der Mitarbeiterin ist gut, denn auf diese Weise können ihre Kolleginnen gegebenenfalls als Ohrenzeugen auftreten. Allerdings darf der Vorgesetzte keinesfalls sein Einverständnis zu einem „Lauschangriff" auf den beschuldigten Mitarbeiter geben. Er geht folglich überhaupt nicht auf den Vorschlag ein.

V: *Ich hoffe, daß die Angelegenheit bald aus der Welt ist, Frau Weber. Danke noch einmal für Ihr Vertrauen. Das soll keine Parteinahme gegen Ihren Chef sein. Ich kenne ihn als ernsthaften, zurückhaltenden Einkaufsleiter, der sich noch nie etwas hat zuschulden kommen lassen. Aber das bedeutet zunächst einmal nichts. Ihre Schilderung ist eindeutig, ich kann Sie verstehen und ich bitte Sie im Namen der Firma vorsorglich um Verzeihung für das Verhalten eines unserer Führungs-*

*kräfte. Wie Sie aber selbst sagen, können Sie vorerst nichts be-
weisen. Deshalb betrachte ich Herrn Müller zunächst einmal
ganz neutral. Aber ich freue mich, daß Sie so offen über Ihr
Problem gesprochen haben.*

Checkliste

 Insbesondere bei Gesprächen über eine heikle Thematik
sollte man

▶ auf starke emotionale Belastung des Mitarbeiters vorbereitet
sein,

▶ dafür sorgen, daß man nicht gestört wird (keine Telefonate),

▶ sich nicht hinter einem Schreibtisch verschanzen, sondern am
Besprechungstisch Platz nehmen,

▶ versuchen, die Nervosität des Mitarbeiters abzubauen,

▶ den Mitarbeiter zur Offenheit auffordern,

▶ sich mit ihm über das weitere Vorgehen abstimmen,

▶ auf Körpersprache achten,

▶ selbst positive Signale geben.

Siehe auch Betriebsklima, Coaching, Diskriminierung weiblicher
Arbeitnehmer, Kriminalitätsverdacht, Gemeinsame Leitung.

Störungen in der Gruppe

Vollkommen harmonische Gruppen existieren nur in der Wunsch-
vorstellung von Gruppenleitern. Im Normalfall verhalten sich die
einzelnen Mitglieder eines Teams nach Maßstäben, die sich nicht
notwendigerweise mit denen der anderen oder denen des Grup-
penleiters decken. Menschen haben nun einmal unterschiedliche
Stärken und Schwächen, unterschiedliche Arbeitsstile, setzen unterschiedliche Prioritäten, sind mehr oder weniger sensibel, an-
passungsfähig, kreativ, spontan, geduldig, verantwortungsbewußt,
ehrgeizig ...

Diese Vielfalt ist jedoch nur auf den ersten Blick unbequem. Eine
bunt zusammengewürfelte Gruppe aus mannigfaltigen Charakte-
ren verfügt nämlich insgesamt über ein unvergleichlich größeres
Arsenal von Talenten als eine homogene Gruppe. Und diese Talente lassen sich nutzten, sofern man sie erkennt. Ein Team aus
Klonen wäre zwar leichter zu führen und bei ganz bestimmten,
eng begrenzten Aufgaben auch effektiver. In der Regel aber wäre
es deutlich unproduktiver.

Der Gesprächsanlaß

Der Leiter eines Teams möchte einen Mitarbeiter versetzen lassen. Dieser Kollege ist im gesamten Unternehmen
als Zyniker verschrieen, der mit Bedacht den Finger in jede
Wunde legt, die er findet. Mit ihm zusammenzuarbeiten erfordert
daher echte Nehmerqualitäten – und das ist nicht jedermanns
Sache. Die Mehrzahl der Teammitglieder unterstützt daher den
Wunsch des Teamleiters.

Der schwierige Mitarbeiter ist andererseits ein besonders kluger
Kopf. Sein analytischer Sachverstand ist beeindruckend. Beim
aktuellen Projekt des Teams und dem vorliegenden Zeitdruck ist
auch seine enorme Leistungsbereitschaft ein entscheidender Er-
folgsfaktor.

Was wollen Sie erreichen?

→ Sie als Vorgesetzter des Teamleiters wollen dem Versetzungsgesuch nicht stattgeben. Sie wollen statt dessen zusammen mit dem Teamleiter überlegen, wie er die Stärken des schwierigen Mitarbeiters besser nutzen kann.

Der Gesprächsleitfaden

V: *Ich habe über das, was Sie mir gestern mitgeteilt haben, noch einmal gründlich nachgedacht. Die bequemste Lösung für Ihr Team wäre vermutlich genau das, worum Sie mich gebeten haben. Ich könnte den Kollegen einfach aus der Gruppe nehmen und ihn mit einer anspruchsvollen Einzelaufgabe betreuen.*

M: *Ich habe auch noch einmal alle Möglichkeiten durchgespielt, und ich sehe eigentlich keine andere Lösung.*

V: *Welche anderen Möglichkeiten hatten Sie denn in Betracht gezogen?*

M: *Ich habe schon erwogen, den Spieß einfach umzudrehen, also auf seine Einlassungen gleichfalls mit Sarkasmus zu reagieren. Aber das würde vermutlich nicht funktionieren. Wenn ihn nämlich jemand mit den gleichen Mitteln angreift, reagiert er wie eine Mimose. Und sobald er sich von dem Schock erholt hat, wird er nur noch sarkastischer. Auf diese Weise kann man ihn also nicht packen. Ich könnte auch besonders harten Druck auf ihn ausüben, mich mit den anderen dabei verbünden. Aber dann fühlt er sich garantiert nur noch mehr ausgegrenzt.*

V: *Ich stimme Ihnen zu. Der Kollege scheint eine harte Nuß zu sein, da haben Sie recht. Aber Ihr Vorschlag, ihn zu versetzen, scheint mir bei längerem Nachdenken auch nicht die beste Lösung zu sein. Auf seine analytischen Fähigkeiten möchte ich nämlich bei diesem Projekt nicht verzichten. In jeder Gruppe sind die unterschiedlichsten Temperamente vertreten. Und das* *ist auch sehr sinnvoll. Stellen Sie sich nur mal vor, Sie hätten zehn Pedanten in Ihrem Team. Dann würde zwar alles strikt nach Vorgabe erledigt werden, Sie hätten auch nie mit irgendwelchen Widerständen zu kämpfen, aber die kreative Seite käme viel zu kurz.*

M: *Mit Pedanten, mit Chaoten, mit Einzelkämpfern kann ich umgehen. Die halten zwar manchmal den Betrieb auf oder ignorieren die Regeln. Das ist lästig, aber damit kann man bei gutem Willen klarkommen.*

V: *Und das geht bei einem Zyniker nicht? Oder sind Sie nur in ganz bestimmten Fällen großzügig? Das wäre nicht sehr konsequent.*

M: *Ich betrachte das nicht als eine Frage der Großzügigkeit an. Der Kollege stört das Klima. Er paßt einfach nicht in die Gruppe.*

V: *Niemand wird als perfektes Gruppenmitglied geboren. Wir alle haben unsere Ecken und Kanten. Ich könnte mir vorstellen, daß es auch zum Teil an der Reaktion der anderen liegt, wenn der Kollege solche Probleme bereitet. Haben Sie mal darüber nachgedacht, warum er sich so verhält? Zynismus ist oft ein Zeichen von emotionaler Unsicherheit. Sie haben selbst schon festgestellt, daß er mimosenhaft reagiert. Um niemanden an sich heranzulassen, schotten sich Zyniker durch ihr Verhalten ab.*

M: *Ja, und wie soll ich das ändern? Der Kollege ist doch an positiven Kontakten gar nicht interessiert!*

V: *Das vermuten Sie. Aber das müßte man erst einmal prüfen. Wie wäre es, wenn Sie einen kleinen Fragebogen entwerfen? Jeder im Team nennt die Spielregeln, die er für das Klima im Team am wichtigsten hält. Jeder listet Eigenschaften oder Verhaltensweisen auf, die seiner Meinung nach am meisten stören. Und zwar anonym. Und dann werten Sie den Test gemeinsam mit der Gruppe aus. Ich könnte mir vorstellen, daß das Ergebnis den schwierigen Kollegen zumindest nachdenklich stimmen wird.*

Checkliste

✓ Die Palette möglicher Störenfriede im Team ist bunt. Ebenso vielfältig ist jedoch auch das in ihnen ruhende Potential. Jedem negativen Verhalten entspricht daher meist eine dem Temperament eigene Stärke.

Die Kehrseite der Störer

▶ Der Chaot ist kreativ und hat Elan.
▶ Der Pedant ist zuverlässig, vermeidet Flüchtigkeitsfehler.
▶ Der Langsame ist qualitätsbewußt.
▶ Der Choleriker kämpft für Gerechtigkeit.
▶ Das Opferlamm ist unermüdlich im Einsatz.
▶ Der Dauerwettbewerber ist motiviert.
▶ Der heimliche Aufwiegler braucht Anerkennung, setzt sich daher für andere ein.
▶ Die „Quasselstrippe" ist eine zuweilen nützliche Informationsquelle.
▶ Der Einzelgänger erledigt oft solche Aufgaben, die andere nicht erledigen wollen.
▶ Der Intrigant ist meist ein guter Kontakter und Netzwerker.
▶ „Everybody's Darling" lehnt selten Aufträge ab.

Siehe auch Auftreten (Umgangsformen), Betriebsklima, Diskriminierung, Ermahnung, Abmahnung, Fehlzeiten, Geburtstagsfeiern, Intrigen, Kritikgespräch, Mobbing, Private Probleme des Mitarbeiters, Querulanten, Rauchen, Sexuelle Belästigung am Arbeitsplatz, Teamarbeit, Verschwendung von Betriebsmitteln.

Immer mehr Menschen arbeiten in Gruppen, in Teams zusammen. Die Erkenntnis hat sich in fast allen Unternehmen durchgesetzt, daß die Bündelung unterschiedlicher Fähigkeiten und Talente die beste Gewähr für das Gelingen eines Projektes oder einer langfristigen Aufgabe ist.

Die Arbeit im Team fällt freilich nicht jedem Mitarbeiter leicht. Ausgeprägte Einzelgänger und eigenbrötlerische Individualisten passen sich ungern einer Gruppe an und tun sich bisweilen schwer damit, das demokratische Prinzip der Gruppenentscheidung mitzutragen. Andere Mitarbeiter blühen gerade im Team auf, weil sie es prächtig verstehen, ihre eigene schwache Leistung hinter dem Teamerfolg zu verbergen. Es gehört zu den wichtigen Aufgaben des Vorgesetzten, ein Team richtig zusammenzustellen und für ein Klima zu sorgen, das ein hohes Maß an Leistung ermöglicht.

Der Gesprächsanlaß

 Der Vorgesetzte möchte drei Mitarbeiter, die bisher in Einzelbüros die Kundenreklamationen bearbeiten, in ein Gruppenbüro versetzen. Dort sollen die Mitarbeiter stärker als bisher im Team zusammenarbeiten.

Was wollen Sie erreichen?

 Sie wollen die Mitarbeiter von den Vorteilen der Teamarbeit überzeugen und etwaige Widerstände ausräumen.

Der Gesprächsleitfaden

V: Meine Damen und Herren, wir ziehen in drei Monaten in unsere neue Hauptverwaltung. Dort werden wir unsere Einzel-

Entwicklung von Teams

In Untersuchungen wurde nachgewiesen, daß jedes Team vier Entwicklungsstufen durchläuft.

I. Forming

In der Anfangszeit formt sich ein Team aus Individuen. Man lernt sich kennen, hört die Meinungen der anderen, erfährt manches aus dem Privatleben und kann den anderen allmählich gut einschätzen.

II. Storming

In jedem Team „knallt" es einmal. Irgendwann geht es nämlich immer um Macht und Einfluß: Wer darf hier was? Wer darf mit dem Kunden reden? Wer hat das Sagen? Wer redet am längsten? Wessen Wünsche werden am ehesten erfüllt? Das Team muß sich von vorneherein bewußt sein, daß die Konfliktphase mit Sicherheit kommt und durchgestanden werden muß. Geschieht das nicht und werden aufkeimende Konflikte unter den Teppich gekehrt, dann kommen sie im Laufe der weiteren Zusammenarbeit immer wieder hoch und verringern die Leistung.

III. Norming

In der dritten Phase geben sich die Teammitglieder, oft unbewußt, eigene Teamspielregeln. Mit dem normierten Menschen hat das nichts zu tun. Aber wenn Frau Meier weiß, daß Herr Müller alleinerziehender Vater ist und morgens seine Kinder in den Kindergarten bringen muß, hat sie eher Verständnis dafür, daß der Kollege nicht an der 8-Uhr-Runde teilnehmen kann. Wie im richtigen Leben: Man kennt sich halt ...

IV. Performing

Viele Teams gelangen leider nie bis hierher, in die Phase der Ergebnisorientierung und der echten, erfolgreichen Zusammenarbeit. Meist liegt dies an unbewältigten Konflikten aus der Phase II.

*büros gegen Gruppenarbeitsräume tauschen. Das hat den
Sinn, unsere interne Zusammenarbeit deutlich zu verbessern.
Ich habe mir nun überlegt, da sich Ihre Arbeitsgebiete teilweise überdecken, Ihnen einen der größeren Gruppenräume
zu geben und Sie zu bitten, enger als bisher zusammenzuarbeiten. Ich glaube, daß Sie drei ein hervorragendes Team bilden könnten. Wenn Sie bereit wären, die anderen Kollegen in
Ihr jeweiliges Aufgabengebiet einzuarbeiten, könnten Sie sich
erheblich schneller untereinander abstimmen und sich gegen-
seitig sogar vertreten.*

M1: *Ich finde das gut. Damit habe ich keine Probleme.*

M2: *Ich bin eigentlich nicht der Gruppenmensch. Am liebsten grübele ich in meinem Büro allein über einem Problem. Könnte
ich nicht weiterhin allein sitzen?*

V: *Herr Lautermann, die Zeiten, in denen wir als Einzelkämpfer
vor uns hin arbeiten konnten, sind überall vorbei. Die Arbeit
wird heute als eine Aneinanderreihung einzelner Prozesse betrachtet, an denen immer mehrere Menschen zusammen arbeiten. Wir brauchen auch die verschiedenen Fähigkeiten und
Qualifikationen von mehreren Menschen für eine Aufgabe.
Sie zum Beispiel sprechen hervorragend englisch, Ihr Kollege
rechts ist ein wahrer Zahlenfetischist – ja, Herr Trau, Ihnen
entgeht doch nichts – und unsere freundliche Frau Post hat
das Ohr unserer Kunden. Wenn Sie drei Ihre Vorzüge und
Kenntnisse zusammenwerfen, dann verbessern wir als Firma
unseren Kundenservice ganz erheblich.*

M3: *Und es gäbe nicht so viel Doppelarbeit oder Kunden, die uns
auseinanderdividieren. Der Prokurist von Stahlmann kommt
immer zu mir, weil er mit meinem Mann im Tennisclub spielt
und glaubt, ich würde ihn bevorzugen. Dabei stimmt das gar
nicht. Wenn wir im Team arbeiten, dann hat der Kunde mal
mit mir und mal mit den Kollegen zu tun. Allerdings funktioniert das Team nur, wenn wir wirklich zusammenarbeiten und
nicht gegeneinander.*

V: *Da legen Sie den Finger genau auf den wunden Punkt. Eins ist
nämlich klar: Ein gutes Team braucht gemeinsame Ziele und*

auch Spielregeln für den Umgang miteinander. Kennen Sie sich eigentlich auch privat?

M2: *Nein, nur vom Büro her.*

V: *So, dann habe ich eine Idee. Wählen Sie doch mal einen Nachmittag, an dem es in der Firma ruhig ist, stellen Sie Ihre Telefone auf das Sekretariat um und treffen Sie sich in einem unserer Meetingräume zu einem Gedanken- und Meinungsaustausch. Lernen Sie sich ein wenig besser kennen und sehen Sie mal, ob Sie miteinander klarkommen. Und damit das neue Team gleich ein gemeinsames Ziel hat, gebe ich Ihnen als Aufgabe mit auf den Weg, die von Ihnen künftig benötigte Technik – Fax, PC, Modems, Software – was Sie eben so brauchen, aufzulisten. Ich hätte Ihre Aufstellung gerne bis in 14 Tagen. Und ich hätte gerne eine von Ihnen gemeinsam erstellte Liste. Damit müssen alle einverstanden sein. Na, wie wäre es damit?*

Siehe auch Betriebsklima, Coaching, Delegation, Führungsstil, Interne Kommunikation, Kompetenzen, Organisatorische Abläufe, Reorganisation/Umstrukturierung.

Von Teilzeitarbeit wird immer dann gesprochen, wenn die vertraglich vereinbarte Arbeitszeit eines Arbeitnehmers kürzer ist als die betriebliche Regelarbeitszeit für Vollzeitkräfte. Die Regelarbeitszeit wird normalerweise durch Tarifverträge bestimmt.

Bei der Ausgestaltung der Teilzeitarbeit sind viele verschiedene Modelle denkbar und möglich. In der Regel wird Teilzeitarbeit nur von Angehörigen der unteren Tarifgruppen und von gering qualifizierten Arbeitnehmern beansprucht.

Der Gesprächsanlaß

 Der Inhaber eines Juweliergeschäftes wird von einer seiner Verkäuferinnen auf die Möglichkeit einer Teilzeittätigkeit angesprochen. Er will dem Wunsch in diesem Einzelfall entsprechen, befürchtet aber, daß die anderen Verkäuferinnen daraufhin auch eine Teilzeittätigkeit anstreben.

Was wollen Sie erreichen?

Der Mitarbeiterin soll deutlich gemacht werden, daß nur in ihrem Fall eine Ausnahme gemacht werden kann.

Der Gesprächsleitfaden

M: Herr Schmoller, da mein Mann ab nächsten Monat im Vorruhestand ist, möchte ich auch etwas weniger arbeiten, um mit ihm zusammen mehr Zeit verbringen zu können. Ist das bei uns möglich?

V: Eigentlich nicht, Frau Zille. Vor etwa zehn Jahren hatten wir mal zwei Damen in Teilzeit, und da gab es immer endlose Abstimmungsprobleme, wann denn die eine und wann die andere

Dienst hat. Weil sich die Damen auch persönlich nicht verstan-
den haben, mußten wir uns schließlich von beiden trennen.
Daraufhin haben mein Sohn und ich beschlossen, keine Teil-
zeitkräfte mehr einzustellen.

M: *Aber Sie kennen mich doch schon ein paar Jahre und wissen,*
daß ich gründlich und umgänglich bin. Wir können ja eine feste
Zeit vereinbaren, dann gibt es keine Abstimmungsschwierig-
keiten.

V: *Bei Ihnen mache ich mir auch keine Sorgen, Frau Zille, aber*
wenn Ihre Kolleginnen dann auch kommen und stundenweise
arbeiten wollen, dann weiß ich keinen Grund, abzulehnen.
Wenn man die Regel einmal durchbricht, dann ist es halt keine
Regel mehr.

M: *Ja, das tut mir sehr leid, aber ich kann Sie natürlich verstehen.*
Was halten Sie denn von folgender Idee: Ich arbeite nur noch
zur Hochsaison bei Ihnen, also in den Wochen vor Ostern und
vor Weihnachten. Dann aber ganztags? Das wäre doch keine
Teilzeittätigkeit, oder?

V: *Doch, auch das wäre eine Teilzeittätigkeit, wenn Sie weiterhin*
ein monatliches Gehalt dafür bekämen. Wenn Sie aber nur ge-
wissermaßen aushilfsweise ein paar Wochen im Jahr bei uns
anpacken, dann heißt das Freie Mitarbeit oder Aushilfstätig-
keit. Könnten Sie sich denn solch ein Modell vorstellen? Brau-
chen Sie Ihr monatliches Gehalt nicht regelmäßig?

M: *Ach, mit meiner Steuerklasse bleibt davon nicht viel übrig. Und*
je länger ich über meine Idee nachdenke, desto besser gefällt sie
mir. In den vier Wochen vor Ostern herrscht doch immer ein
Stoßbetrieb, da könnten wir noch mehr Hände brauchen. Ge-
nauso vor Weihnachten. Und dann vielleicht noch vor den Fe-
rien, und während der Inventur könnte ich auch helfen. Über-
legen Sie sich das doch bitte.

V: *Wenn ich zustimme, dann helfen Sie mir bitte, den Kolleginnen*
klarzumachen, daß dieses Modell eine Ausnahme ist, sozusa-
gen das Modell Zille. Genau wie unser Schmuck: Individuell
auf die Trägerin zugeschnitten.

Checkliste

 Teilzeitmodelle

▶ Halbtagsstellen

▶ Job Sharing (wenn sich zwei Arbeitnehmer eine Vollzeitstelle teilen)

▶ Nachmittagsteilzeit (zum Beispiel an kundenstarken Nachmittagen im Einzelhandel)

▶ Vollzeitarbeit an einzelnen Tagen und als Ausgleich ganze freie Tage (zum Beispiel drei Tage in der Woche, zehn Tage im Monat, zehn Monate im Jahr)

Siehe auch Freie Mitarbeit, Job Rotation, Organisatorische Abläufe, Private Probleme des Mitarbeiters, Reorganisation/Umstrukturierung, Rückkehr in den Beruf, Teamarbeit, Vorruhestandsregelung, Zeitmanagement.

Telearbeit

Heimarbeit am PC oder am Netzwerk-Terminal findet immer mehr Anhänger. Nach Einschätzung des Bundesforschungsministeriums gehört dem „ferngesteuerten" Mitarbeiter die Zukunft. Bundesregierung, Gewerkschaften und Arbeitgeber sind davon überzeugt, daß die bisher 150000 Teleworker in der Bundesrepublik erst der Anfang sind. Bis zum Jahr 2000 sollen es nach Schätzungen der Europäischen Kommission bundesweit bereits 800000 Menschen sein, die sich den Weg ins Büro sparen.

Den größten Zuwachs bei der neuen Arbeitsform erwarten Politiker in Klein- und Mittelbetrieben. Fest steht freilich jetzt schon, daß die neue Heimarbeiter-Generation hauptsächlich im Vertrieb, in Forschung und Entwicklung und in der Produktion zu finden ist.

Der Gesprächsanlaß

Das erst vor wenigen Jahren gegründete Unternehmen befindet sich in der Wachstumsphase. Die Auftragslage könnte besser nicht sein. Eigentlich müßten mehr Mitarbeiter eingestellt werden, aber die verfügbaren Büroflächen am derzeitigen Standort reichen für eine Aufstockung der Belegschaft nicht aus. Klaus Fischer, ein jüngerer Mitarbeiter aus dem Vertrieb, hat seinen Vorgesetzten aus persönlichen Gründen um ein Gespräch gebeten. Angeblich soll es um die Möglichkeit von Teilzeitarbeit gehen.

Der Gesprächsleitfaden

V: *Guten Morgen, Herr Fischer, wo drückt denn der Schuh? Ich habe gehört, daß Sie weniger arbeiten möchten.*

M: *Danke der Nachfrage. Eigentlich geht es mir gut. Doch ich habe im Moment Schwierigkeiten, meine Arbeit und meine privaten*

Verpflichtungen vernünftig zu koordinieren. Sie wissen ja, daß wir einen Pflegefall in der Familie haben. Da ist es wichtig, daß immer einer zu Hause oder wenigstens abrufbar ist. Meine Frau hat jetzt endlich eine Halbtagsstelle in Aussicht. Diese Chance auf Wiedereingliederung in den Beruf nach der Erziehungsphase will ich ihr nicht nehmen. Also wollte ich mal mit Ihnen sprechen, ob es eine Möglichkeit für mich gibt, mein Arbeitspensum zu reduzieren.

V: *Ich verstehe, Herr Fischer. Lassen Sie uns mal sehen, ob es da nicht eine Lösung gibt. Sie gehören aber zu unseren besten Mitarbeitern, deshalb würden wir ungern auf Sie verzichten, auch nicht stundenweise. Mal sehen ... Sie haben doch sicherlich schon einmal von Telearbeit gehört. Die Geschäftsleitung überlegt schon seit längerer Zeit, ob diese Form der Beschäftigung nicht auch für unsere Mitarbeiter eine interessante Möglichkeit wäre. Mit dem Betriebsrat haben wir bereits gesprochen.*

M: *Sie machen mich neugierig. Unter Telearbeit habe ich bislang verstanden, daß Buchhalter, Übersetzer oder Softwareentwickler von zu Hause aus ihre Arbeit erledigen. Das ist für mich auch nachvollziehbar. Für derartige Tätigkeiten ist es ja nicht so wichtig, wo der PC steht. Ich arbeite aber im Vertrieb.*

V: *Ja genau, Herr Fischer. Gerade deshalb könnte ich mir das auch für Sie vorstellen. Denn auch der Außendienst bietet sich hervorragend für Telearbeit an. Damit könnten Sie sich die lästige Fahrerei durch den dichten Berufsverkehr ins Büro sparen. Sie müssen doch ohnehin meist wieder gleich los zum Kunden. Und Ihre Büroarbeit können sie eigentlich genausogut zu Hause erledigen.*

M: *Da haben Sie recht. Die meisten meiner Kunden erreiche ich von zu Hause aus viel schneller als vom Büro hier in der Innenstadt. Zu Hause zu arbeiten wäre auch kein Problem. Ich habe ein separates Arbeitszimmer, das bereits über einen ISDN-Anschluß verfügt. Würde die Firma mir denn einen internetfähigen PC zur Verfügung stellen, so daß ich auch von dort aus Zugriff auf den Zentralrechner habe? Sie wissen, daß wir angehalten sind, unsere Daten tagesaktuell dort einzuspeisen.*

V: *Aber, Herr Fischer. Das soll das Problem nicht sein. Natürlich bekommen Sie eines dieser neuen Notebooks. Die wiegen nicht einmal zwei Kilo, so daß Sie es auch zum Kunden mitnehmen können. Und ein Mobiltelefon bekommen Sie auch. So sind Sie jederzeit erreichbar. Auch für Ihre Familie.*

M: *Das klingt zu schön, um wahr zu sein. Aber wo ist der Haken? Ich sehe schon meinen Vorgesetzten, der... Bitte verstehen Sie das nicht falsch. Aber wer bei uns in der Abteilung auch nur fünf Minuten zu spät kommt, muß mit einer Ermahnung rechnen. Arbeitszeit ist für meinen Abteilungsleiter gleich Anwesenheitszeit.*

V: *Das lassen Sie mal unsere Sorge sein. Als Teleworker brauchen Sie sich um Kernarbeitszeiten und ähnliches nicht mehr zu kümmern. Wichtig ist, daß Sie Ihre vereinbarten Ziele erreichen. Unser mittleres Management wird da umdenken müssen, wird die Kunst des Remote-Managements erlernen müssen. Aber das bekommen wir hin. Entsprechende Weiterbildungen zur ferngesteuerten Führung sind schon in Vorbereitung.*

M: *Bleiben noch die Kosten. Wer bezahlt das Notebook, wer kommt für die Telefon- und Online-Gebühren auf?*

V: *Selbstverständlich wir.*

M: *Gut, aber ich würde gerne auch etwas über die versicherungsrechtlichen Aspekte von Telearbeit erfahren. Bin ich zu Hause beispielsweise auch unfallversichert?*

V: *Schön, daß Sie diese durchaus wichtigen Fragen ansprechen. Wir haben uns bereits mit dem Betriebsrat zusammengesetzt und die Grundlagen einer Betriebsvereinbarung besprochen. Was Großunternehmen wie IBM gelungen ist, sollten wir Mittelständler auch hinbekommen. Ich sehe da keine Schwierigkeiten. Inzwischen gibt es jede Menge Mustervorlagen.*

M: *Geht es dabei auch ums Geld?*

V: *Diese Frage habe ich erwartet. Sie ist naheliegend und durchaus verständlich. Natürlich streben wir die Einführung von Telearbeit nicht nur an, um die Arbeitszufriedenheit unserer Mitar-*

322

beiter zu steigern. Zusätzlich wollen wir auch unsere Kunden stärker an uns binden. Die schätzen es, wenn wir häufiger vor Ort sind. Ich will ehrlich sein: Unser Ziel ist es, durch Telearbeit rund 20 Prozent produktiver zu werden und Kosten zu senken. Durch die Einsparung von Büroflächen sinkt unser Facility-Management-Budget um fünf Prozent pro Mitarbeiter und Jahr. Einen Teil dieser Vorteile werden wir an unsere Mitarbeiter weitergeben. Beispielsweise durch eine Aufwandsentschädigung für das heimische Büro. Der wesentliche Vorteil für Mitarbeiter wie Sie aber wird im Zugewinn an Flexibilität liegen. Sie, Herr Fischer, könnten weiterhin vollzeitbeschäftigt bleiben und Ihrer Frau den beruflichen Wiedereinstieg ermöglichen, ohne daß Sie Ihre Verpflichtungen wegen des Pflegefalls in der Familie vernachlässigen müßten.

M: Mir scheint, Sie haben den ersten Teleworker der Firma gefunden. Aber Sie werden verstehen, daß ich erst mit meiner Frau sprechen möchte, bevor ich etwas unterschreibe.

V: Natürlich. Sprechen Sie alles ganz in Ruhe in der Familie durch. Ich gehe aber davon aus, daß Sie sich für diese neue Tätigkeitsform entscheiden werden und lasse von der Personalabteilung schon einmal einen Vertragsentwurf erstellen. Hinweisen möchte ich Sie aber in jedem Fall jetzt schon darauf, daß eine Entscheidung für Telearbeit keine Entscheidung für immer sein muß. Sie können jederzeit wieder zurück auf Ihren Büroarbeitsplatz, an Ihrem sozialen Status innerhalb des Unternehmens ändert sich nichts. Telearbeit soll bei uns eine Wunschalternative sein. Vor allem für geschätzte Mitarbeiter wie Sie.

M: Vielen Dank für das Kompliment. So etwas hört man gerne. Ich werde Ihnen meine Entscheidung so schnell wie möglich mitteilen.

Checkliste

 Voraussetzungen für Telearbeit
► Technisches Equipment
► Ergebnisorientierte Führung
► Gute Unternehmenskommunikation
► Vorliegen diesbezüglicher Betriebsvereinbarungen
► Ableistung der vertraglichen Arbeitsstunden
► Freiwillige Teilnahme
► Geeignete Arbeitsaufgabe
► Unveränderter Status des Mitarbeiters

Die Vorteile für das Unternehmen
► Einsparung von Büroflächen
► Zunahme der Arbeitsproduktivität
► Verbesserte Kundenbetreuung

Die Vorteile für den Mitarbeiter
► Flexible Arbeitszeitgestaltung
► Individuelle Arbeitseinteilung und Pausengestaltung
► Wegfall unbezahlter Arbeitszeiten
► Größere Entscheidungsspielräume
► Vereinbarkeit von Familie und Beruf

Die Vorteile für die Volkswirtschaft
► Entzerrung der Verkehrsbelastung
► Luftreinhaltung

Siehe auch Ablehnung (Beförderung), Aufhebungsvertrag, Einstellungsgespräch, Freie Mitarbeit, Job Rotation, Motivationsgespräch, Private Probleme des Mitarbeiters, Reorganisation/Umstrukturierung, Rückkehr in den Beruf, Teilzeitkräfte, Training (off the job), Versetzungsgespräch.

Die Fähigkeit, gute Mitarbeiter um sich zu scharen und deren Potential auszuschöpfen, ist eines der wichtigsten Kriterien von Führungsqualität. Die Entscheidung, ob einem betrieblichen Fort- oder Weiterbildungsersuchen stattgegeben wird, hängt davon ab, ob die entsprechende Maßnahme grundsätzlich und zum konkreten Zeitpunkt sinnvoll ist (siehe auch Ablehnung Fort- und Weiterbildung).

Zum Aufgabenbereich eines Vorgesetzten gehört es gleichermaßen, Mitarbeiter gegen deren anfänglichen oder grundsätzlichen Widerstand zu Weiterbildungsmaßnahmen zu motivieren. Das ist nicht immer ganz einfach. Widerstand regt sich aus den unterschiedlichsten, oft privaten Gründen. Auf die Aufforderung zu einer Weiterbildung reagieren Mitarbeiter oft eher skeptisch. Vielfach vermuten sie dahinter eine versteckte Kritik an bisher erbrachter Leistung.

Der Gesprächsanlaß

Ihre langjährige und sehr zuverlässige Sekretärin führt auch Korrespondenz in englischer Sprache. Dank des Rechtschreibprogrammes im Computer vermeidet sie orthographische Fehler. Ihr aktiver Wortschatz, insbesondere im technischen Bereich, ist jedoch sehr begrenzt. In Ihrem Aufgabenbereich nehmen nun die Kontakte zum englischsprachigen Raum zu, und auch Ihre Fachliteratur ist überwiegend englisch.

Was wollen Sie erreichen?

Sie wollen die Mitarbeiterin dazu bewegen, an einem Sprachkurs für technisches Englisch teilzunehmen. Ihre Sekretärin ist sehr sorgfältig und loyal, aber auch ziemlich leicht gekränkt.

V: Frau Richter, wir müssen uns etwas einfallen lassen. Der Schriftverkehr mit den USA wird immer umfangreicher. Sie nehmen mir ja schon sehr viel ab, da Ihr Wirtschaftsenglisch wirklich sehr gut ist. Ein großes Problem ist die technische Fachsprache. Meine Fachliteratur kommt fast ausschließlich aus den USA. Mir ist aufgefallen, daß Sie gelegentlich Probleme mit der ziemlich komplizierten englischen Terminologie haben.

M: Ich weiß, daß mein technisches Englisch nicht perfekt ist. Das habe ich auch nie behauptet. Und die Terminologie ändert sich auch dauernd, es kommen ständig neue Begriffe hinzu.

V: Ja, das stimmt leider. Sprachkenntnisse, die man in diesem Bereich erworben hat, muß man immer wieder aufpolieren und vor allem erweitern. Sonst sind sie veraltet. Und genau darüber wollte ich mit Ihnen sprechen. Ich möchte Ihnen einen Vorschlag machen. Nächsten Monat beginnt ein Sprachkurs in technischem Englisch. Da würde ich Sie sehr gerne hinschicken.

M: Ich habe mir schon länger gedacht, daß Sie mit meiner Leistung nicht mehr zufrieden sind. Ich bin ja auch nicht mehr die Jüngste. Und die jungen Leute haben einen ganz anderen Elan.

V: Ach was! Manche jungen Leute haben Elan, andere nicht. Und auch das allein bringt wenig. Außerdem geht es darum gar nicht. Sie wissen doch, daß ich mich hundertprozentig auf Sie verlassen kann. Ohne Sie läuft im Sekretariat gar nichts. Sie haben die Erfahrung, den Überblick, und Sie halten Quälgeister am Telefon von mir fern. Das könnte eine Zwanzigjährige mit all ihrem Elan nicht. Nein, Frau Richter, ich bin wirklich sehr zufrieden mit Ihnen. Seien Sie bitte nicht so skeptisch. Ich schlage Ihnen diese Fortbildung vor, weil sie sinnvoll und notwendig ist. Es ist nun einmal so, daß die Anforderungen in fast allen Bereichen steigen. Dieser Prozeß ist nicht aufzuhalten. Technische Fachliteratur wird auch in Zukunft englisch geprägt sein.

M: Denken Sie denn, ich schaffe das noch in meinem Alter?

V: Aber sicher! Sie sind fleißig und diszipliniert. Und Sie sollen ja schließlich keine ganz neue Sprache lernen. Den Kursus absolvieren Sie doch mit Bravour!

M: Was Sie mir so alles zutrauen! Aber ich werde mir Mühe geben.

Checkliste

✓ Bei unangebrachter Skepsis darf man schon einmal zu suggestiver Rhetorik greifen. Mit Vorsicht natürlich, sonst wirkt der Sprachstil zu aufdringlich und könnte als versuchte Manipulation interpretiert werden.

Suggestive Füllwörter
- doch
- wohl
- gewiß
- doch auch
- sicher
- sicherlich

Siehe auch Coaching, Job Rotation, Karriere (Laufbahngespräch), Leistungsschwäche, Lob, Motivationsgespräch, Rückkehr in den Beruf.

Treuepflicht

Mit Abschluß des Arbeitsvertrages verpflichtet sich der Arbeitnehmer nicht allein zur Übernahme einer bestimmten Tätigkeit, sondern auch zu Treue und Loyalität gegenüber dem Arbeitgeber. Diese schließt unter anderem auch die Pflicht zur Diskretion über betriebliche Angelegenheiten ein – und das ist den meisten Arbeitnehmern leider nicht bewußt.

Der Gesprächsanlaß

Ein Mitarbeiter, so wird Ihnen berichtet, soll in einem Restaurant Außenstehenden gegenüber das Gehaltsgefüge der Firma beschrieben haben. Angeblich nannte er dabei die exakten Vergütungen, die die leitenden Mitarbeiter erhalten. Er soll die Höhe dieser Einkommen kritisiert und gesagt haben, daß er persönlich eine solche Regelung angesichts der bevorstehenden, extrem schwierigen Verhandlungen um die Erhöhung eines Betriebsmittelkredites recht merkwürdig finde.

Was wollen Sie erreichen?

Ihre Information beruht auf Hörensagen. Sie wollen den Mitarbeiter nur ausdrücklich auf seine Verschwiegenheitspflicht hinweisen.

Arbeitsrechtliche Aspekte

Die Verschwiegenheitspflicht während und auch nach Beendigung des Arbeitsverhältnisses wird aus der allgemeinen Treuepflicht des Arbeitnehmers abgeleitet. Danach hat der Arbeitnehmer alles zu unterlassen, was dem Arbeitgeber Schaden zufügen könnte. Auch ohne besondere Vereinbarung ist der Verrat von Betriebs- und Geschäftsgeheimnissen in jedem

Fall ein Verstoß gegen die Treuepflicht. Ein nachweislicher Verstoß gegen die Verschwiegenheitspflicht ist ein Abmahnungsgrund.

Der Gesprächsleitfaden

V: Ich habe Sie zu diesem Gespräch gebeten, weil mir berichtet wurde, Sie hätten sich in der Öffentlichkeit über Betriebsinterna geäußert. Ich möchte gleich vorwegschicken, daß ich das nicht beweisen kann und auch nicht vorhabe, Sie mit den mir genannten Zeugen zu konfrontieren.

M: Was soll ich denn gesagt haben? Und woher haben Sie diese Information?

V: Sie sollen sich gestern abend im Ratskeller mit drei Personen, die nicht zu unserer Firma gehören, detailliert darüber unterhalten haben, welche Gehaltsvereinbarung wir mit unseren leitenden Mitarbeitern getroffen haben. Sie sollen auch unsere Kreditwürdigkeit in Frage gestellt haben. Und zwar so laut, daß man es an den Nachbartischen hören konnte. So wurde es mir berichtet. Ich unterstelle nicht, daß es so war. Ich frage Sie vielmehr, ob es so war?

M: Nein, das stimmt nicht. Über Kredite ist überhaupt kein Wort gefallen. Wir haben über Gehälter gesprochen, das ist richtig. Aber die sind hier im Ort doch kein Geheimnis. Jeder weiß doch in etwa, was man hier verdient. Oder kennt jemanden, der es weiß. Und daß zum Teil übertariflich bezahlt wird, ist auch bekannt. Und falls das jemand noch nicht wissen sollte – wo ist das Problem?

V: Abgesehen von einer möglichen Störung des Betriebsfriedens liegt das Problem darin, daß solche Äußerungen geschäftsschädigend sein können. Denken Sie an Neueinstellungen. Die Konkurrenz braucht auch nicht zu wissen, welche Gehälter wir zahlen. Wenn Sie aber wirklich über unsere angeblichen Bankprobleme geredet hätten, wäre der Schaden möglicherweise sogar beträchtlich.

M: *Unter diesem Gesichtspunkt habe ich das noch nicht gesehen.*

V: *Das sollten Sie aber. Alle Betriebsinterna fallen unter die Ver-schwiegenheitspflicht des Arbeitnehmers. Bedenken Sie das bitte in Zukunft. Wenn Sie nachweislich gegen diese Pflicht verstoßen, kann ich Sie abmahnen.*

Checkliste

✓ Betriebsinterna sind Zahlen, Daten und Fakten, die nur einem begrenzten Personenkreis zugänglich sind, von Außenstehenden also nicht problemlos in Erfahrung gebracht werden können. Dazu gehören beispielsweise

► Preis- und Kundenlisten,
► Bilanzen und Kalkulationen,
► Gehälter und vertragliche Vereinbarungen,
► Bezugsquellen,
► Absprachen mit Kunden,
► Kreditwürdigkeit,
► Computersoftware.

Siehe auch Ermahnung, Abmahnung, Kriminalitätsverdacht, Kritikgespräch, Kündigung, Pannen im Betrieb, Private Probleme des Mitarbeiters, Störungen in der Gruppe, Nebentätigkeit, unerlaubte, Vorruhestandsregelung.

Umgang mit Veränderungen

Ohne Mobilität geht nichts mehr. Eine banale Aussage, die heute aber schon von vielen Mitarbeitern akzeptiert wird. Doch daß Mobilität weit mehr bedeutet, als im Verlauf seiner Berufskarriere häufiger den Arbeitsort wechseln zu müssen, wird von vielen übersehen. Mobilität heißt nämlich keinesfalls nur räumliche Veränderung. Mobilität heißt auch Abschiednehmen von Traditionen, von gewohnten Denkmustern und bewährten Handlungsweisen. Die Bereitschaft, unbekanntes Terrain vorurteilsfrei zu sichten, zu analysieren und zu bewerten, ist in der Informations- und Dienstleistungsgesellschaft zur Schlüsselqualifikation geworden.

Ständige Veränderungen in der Arbeitswelt erfordern zusätzlich die Bereitschaft, Bildungsangebote aktiv zu nutzen und sich den neuen Informations- und Kommunikationstechniken zu öffnen. Eigene Werthaltungen und Ideologien müssen immer wieder kritisch überprüft werden. Gefragt ist das Denken in Wirkungszusammenhängen und nicht das Festhalten an alten Erklärungsmustern.

Eine weitere Anforderung ist die soziale Mobilität. Sie gilt als Schlüssel zur Zukunftsbewältigung und bedeutet unter anderem Veränderungen im Rollenverständnis von Frauen und Männern und im Wandel von Lebensstilen. Der Antipode ist der durchaus nachvollziehbare Wunsch der Mitarbeiter nach Ruhe, Stabilität und Verläßlichkeit. Das eine zu fordern, ohne das andere zu zerstören, ist Aufgabe des Vorgesetzten. Die Herausforderung für ihn heißt: sozialverträgliche Gestaltung und Kommunizierung der zunehmenden Mobilitätsanforderungen im Betrieb.

Der Gesprächsanlaß

 Ein württembergischer Zulieferbetrieb der Automobilbranche soll von seinem Hauptauftraggeber, einem ameri-

kanischen Konzern, gekauft werden. Die Belegschaft des mittelständischen Unternehmens ist verunsichert. Mit welchen Veränderungen müssen sie rechnen?

Was wollen Sie erreichen?

➡️ Amerikanische Verhältnisse mit dem Hire-and-fire-Prin-
zip sind nicht zu befürchten. Es existiert eine Zusage, daß
sich an der Belegschaftsgröße nichts ändern wird. Gleichwohl
sollen die hierarchischen Strukturen verändert werden. Alte
Pfründe stehen zur Disposition, neue Aufgabenbereiche und Positionen sollen geschaffen werden. Dabei werden die Amerikaner
aktiv mitarbeiten. Ein fünfköpfiges Team aus dem Stammhaus
wird erwartet. Ihre Anregungen sollen beim Abteilungsleiter der
Buchhaltung auf möglichst fruchtbaren Boden fallen. Und: Sie
wollen ihm eventuelle Ängste vor der Veränderung nehmen.

Der Gesprächsleitfaden

*V: Guten Morgen Herr Nagel. Sie wissen ja, daß wir am kommen-
den Montag unsere neuen amerikanischen Freunde erwarten.*

*M: Freunde, Herr Müller? Ich denke, daß das abzuwarten ist. Die
werden unseren Betrieb ja wohl tüchtig umkrempeln. Haben
Sie überhaupt eine Ahnung, wieviel Arbeit die Umstellung auf
das amerikanische Bilanzierungssystem machen wird? Ich
habe keine Ahnung, wie wir das schaffen sollen. Wieviel Zeit
geben die uns denn?*

*V: Gemach, gemach, Herr Nagel. Sie reden über ungelegte Eier. Es
steht doch noch gar nichts fest. Schon gar nicht, daß die Buchhaltung „umgekrempelt" wird. Außerdem: Wo wäre das Problem? Die Umstellung auf das Europäische Bilanzrichtlinien-
gesetz haben Sie doch auch ganz fantastisch hingekriegt.*

*M: Danke für die Blumen. Aber hier befürchte ich schon, daß es
schwieriger wird. Die EU-Umstellung haben wir selbst initiiert.
Diesmal werden wir machen müssen, was die Amis wollen und*

wie sie es wollen. Umsonst schicken die ja wohl nicht eine Kampftruppe her.

V: Jetzt atmen Sie aber bitte erstmal tief durch, Herr Nagel. Die Amerikaner haben den Betrieb gekauft, weil sie ihn für eine sinnvolle und zukunftsträchtige Investition halten. Die betriebswirtschaftlichen Zahlen sind gut. Wer wüßte das besser als Sie, Herr Nagel. Da werden die neuen Eigentümer einen Teufel tun, an Ihren Leistungen nur herumzumäkeln. Vielleicht wollen sie ja sogar von Ihnen was lernen? Wer weiß?

M: Das habe ich ja noch nie gehört. Man liest doch immer wieder, wie die Amis vorgehen. Die mischen sich in das gesamte Management ein, womöglich sitzt an meiner Stelle demnächst ein Amerikaner.

V: Oder an meiner, Herr Nagel. Das wollen wir doch nicht hoffen, aber ich gebe Ihnen recht, daß es im Bereich des Möglichen liegt. Wir haben deshalb nur eine Chance: Lassen Sie uns zeigen, was wir können und lassen Sie uns den Amerikanern offen sagen, wie wir das mit ihrer Hilfe sogar noch besser können. Herr Nagel, die brauchen uns doch genauso wie wir sie.

M: Und wie bitte, Herr Müller, soll ich das sagen? Ich kann doch gar kein Englisch. Das wissen Sie.

V: Dann werden Sie es lernen. So einfach ist das. Ja, wie alt sind Sie denn? Mit Anfang vierzig haben Sie Ihr Grundwissen reaktiviert und darüber hinaus soviel gelernt, daß es mit der Verständigung klappt. Amerikaner sind ausgesprochen tolerant im Umgang mit allen, die nicht unbedingt perfekt im Englischen sind.

M: Und trotzdem kann ich sie nicht leiden.

V: Genau das ist Ihr Problem, Herr Nagel. Ich betone: Ihr Problem. Und das kann ich Ihnen nicht abnehmen. Einen Englisch-Crash-Kurs wird die Firma für Sie bezahlen. Das ist selbstverständlich. Aber daß Sie mit der Tatsache nicht zurechtkommen, jetzt zu einem ausländischen Großkonzern zu gehören, in dem dessen Sitten und Gebräuche für die Mitarbeiter *genau die gleiche Bedeutung haben wie unsere Traditionen für uns, weist Sie nicht gerade als flexiblen Mitarbeiter aus.*

M: *Erst die Blumen und jetzt die Watschen. Ich gebe zu, Herr Müller, jetzt bin ich ziemlich verwirrt. Was wollen Sie denn nun eigentlich von mir?*

V: *Herr Nagel, das sollte keine Ohrfeige sein, sondern ein kollegial gemeinter Rat. Wir kommen nicht umhin, uns der neuen Situation zu stellen. Wie sie aussehen wird, wissen wir noch nicht. Ich weiß aber sehr wohl, daß wir eine gute Chance haben, die weiteren Entwicklungen zu beeinflussen. Und das geht nun einmal am besten, wenn wir tatsächlich zusammenarbeiten und bereit sind, uns anzupassen.*

M: *Gibt es dann in Zukunft in der Kantine nur noch Hamburger?*

V: *Nein, Herr Nagel. Nur noch Wiener Schnitzel mit Sauerkraut. Genau das erwarten die Amerikaner doch von uns.*

Wenn an dieser Stelle beide Gesprächspartner lachen können, ist das Ziel erreicht. Vorurteile haben keinen Platz mehr in Unternehmen, die weltweit operieren. Neue Methoden, andere Umgangsformen und Gepflogenheiten sollten erst einmal wertfrei beobachtet werden. Eine Annäherung fällt manchmal schwer, birgt aber auch die Chance der persönlichen Bereicherung.

Siehe auch Coaching, Interne Kommunikation, Motivationsgespräch, Reorganisation/Umstrukturierung.

Verschwendung von Betriebsmitteln

Klagen über die Verschwendung von Betriebsmitteln aller Art gehören zum Standardthema eines Vorgesetzten. In Büros steht besonders häufig unnötig verbrauchter Strom zur Debatte. Denn im Unterschied zu den Stromlieferanten sieht man es in den Firmen keineswegs mit Freude, wenn über Nacht Geräte auf Stand-by geschaltet sind und alle Leuchten brennen, so daß Hallen und Flure in hellem Licht erstrahlen.

Dabei geht es nicht nur um die Verschwendung von Betriebsmitteln. Diese Form des Energiekonsums ist vor allem auch unter ökologischen Gesichtspunkten unverantwortlich. Umweltpolitiker schätzen, daß mit den Kilowattstunden, auf die sich der unnötige Stromverbrauch in Büroräumen pro Jahr addiert, eine Großstadt wie Berlin mühelos ihren gesamten Energiebedarf decken könnte.

Der Gesprächsanlaß

Die Mitarbeiterinnen eines Zeitarbeitsunternehmens stellen häufig abends die Computer und andere elektronische Geräte nicht ab. Zuweilen lassen sie sogar über Nacht das Licht brennen. Ein ermahnendes Rundschreiben der Chefin blieb wirkungslos.

Was wollen Sie erreichen?

Sie wollen die Verschwendung von Betriebsmitteln beenden. Sie wollen auch auf die ökologische Seite des Problems hinweisen. Sie rufen die Mitarbeiterinnen deshalb zu einem Meeting zusammen und hoffen, daß Ihr persönlicher Appell eine größere Wirkung haben wird als die schriftliche Mitteilung.

V: *Ich hatte letzten Monat in einem Rundschreiben darauf aufmerksam gemacht, daß der unnötige Stromverbrauch durch
unnötig eingeschaltete Geräte und Beleuchtung eingestellt
werden muß. Diese Mitteilung hatte leider nicht die gewünschte
Wirkung. Als ich heute morgen ins Büro kam, waren drei
Computer, ein Drucker und der Kopierer eingeschaltet. In
zwei Arbeitsräumen und auf dem Flur brannte Licht. Das
kann so nicht weitergehen. Ich will jetzt gar nicht wissen, wer
gestern als Letzter gegangen ist oder wer zuletzt kopiert hat.
Ich will wissen, woran es liegt, daß Sie immer wieder vergessen, die Geräte auszuschalten oder das Licht auszumachen?*

M1: *Also ich habe gestern überhaupt nicht kopiert. Und ...*

V: *Einen Moment bitte. Genau das will ich überhaupt nicht wissen. Es interessiert mich auch nicht, wer gestern als Letzter gegangen ist. Wie erklären Sie Ihre Vergeßlichkeit?*

M2: *Man kann leicht übersehen, daß ein Computer noch eingeschaltet ist. Weil nämlich auch der Bildschirmschoner nach einer gewissen Zeit verschwindet. Dann ist der Schirm schwarz,
und man sieht nicht auf den ersten Blick, daß das Gerät noch
eingeschaltet ist. Die Kontrollampen sind winzig.*

M3: *Wenn der Schirm nicht mehr aktiv ist, verbraucht ein Rechner
fast nichts. Da geht es doch wirklich nur um Pfennigbeträge!*

V: *Das ist ein Irrtum. Geräte verbrauchen auch im stand-by-Be-
trieb noch eine ganze Menge Strom. Ich habe gelesen, daß
mehr als zehn Prozent des Stromverbrauchs in Deutschland
auf im Leerlauf betriebene Gerät entfallen. Man könnte ein
bis zwei Kraftwerke abschalten, wenn die Leute die Energie
nicht so unnötig verschwenden würden. Sie sind doch sonst
für Umweltschutz. Zumindest einige von Ihnen. Jedenfalls haben Sie sich dafür eingesetzt, daß wir nur umweltfreundliches
Papier benutzen. Aber in diesem Fall verschwenden Sie nicht
nur Betriebsmittel, sondern auch Energie.*

M2: *Wir lassen die Geräte abends ja nicht absichtlich eingeschaltet.*

Wenn man um 16 Uhr den Kopierer benutzt, geht man davon aus, daß irgend jemand noch kopieren wird. Und dann bleibt das Gerät natürlich eingeschaltet. Wenn man dann zufällig doch der Letzte war, ist das natürlich dumm.

V: *Wir brauchen trotzdem eine Lösung. Jede Kilowattstunde kostet schließlich Geld und verbraucht Ressourcen. Haben Sie einen Vorschlag?*

M1: *Warum drehen wir nicht abends die Hauptsicherung raus?*

M3: *Weil dann das Fax nichts empfangen kann, Sie Witzbold! Unser Fax hat leider keinen Speicher.*

M2: *Dann ist jede natürlich für den PC auf ihrem Schreibtisch selbst verantwortlich. Inklusive Drucker. Das müssen wir uns bewußt machen. Es muß zur Routine werden, daß wir beides immer abschalten, bevor wir das Büro verlassen. Vielleicht könnten wir uns zur Eingewöhnung Markierzettelchen auf das Bildschirmgehäuse kleben. „Erst ausschalten, dann abschalten!" Oder so ähnlich.*

M3: *Du hättest Chancen in der Werbebranche! Ich finde, wir sollten uns darauf einigen, daß der, der zuletzt geht, die Verantwortung hat. Daß heißt, man kann nicht einfach aus dem Büro stürmen, wenn man fertig ist, sondern man muß nachsehen, ob noch jemand da ist. Wenn nicht, muß man den Drucker und den Kopierer kontrollieren. Das Heißwassergerät übrigens auch.*

M1: *Und der Letzte macht auch das Licht aus!*

V: *Gut. Damit haben Sie eine Lösung gefunden, die Sie jetzt nur noch in die Tat umsetzen müssen. Ich hoffe, diesmal funktioniert es.*

Diesen Appell müssen Sie vermutlich anfangs noch einige Male wiederholen. Gute Vorsätze geraten leicht in Vergessenheit. Sie könnten aber auch anders vorgehen: Bieten Sie finanzielle Anreize an, falls es gelingt, die Stromrechnung zu senken. Zum Beispiel: Ein Viertel der Ersparnis kommt in die Kaffeekasse der Mitarbeiter.

Checkliste

 ▶ Bringen Sie konkrete Beispiele (was? wann? Nicht: „Hier wird unglaublich viel Strom verschwendet!").

▶ Vermeiden Sie persönliche Schuldzuweisungen.

▶ Unterbinden Sie Unschuldserklärungen oder gegenseitige Anschuldigungen der Mitarbeiter.

▶ Sagen Sie sofort, daß es Ihnen weniger um das Problem als solches als um eine Lösung des Problems geht.

▶ Heben Sie die gemeinsame Verantwortung hervor.

Siehe auch Ermahnung, Betriebsklima, Interne Kommunikation.

Versetzungsgespräch

Eine Versetzung ist die Zuweisung eines anderen Arbeitsplatzes in räumlicher oder funktionaler Hinsicht. Die meisten Versetzungen werden aus betrieblichen Gründen vorgenommen, beispielsweise wenn eine Stelle durch Rationalisierungsmaßnahmen entfällt oder eine Abteilung personelle Verstärkung braucht. Versetzt werden Mitarbeiter häufig auch aus persönlichen Gründen. Bei ständigen Spannungen in einer Abteilung oder bei Mängeln in der Mitarbeiterführung ist eine Versetzung manches Mal die beste Lösung. Versetzungen zählen aber auch zum personalpolitischen Instrumentarium. In Konfliktsituationen kann der Vorgesetzte damit den Standpunkt des Unternehmens deutlich machen, ohne gleich eine Abmahnung auszusprechen.

Der Gesprächsanlaß

Ein Mitarbeiter ist durch Mobbing aufgefallen. Da er dieses Verhalten schon mehrfach gezeigt hat und auch bereits ermahnt wurde, soll er nun in eine andere Abteilung versetzt werden. Der Vorgesetzte hofft, daß sich das Verhalten des Mitarbeiters im neuen Kollegenkreis ändern wird.

Was wollen Sie erreichen?

Mit dieser Maßnahme wollen Sie eine dauerhafte Verhaltensänderung bewirken und im Unternehmen ein deutliches Zeichen setzen, daß Mobbing nicht toleriert wird.

Arbeitsrechtliche Aspekte

Hat sich der Arbeitgeber im Arbeitsvertrag die Versetzung des Mitarbeiters vorbehalten, so kann er dem Arbeitnehmer die bisherige Tätigkeit auch ohne dessen Einverständnis ganz oder teilweise entziehen. Diesem Recht ist allerdings eine Grenze gesetzt. Nicht erlaubt sind Versetzungen gegen den Willen des Arbeitnehmers, wenn damit schwerwiegende Interessen des Arbeitnehmers verletzt werden. So ist es beispielsweise nicht erlaubt, einen gläubigen Moslem gegen dessen Willen aus dem Lager in die Wurstwarenabteilung zu versetzen.

Wenn der Arbeitsvertrag keine Versetzungsklausel enthält, muß eine Änderungskündigung ausgesprochen werden.

Der Gesprächsleitfaden

V: *Ich möchte, daß Sie ab 1. April eine andere Tätigkeit für unser Unternehmen in der Abteilung B übernehmen. In Ihrem Falle ist eine Änderungskündigung nicht notwendig, da Ihr Arbeitsvertrag eine Versetzungsklausel enthält. Ich habe auch schon mit dem Betriebsrat gesprochen. Er ist einverstanden.*

M: *Das können Sie doch nicht so einfach machen. Der Aufgabenbereich in Abteilung B ist doch gar nicht mit meiner jetzigen Arbeit vergleichbar.*

V: *Doch, Ihre neue Stelle ist absolut gleichwertig. Ich schränke weder Ihre Kompetenzen ein noch bedeutet Ihre neue Tätigkeit einen Abstieg in der Hierarchie.*

M: *Aber Sie entziehen mir das Projekt Baumann. Und da habe ich mich seit einem halben Jahr stark engagiert.*

V: *Damit werden Sie sich leider abfinden müssen. Die Versetzung scheint mir der einzige Weg zu sein, um den Konflikt mit Ihrer Sekretärin zu lösen. Sie hat sich mehrfach über Sie beschwert, und wie Sie mir selbst sagten, hat sie nicht unrecht. Auch meine Ermahnung vor vier Wochen hat Sie nicht zu einer Änderung Ihres Verhaltens bewogen. Vorgestern hat sich Ihre Sekretärin erneut an mich gewandt. Das geht nicht so weiter. Sie sollten diese Versetzung als sehr ernste Warnung verstehen. Ich weiß, daß Sie manchmal ziemlich unter Druck stehen. Aber das gibt Ihnen nicht das Recht, andere Mitarbeiter zu tyrannisieren. Wir haben alle hin und wieder Streß. Zur Führungsqualität gehört* *ein zumindest korrekter Umgang mit Mitarbeitern. Sie sollen Ihre Mitarbeiter motivieren und nicht demotivieren. Ihr Verhalten ist kein Beweis für Führungsqualität. Ich meine es ernst: Sollten Sie Ihr Verhalten in der neuen Abteilung nicht ändern, so bin ich gezwungen, Sie offiziell abzumahnen.*

M: *Ich hätte nicht gedacht, daß Sie der Sache ein solches Gewicht beimessen.*

V: *Dann bin ich vielleicht in unserem letzten Gespräch nicht deutlich genug geworden. Oder Sie haben nicht zugehört. Ich habe wörtlich gesagt, daß ich Mobbing nicht dulde. Ich hoffe, daß Sie mich heute klar verstanden haben.*

Nach diesem klaren Verweis kann nun ein versöhnlicherer Ton angeschlagen und eine „Sprachregelung" vorgeschlagen werden, die es dem Mitarbeiter erlaubt, den Kollegen gegenüber „sein Gesicht zu wahren". Insbesondere bei leistungsstarken Mitarbeitern oder gefragten Spezialisten zieht die unerwünschte Versetzung häufig eine Kündigung seitens des Mitarbeiters nach sich.

V: *Sehen Sie es doch so: Sie bekommen eine neue Chance in Abteilung B. Nutzen Sie sie. Der Personalleiter und ich sind auch der Meinung, daß wir den primären Grund für Ihre Versetzung nicht an die große Glocke hängen sollten. Wir brauchen ja tatsächlich noch einige Sachbearbeiter in Abteilung B, und Ihr Fachwissen müßte es Ihnen erlauben, sich dort rasch einzuarbeiten und ebenso gute Leistungen zu bringen wie an Ihrem jetzigen Arbeitsplatz. Wenn Sie dann noch an Ihrer Führungsqualität arbeiten und Ihre neuen Mitarbeiter freundlicher behandeln, ist die Sache irgendwann vergessen. Ich fände es bedauerlich, wenn wir uns von Ihnen trennen müßten.*

Checkliste

✓ So bleiben beide Gewinner!
Seien Sie sich unbedingt darüber im klaren, daß Sie jeden Mitarbeiter, den Sie gegen seinen Willen versetzen, zunächst per-

sönlich treffen. Frustration und Arbeitsunlust sind höchstwahrscheinliche Folgen. Auch wenn Ihre Entscheidung betriebswirtschaftlich begründet und juristisch hieb- und stichfest sein mag, können Sie nicht erwarten, daß der Mitarbeiter begeistert die gewohnte Tätigkeit und den Kollegenkreis wechselt.

Suchen Sie deshalb nach Argumenten, mit denen Sie die Versetzung für den Mitarbeiter positiv darstellen können:
► erweiterter Verantwortungsbereich
► Gelegenheit, neue Kenntnisse zu erlangen
► Kennenlernen einer neuen Betriebsstätte (evtl. kürzerer Anfahrtsweg?)
► Andere Arbeitszeit
► Vorwegnehmen zukünftiger Entwicklungen

Wenn Sie einen Mitarbeiter aus verhaltensbedingten Gründen versetzen
► Handeln Sie schnell und überlegt.
► Machen Sie ganz deutlich, worum es Ihnen geht.
► Lassen Sie sich auf keinen faulen Kompromiß ein.
► Malen Sie die Konsequenzen aus, die eine Beibehaltung des gerügten Verhaltens haben wird.
► Finden Sie eine offizielle Sprachregelung, um den Mitarbeiter nicht zu brüskieren.
► Nutzten Sie den Anlaß, um die allgemeine Unternehmenskultur zu überprüfen.

Siehe auch Einstellungsgespräch, Kritikgespräch, Kündigung, Motivationsgespräch, Personalabbau, Querulanten, Störungen in der Gruppe, Telearbeit.

Vorruhestandsregelung

Kaum ein arbeitsrechtliches Instrument stößt auf soviel Widerspruch und Kritik wie der vorgezogene Ruhestand. Die Vorruhestandsmodelle sehen vor, älteren Mitarbeitern (in der Regel mit Ende fünfzig) gegen Zahlung eines monatlichen Geldbetrages bis zum Rentenbezug (oder eines Einmalbetrages) einvernehmlich zu kündigen. Während manche älteren Arbeitnehmer gerne Gebrauch von diesem Arbeitgeberangebot machen und ihre unverhoffte Freizeit genießen, fühlen sich andere enttäuscht „zum alten Eisen" gelegt. Es erfordert daher viel Sensibilität, mit einem verdienten Mitarbeiter über die Möglichkeit des Vorruhestandes zu sprechen.

Der Gesprächsanlaß

 Der Automobilkonzern möchte eine kleine Tochtergesellschaft schließen. Einige Mitarbeiter finden innerhalb des Konzerns einen neuen Arbeitsplatz. Für die älteren Mitarbeiter wurde ein Vorruhestandsmodell entwickelt. Der Geschäftsführer möchte einen 55jährigen langjährigen Mitarbeiter dazu bewegen, das Modell für sich zu akzeptieren und in den vorgezogenen Ruhestand zu gehen.

Was wollen Sie erreichen?

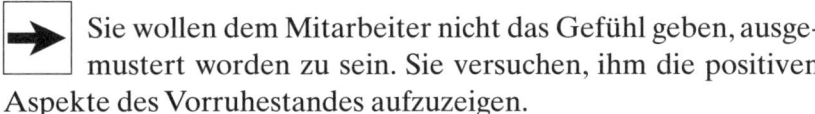 Sie wollen dem Mitarbeiter nicht das Gefühl geben, ausgemustert worden zu sein. Sie versuchen, ihm die positiven Aspekte des Vorruhestandes aufzuzeigen.

Arbeitsrechtliche Aspekte

Vorruhestandsregelungen müssen mit dem Betriebsrat abgestimmt und in Form einer Betriebsvereinbarung allen Mitarbeitern zugänglich gemacht werden. Bei umfassenden Modellen ist unbedingt juristischer Rat einzuholen.

Der Gesprächsleitfaden

V: *Lieber Herr Koslowski, schön, daß wir mal in Ruhe miteinander reden können. Seit der Konzern das „Aus" für uns verkündet hat, ist es deutlich stiller geworden. Wie geht es denn in Ihrem Bereich?*

Ein positiver, persönlicher Einstieg erleichtert das weitere Gespräch – für den Vorgesetzten und für den Mitarbeiter.

M: *Es läuft so vor sich hin. Wir wickeln die letzten Aufträge ab, und ich warte nur darauf, daß ich auch abgewickelt werde. Aber im Ernst, ich mache mir so meine Gedanken, was nun werden wird, ob ich irgendwo anders eine neue Arbeit bekomme. Mit meinen 57 Jahren ist es wahrlich nicht leicht, etwas ganz anderes zu tun.*

V: *Das ist für viele 37jährige auch nicht leicht, Herr Koslowski. Ich selbst werde nach Stuttgart gehen, in die Zentrale, und dort einen neuen Geschäftsbereich übernehmen. Das fällt mir gar nicht so leicht, glauben Sie mir. Ich mag diese Stadt nicht sehr. Und meine Frau ist auch nicht gerade begeistert.*

Der Vorgesetzte geht in Vorlage und öffnet sich dem Mitarbeiter ein Stück weit in der Hoffnung, daß dieser nun das gleiche tun wird.

M: *Also, dorthin würde ich wirklich sehr gern ziehen – wenn ich 40 Jahre jung wäre. Aber heute ziehe ich nicht mehr um. Die Kinder leben in der Nähe, ich kann die Enkel an jedem Wochenende sehen – nein, ein Umzug kommt nicht in Frage. Deshalb grübele ich ja, was die mit mir machen.*

V: *Sie haben vielleicht schon gehört, daß der Konzern eine Vorruhestandsregelung mit dem Betriebsrat vereinbart hat. Sie gilt für alle Mitarbeiter ab 56 Jahre. Wäre das vielleicht etwas für Sie?*

344

M: Was bedeutet das denn?

Diese Frage deutet Interesse an. Nun kann der Vorgesetzte das Modell und die finanzielle Seite in Ruhe erklären.

V: ... und deshalb fahren Sie gar nicht schlecht damit. Wollen Sie es sich einmal überlegen? Sprechen Sie doch mal mit Ihrer Frau darüber.

Falls der Mitarbeiter Widerstand leistet oder sich zunächst partout nicht gedanklich mit dem Vorschlag beschäftigen will, lenken Sie das Gespräch jetzt auf ein anderes betriebliches Thema. Häufig kommt der Mitarbeiter nach einigen Tagen oder Wochen von sich aus auf den Vorschlag zurück. Sie können ihn auch selbst nach einiger Zeit noch einmal darauf ansprechen. Zwingen können Sie ihn aber nicht.

Siehe auch Abfindungen, Aufhebungsvertrag, Beurlaubung (aus persönlichen Gründen), Freie Mitarbeit, Freistellung nach Kündigung, Jubiläumsgespräch, Kündigung, Reorganisation/Umstrukturierung.

Workaholismus

„Süchtig nach Arbeit" – so könnte man den amerikanischen Begriff „workaholism" am besten übersetzen. Untersuchungen zeigen, daß es tatsächlich immer mehr Menschen gibt, die ihren Lebenszweck und –inhalt ausschließlich in ihrer Arbeit sehen. Viele haben wirkliche Schwierigkeiten, abends die Arbeit zu beenden und nach Hause zu gehen – nicht selten kehren sie in eine leere Wohnung zurück und haben keinen Lebenspartner. Insbesondere in den sogenannten kreativen Berufen mit unkonventionellen Arbeitszeiten wächst die Zahl derer, die bis in die späten Abendstunden im Büro sitzen und gemeinsam mit Kollegen über Aufgaben diskutieren oder am Schreibtisch still vor sich hin arbeiten. Oft genug fühlen sich diese arbeitssüchtigen Mitarbeiter auch noch sehr wohl in ihrer Rolle und geradezu unentbehrlich für den Betrieb. Aber die Kehrseite der Medaille – Übermüdung, Verlust des objektiven Blicks, falsche Einordnung der Arbeit in das gesamte Lebensumfeld – spricht sehr dafür, daß Vorgesetzte derart arbeitswütige Mitarbeiter beizeiten bremsen sollten.

Der Gesprächsanlaß

Ein Mitarbeiter fällt durch extremen Einsatz auf. Er arbeitet nicht nur die in seiner Position üblichen 60 Stunden pro Woche, sondern nimmt regelmäßig übers Wochenende Arbeit mit nach Hause. Seinen Urlaub verschiebt er ständig, da er immer einen Grund findet, warum er gerade jetzt nicht entbehrlich ist. Ohne zumindest drei ungelöste Aufgaben scheint er sich verloren zu fühlen. Weil seine Arbeitswut bei den Kollegen auf Kritik gestoßen ist, versucht er sie in letzter Zeit zu vertuschen.

In den Augen seiner Mitarbeiter ist er seit längerem dringend urlaubsreif. Denn den Zeitdruck, in den er sich selbst versetzt, verordnet er auch anderen. Für ihn ist es völlig normal, von einem Termin zum nächsten zu hetzen, gemeinsame Mahlzeiten im Unternehmen grundsätzlich als Arbeitsessen zu nutzen. Bei innerbetrieblichen Festivitäten ist er der absolute Stimmungskiller: Ihm sieht man deutlich an, daß er viel lieber an seinem Schreibtisch säße. Als sein Vorgesetzter glauben Sie, einmal mit ihm reden zu müssen.

Was wollen Sie erreichen?

 Sie wollen verhindern, daß der Arbeitseifer des Mitarbeiters zu Abhängigkeit oder Krankheit führt.

Der Gesprächsleitfaden

V: Lieber Peter, Sie werden sich sicher fragen, warum ich Sie um dieses Gespräch gebeten habe. Ich will gar nicht lange um den heißen Brei herum reden. Ich mache mir Sorgen um Sie.

M: Dazu gibt es aber überhaupt keinen Anlaß.

V: Ich denke doch. Sie arbeiten zu viel.

M: Soll das ein Witz sein!?

V: Nein, das ist mein völliger Ernst. Ich habe mir noch mal klargemacht, was Sie in letzter Zeit alles angepackt haben. Und bei allem Respekt: So kann es in Ihrem, aber auch im Interesse der Firma, nicht weitergehen. Sie muten sich einfach zuviel zu. Auf die Dauer kann das für Ihre Gesundheit nicht gut sein.

M: Da brauchen Sie sich nun wirklich keine Sorgen zu machen. Mein letzter Check-up war in Ordnung.

V: Das freut mich für Sie. Aber lassen Sie uns doch mal Klartext reden. Diese extreme Belastung, die Sie auf sich nehmen, ist auf Dauer äußerst riskant. Und ich kann mir auch nicht vorstellen, daß Ihre Familie damit glücklich ist.

M: Da muß ich Ihnen recht geben. Meine Frau und meine Kinder beschweren sich in letzter Zeit wirklich darüber, daß sie mich kaum noch zu Gesicht bekommen. Manchmal habe ich das

Gefühl, daß ich meinen Job viel besser erfülle als meine priva-ten Aufgaben. Ich habe meiner Frau gesagt, daß ich mir in Zu-kunft mehr Zeit für die Familie nehmen werde. Aber natürlich müssen wir erst einmal unser Projekt Aurora über die Bühne bringen.

V: *Es wird immer ein Projekt geben. Nach Aurora kommt ein an-deres. Sie können Ihre Familie nicht endlos vertrösten. Sonst haben Sie irgendwann einmal ernste Probleme. Wie wäre es, wenn wir jetzt festlegen, wann Sie Ihren nächsten Urlaub antre-ten? Ich muß darauf bestehen, daß Sie sich auch einmal erho-len. Das gehört zu meiner Sorgfaltspflicht – als Vorgesetzter und als jemand, der Ihnen seit mehr als sechs Jahren sehr ver-bunden ist. Peter, ich bitte Sie eindringlich, das nächste Wochen-ende zum Ausspannen zu nutzen.*

Fragen Sie den Mitarbeiter in etwa zwei Wochen, ob er tatsächlich seinen Urlaub geplant hat. Achten Sie auf seine Überstunden. Das gehört nämlich wirklich zu Ihren Sorgfaltspflichten.

Checkliste

 Was Mitarbeiter zu Workaholics macht
- ► Mangelnde Fähigkeit zu delegieren
- ► Angst vor Autoritätsverlust
- ► Perfektionismus
- ► Übertriebenes (oder mangelndes) Selbstwertgefühl
- ► Zu weit gesteckte Zielvorgaben
- ► Keine Hobbys, keine privaten Interessen
- ► Flucht vor den Erwartungen der Familie
- ► Flucht vor dem Feierabend
- ► Emotionaler Rückzug aus einer persönlichen Beziehung
- ► Machtstreben

Symptome des Workaholismus:
- ► Es wird grundsätzlich Arbeit mit nach Hause genommen.
- ► Es werden ständig Überstunden gemacht.

- ▶ Urlaubsverweigerung
- ▶ Pessimistische Grundeinstellung
- ▶ Probleme werden niemals als vorübergehend angesehen.
- ▶ Keine Vision, sondern drückendes Verantwortungsgefühl

Siehe auch Coaching, Delegation, Ermahnung, Motivationsgespräch, Private Probleme des Mitarbeiters, Störungen in der Gruppe, Zeitmanagement.

Zeitmanagement

Wer mit seiner Zeit richtig umgehen kann, wer seinen Arbeitstag plant und beispielsweise mit Hilfe der ABC-Analyse Wichtiges von Dringlichem zu unterscheiden gelernt hat, der hat auch dann Zeit, wenn etwas Unerwartetes seine Pläne durcheinanderbringt. Zeitmanagement lernen wir freilich nicht auf der Schule, es ist auch kein Lehrfach an der Universität oder Bestandteil irgendeiner Berufsausbildung. Auf dem Weiterbildungsmarkt werden zahlreiche Seminare und Workshops angeboten, aber die Grundvoraussetzung für erfolgreiches Lernen heißt wie immer: Lernen *wollen.*

Und selbstverständlich gibt es auch immer wieder Mitarbeiter, denen der Vorgesetzte erst die Augen für den Sinn von Planung und geübter Zeiteinteilung öffnen muß.

Der Gesprächsanlaß

 Ein Mitarbeiter in einer Werbeagentur kann öfter seine Terminzusagen nicht halten. Der Vorgesetzte ist zwar mit der fachlichen Arbeit zufrieden, befürchtet jedoch zunehmend Schwierigkeiten mit den Kunden, wenn die Konzeptionen nicht rechtzeitig abgeliefert werden.

Was wollen Sie erreichen?

→ Sie wollen Ihren Mitarbeiter dazu bewegen, daß er planvoller mit seiner Arbeitszeit umgeht.

Der Gesprächsleitfaden

V: Danke für die Präsentation. Wir hatten aber vorigen Monat vereinbart, daß Sie Ihre Rechercheergebnisse schon letzte Wo-

che vorstellen wollten. Was war der Grund für die Verspätung?

M: *Vor zehn Tagen kam der neue Auftrag von Mayer & Co. dazwischen. Das war sehr wichtig, also habe ich diesen Job vorgezogen.*

V: *Die Mayer-Sache ist aber auch noch nicht fertig.*

M: *Im Moment stapeln sich die Aufträge auf meinem Schreibtisch. Ich weiß gar nicht, wo mir der Kopf steht.*

V: *Ja, das ist nun mal normal in einer Werbeagentur. Fühlen Sie sich arbeitsmäßig überlastet?*

M: *Ja, besonders dann, wenn plötzlich etwas Brandeiliges dazwischengeschoben werden muß. Alles und jedes hat oberste Priorität und soll möglichst gestern erledigt sein.*

V: *Aber nein. Nicht alle Projekte sind gleich wichtig. Vielleicht könnten Sie in Zukunft mehr delegieren? Oder etwas an Ihrer Zeitplanung verbessern?*

M: *Ich habe vor Jahren ein Seminar über Zeitmanagement besucht. Da hieß es, man solle sich jeden Tag eine Viertelstunde Zeit nehmen, um den kommenden Tag durchzuplanen. Diese 75 Minuten je Woche fehlen mir dann woanders. Nee, davon halte ich nichts.*

V: *Da haben Ihre Trainer anscheinend nicht überzeugend argumentiert. Ich halte viel von konkreter Planung, und ich gewinne tatsächlich dadurch mehr Zeit. Auch Herr Müller aus dem Direktmarketing ist hochzufrieden, seit er mehr plant. Er war soeben auf einem Seminar. Wie wäre es, wenn Sie sich mal mit ihm darüber unterhalten? Denn es muß mit den häufigen Verspätungen wirklich ein Ende haben. Lassen Sie sich doch bitte von Müller ein paar Tips zum Zeitmanagement geben. Am besten auch seine Seminardokumentation. Dann sparen Sie sich die Teilnahme und schlagen ein paar Tage für Mayer &. Co. 'raus!*

Ein sinnvoller Weg, einen Mitarbeiter zu besserer Planung anzuregen, besteht tatsächlich darin, ihm zeitweise einen erfahrenen

Kollegen auf gleicher Ebene zur Seite zu stellen. Dieser kann Anregungen und Hinweise vermitteln, ohne daß der Mitarbeiter den erhobenen Zeigefinger des Chefs auf sich gerichtet fühlt.

Checkliste

 Prüfen Sie Ihr Zeitmanagement
  ▶ Fühlen Sie sich überlastet?
▶ Arbeiten Sie oft länger als Ihre Kollegen?
▶ Werfen Sie Ihre Pläne sofort über den Haufen, wenn Unerwartetes dazwischenkommt?
▶ Liefern Sie Ihre Arbeitsergebnisse oft verspätet ab?
▶ Flüchten Sie häufig vor unangenehmen Arbeiten in angenehmere, aber unwichtige Tätigkeiten?
▶ Planen Sie Ihren Arbeitstag, Ihre Woche, den vor Ihnen liegenden Monat?
▶ Führen Sie eine Erinnerungs- oder Wiedervorlageliste, um nichts Wichtiges zu vergessen?
▶ Reservieren Sie sich täglich eine „stille Zeit" (15 Minuten reichen), in der Sie für niemanden zu sprechen sind und in Ruhe planen können?
▶ Benutzen Sie einen Kalender mit einer Stundeneinteilung für den Tag?
▶ Nutzen Sie „Leerzeiten" (Warten auf Rückrufe, Computerbereitschaft oder Besuche) für kurze Tätigkeiten?
▶ Übertragen Sie unerledigte Jobs in Ihrem Kalender auf den nächsten Tag (die nächste Woche, den nächsten Monat)?
▶ Kennen Sie die ABC-Analyse und wissen Sie, wie man mit Wichtigem und mit Dringendem umgeht?

Siehe auch Coaching, Delegation, Ermahnung/Abmahnung, Kritikgespräch, Leistungsschwäche, Motivationsgespräch, Private Probleme des Mitarbeiters, Störungen in der Gruppe, Nebentätigkeit, unerlaubte, Workaholismus, Zielvereinbarung.

Zeugnisse dürfen keine negativen oder herabsetzenden Formulierungen enthalten, damit dem Mitarbeiter auch zukünftig keine beruflichen Nachteile entstehen. Diese Vorschrift hat freilich in der Praxis zu einer Art Geheimcode geführt, der natürlich so geheim nicht mehr ist. Um einem möglichen Anspruch auf Schadenersatz durch den neuen Arbeitgeber vorzubeugen, sollte das Zeugnis eines Mitarbeiters aber keinesfalls gegen besseres Wissen allzu wohlwollend ausfallen.

Der Gesprächsanlaß

Ein Angestellter einer Werbeagentur hat sich mit seinem Arbeitgeber auf das vorzeitige Ende seines Arbeitsverhältnisses geeinigt. Beide haben dem Kündigungstermin zugestimmt. Der Mitarbeiter hatte des öfteren Streit mit seinen Kollegen provoziert. Jetzt hat er ein Zeugnis erhalten, mit dem er nicht zufrieden ist. Er bittet seinen Vorgesetzten um ein Gespräch.

Was wollen Sie erreichen?

Sie vermuten, daß der Mitarbeiter eine bessere Bewertung erwartet hatte, als Sie im Zeugnis formuliert haben. Sie wollen das Gespräch ruhig und sachlich führen und dem Mitarbeiter die Gründe für Ihre Bewertung nennen. Ihnen ist daran gelegen, die Angelegenheit friedlich zu regeln. Andererseits können und wollen Sie Ihre Bewertung nicht revidieren.

Der Gesprächsleitfaden

V: Sie wollten mit mir über Ihr Zeugnis sprechen? Sind Sie damit nicht zufrieden?

M: Nein. Ich dachte, wir hätten uns einvernehmlich geeinigt. Aber mit diesem Zeugnis werfen Sie mir ziemlich dicke Steine in den

Weg. Wer den Code der Zeugnisformulierungen kennt, sieht doch auf den ersten Blick, daß Sie froh sind, mich loszuwerden. Eine solche Beurteilung ist bei meiner gerade laufenden Bewerbung alles andere als hilfreich. Ich habe ein Recht auf ein positiv formuliertes Zeugnis! Mein Zeugnis ist keineswegs positiv!

V: *Das sehe ich etwas anders. Ein Zeugnis darf die weitere berufliche Karriere nicht behindern, das ist richtig. Andererseits muß es aber auch wahr und aussagekräftig sein. Ich kann einen Mitarbeiter nicht in den höchsten Tönen loben, wenn ich mit seiner Arbeitsleistung oder seinem Verhalten nicht zufrieden war. Dann hätte ich schnell eine Klage des neuen Arbeitgebers am Hals. Mit welchen Punkten genau sind Sie denn nicht einverstanden?*

M: *Hier steht als Verhaltensbeurteilung „Das Verhalten gegenüber Mitarbeitern und Vorgesetzten war gut." Da wird mein zukünftiger Arbeitgeber doch hellhörig, denn das heißt doch im Klartext: Es war miserabel.*

V: *Ich bitte Sie, überinterpretieren Sie nicht. Diese Formulierung heißt, daß wir mit Ihrem Verhalten im großen und ganzen zufrieden waren. Und das stimmt auch. Denn was hatten Sie erwartet, Herr Hansen? Nicht zuletzt verlassen Sie uns doch, weil Sie mit den meisten Kollegen nicht zusammenarbeiten konnten. Es gab doch von Anfang an ständig Streit, der in mehr als einem Fall die Arbeit behindert hat.*

M: *Den natürlich immer nur ich angefangen habe! Alle anderen sind reine Unschuldslämmer! Wie praktisch für Sie.*

V: *Herr Hansen, ich hatte nicht den Eindruck, daß Sie sich bei uns wohl gefühlt haben und wir haben gemeinsam einen Weg gefunden. Die Suche nach dem Sündenbock führt uns nicht weiter. Sehen Sie die Sache doch mal so: Ihre Stärken liegen im Konzeptionellen, Sie sind äußerst kreativ, und Sie haben Biß. Ich habe Ihre Arbeitsleistung entsprechend sehr positiv bewertet. Das steht auch im Zeugnis. Aber ich kann Ihnen nicht bescheinigen, ein von allen hochgeschätzter Kollege gewesen zu sein, weil das einfach nicht stimmt. Ihr Sozialverhalten war* *nicht immer so, wie es hätte sein sollen. Aus diesem Grund trennen wir uns ja von Ihnen. Wir sind eine kleine Agentur, in der alle Mitarbeiter miteinander zurechtkommen müssen. In unser Team haben Sie nicht gepaßt. Eine Trennung ist in beiderseitigem Interesse, und ich erinnere nur daran, daß Sie mir darin beigepflichtet haben.*

M: *Ich will ja nicht die Kündigung in Frage stellen. Mir ist auch daran gelegen, einen neuen Anfang zu machen. Mich stört die Verhaltensbewertung, das ist alles.*

V: *Mit dieser Beurteilung kommen Sie noch recht gut weg. Positiver kann ich das beim besten Willen nicht formulieren. Es tut mir leid.*

M: *Mit einigen Kollegen hier habe ich mich ja wirklich nicht verstanden. Da haben Sie schon recht. In einer größeren Agentur habe ich vermutlich auch besser Gelegenheit zu zeigen, was ich kann. Vielleicht sind meine zukünftigen Kollegen nicht solche Sensibelchen.*

V: *Ich wünsche Ihnen alles Gute für Ihre Zukunft.*

Checkliste

 ► Gehen Sie davon aus, daß Mitarbeiter den Zeugniscode verstehen.

► Vermeiden Sie eine Gefährdung der Kündigungsvereinbarung.

► Streichen Sie die positiven Punkte des Zeugnisses heraus.

► Bleiben Sie verbindlich im Wort, aber hart in der Sache.

Siehe auch Beschwerde, Kritikgespräch, Kündigung, Störungen in der Gruppe.

Zielvereinbarung

Zielvereinbarungen sind ein wichtiges Führungsinstrument – nicht nur für Führungskräfte in den Chefetagen. Tatsächlich versuchen immer mehr Unternehmen und Verwaltungen ihre Mitarbeiter zu höherer Leistung zu bewegen, indem sie mit ihnen konkrete Ziele vereinbaren, an deren Erfüllung sich die Höhe des Gehalts bemißt.

Die Ziele werden meist einmal im Jahr besprochen, schriftlich festgehalten und das Maß ihrer Erfüllung am Ende des Jahres vom Vorgesetzten in einem Gespräch mit dem Mitarbeiter überprüft.

Der Gesprächsanlaß

Der Vorgesetzte überprüft gemeinsam mit dem Leiter des Rechenzentrums die bisherigen Ziele und vereinbart neue Ziele für die Zukunft.

Was wollen Sie erreichen?

Sie überprüfen gemeinsam mit Ihrem Mitarbeiter die Erreichung der im Jahr zuvor vereinbarten Ziele. Für das kommende Jahr werden neue Ziele vereinbart.

Der Gesprächsleitfaden

V: Im vergangenen Jahr hatten Sie sich ehrgeizige Ziele hinsichtlich der Verfügbarkeit des Rechenzentrums gesetzt. Sie wollten den Wert um acht Prozent steigern. Das ist Ihnen – ich habe die Daten bereits erhalten – nicht nur gelungen, sondern Sie haben sich sogar selbst übertroffen. Meinen Glückwunsch, Herr Braun. Das Rechenzentrum liegt finanziell im positiven Be-

reich, gravierende Ausfälle hatten wir auch nicht. – Wo sehen Sie noch weiter Optimierungsspielraum?

M: *Bestimmt nicht in der Verfügbarkeit, denn wir haben einerseits neue Anwendungen zu bearbeiten und müssen andererseits in diesem Jahr mit weniger Personal auskommen. Da ist nichts mehr drin. Aber ich habe mir trotz der Personalreduzierung vorgenommen, die Servicequalität des Rechenzentrums zu steigern. Darauf möchte ich den Schwerpunkt meinerArbeit im kommenden Jahr legen.*

Während die Erreichung quantitativer Ziele ohne Schwierigkeiten bestimmt werden kann (z.B. durch die Daten aus der Buchhaltung, dem Controlling oder anderen Statistiken), ist es nicht selten äußerst problematisch, qualitative Ziele festzulegen und zu messen, in welchem Maße diese erreicht wurden. Viele Unternehmen behelfen sich, indem sie Informationen zur Bewertung der Qualität beispielsweise über Kundenbefragungen ermitteln. (Frage: „Geben Sie bitte an, in welchem Maße Sie mit unserem Service zufrieden sind." Die Werteskala, die der Kunde dazu erhält, reicht von „völlig unzufrieden" mit 0 Prozent bis „hervorragend" mit 100 Prozent und läßt sich beliebig fein differenzieren.)

V: *Wie, glauben Sie, können wir die Servicequalität messen?*

M: *Ich möchte unsere internen Kunden, also die Anwender unserer EDV und damit die Nutzer des Rechenzentrums, mit Hilfe eines Fragebogens um ihre Bewertung bitten. Damit bekommen wir einen Ist-Wert und können die neue Zielmarke anpeilen.*

V: *Das klingt vernünftig. Dann sollten wir uns jetzt schon mal darüber verständigen, in welchem Maß die Firma Ihre Anstrengungen finanziell würdigen sollte. Natürlich können zehn Prozent mehr Servicequalität nicht gleich zehn Prozent Gehaltszuwachs für Sie als Leiter des Rechenzentrums bedeuten. Was haben Sie sich denn so vorgestellt?*

Nun wird verhandelt.

Checklisten

 Was bringen Zielvereinbarungen?
Eine Untersuchung des Münchner Geva-Institutes im Auftrag
der Zeitschrift *Wirtschaftswoche* (Ausgabe 50 vom 4.12.97) för-
derte folgende Ergebnisse zutage (alle Angaben in Prozent):

Wie viele der Befragten Zielvereinbarungen positiv bewerten

Geschäftsführer/Vorstände	80,3
Bereichsleiter	80,2
Hauptabteilungsleiter	82,8
Abteilungsleiter	77,1
Gruppenleiter	75,3
Fachkräfte ohne Führungsverantwortung	77,8

Wie viele der Befragten bereits mit Zielvereinbarungen arbeiten

Geschäftsführer/Vorstände	24,0
Bereichsleiter	24,0
Hauptabteilungsleiter	14,5
Gruppenleiter	7,1
Fachkräfte ohne Führungsverantwortung	12,1

Wie hoch der maximale Anteil der Zielvereinbarungen an der Gesamtvergütung aus der Sicht der Befragten sein dürfte

Geschäftsführer/Vorstände	21,1
Bereichsleiter	17,0
Hauptabteilungsleiter	17,3
Abteilungsleiter	16,3
Gruppenleiter	15,9
Fachkräfte ohne Führungsverantwortung	17,0

Siehe auch Beförderung, Coaching, Gewinnbeteiligung/Gratifi-
kation, Jahresgespräch, Karriere (Laufbahngespräch), Leistungsabhängige Vergütung.

Stichwortverzeichnis